税理士になろう！3

小池和彰［編著］
東北税理士会［協力］

創成社

はじめに

東北学院大学において、日本税理士会連合会の寄附講座が、令和3年に行われた。本書は、その講演録である。前々回の『税理士になろう!』（創成社・2017年）前回の『税理士になろう!2』（創成社・2019年）の続編になる。この2つの講演録は、講師のほとんどが、東北学院大学のOBであったが、今回は、東北税理士会のメンバーが中心である。当時の東北税理士会・広報部長の木戸哲哉先生にメンバーの選定をお願いしたが、足りないところは、私の大学院のゼミの卒業生で補った。

充実した生活を送るためには、仕事は重要である。仕事はすべてではないという人がいるが、しかし我々は長い時間を仕事に割いているから、楽しんで仕事をしたいというのが本音ではないか。もし我々が仕事を面白いと思うことができれば、仕事を継続することができるのではないか。

楽しい仕事であり、そしてやりがいのある仕事が理想であろう。人というものは、誰かに対して何かをしてあげたいと考える存在であり、また、人から感謝され、そして評価されたいと考える存在である。学生諸君には、できれば、そのようなやりがいのある仕事に就いていただきたい。

税理士という職業がその楽しくて、やりがいのある仕事の1つであることは間違いない。

寄附講座は、学生に税理士というやりがいのある職業について知ってもらい、将来の職業選択肢の1つに、税理士を加えてもらいたいという目的がある。寄附講座の講師の先生方も、授業の中で税理士という職業について、大変だがやりがいのある仕事であることを何度も強調されている。卒業後すぐに税理士を志さなくても、将来どこかの時点で寄附講座を思い出し、税理士にチャレンジしてくれることを願っている。

人生100年時代が到来するとよくいわれる。長い人生において、余暇を楽しむというのもいいだろう。しかし自分がどれだけ生きるか分からないので、生活資金が必要になるかもしれない。著者の友人の公認会計士と高校教師は、60歳が定年であって、今年2人とも定年になった。正確には分からないが、彼らは、おそらく余剰資金を十分に有しており、老後の心配はないのかもしれない。しかし、著者の友人たちとは異なり、余剰資金が十分にないということになると、第二、第三の職業が必要になる。

しかしながら、例えば、税理士のような資格を有している人には定年がない。AI時代になり、記帳代行業務はなくなるとしても、経営コンサルタント的な仕事はおそらくなくならないだろう。したがって税理士は、人生100年時代に適した仕事であり、他の職業を探す必要はないかもしれない。

合格するのは難しいが、将来を見通せる職業という意味でも、税理士という職業はお勧めの職業であるといえる。

本書の最終校正は、佐藤哲之氏はじめ、日高見税理士法人の事務職員の方々に協力していただいた。本当に感謝している。
東北学院大学の事務職員の皆様方、とりわけ教務課の其田雅美氏には、寄附講座の運営で大変お世話になった。其田氏がいなかったら、本書は世の中に出なかったかもしれない。心よりお礼を申し上げたい。
２０２２年秋
東北学院大学６号館５階研究室にて
小池和彰

≪著者紹介≫（執筆順）

柏葉佳一郎（かしわば・けいいちろう）　担当：第１章

柏葉会計事務所　所長

桑畑　弘道（くわはた・ひろみち）　担当：第２章

旭日税理士法人　代表社員

木戸　哲哉（きど・てつや）　担当：第３章

木戸哲哉税理士事務所　所長

平間　大介（ひらま・だいすけ）　担当：第４章

平間大介税理士事務所　所長

玉木　歩（たまき・あゆむ）　担当：第５章

日高見税理士法人　社員

鈴木　茂之（すずき・しげゆき）　担当：第６章

鈴木茂之税理士事務所　所長

大谷津　敏（おおやつ・さとし）　担当：第７章

税理士法人ユナイテッドパートナーズ青葉事務所　社員

丹野　彰（たんの・あきら）　担当：第８章

丹野彰税理士事務所　所長

込堂　敦盛（こみどう・あつもり）　担当：第９章

日高見税理士法人新庄支社　社員

河原　真明（かわら・まさあき）　担当：第10章

税理士法人Ｆ＆Ｌパートナーズ仙台事務所　社員

佐藤　哲之（さとう・てつゆき）　担当：第11章

日高見税理士法人総本社　代表社員

小池　和彰（こいけ・かずあき）　担当：第12章

東北学院大学経営学部教授

目次

第1章　税金の仕組み

柏葉佳一郎

はじめに

私は、東北税理士会の税理士の柏葉といいます。よろしくお願いします。

今日の講義は「税金の仕組み」についてですが、まずは税金の成り立ちの話からしていきたいと思います。

皆さん、税金の起源はご存じでしょうか。日本で税という考え方ができたのは、弥生時代あたりと言われています。その頃は貨幣がほとんど機能していなくて、物品、労働力を提供していました。税というと金銭を納付することを考えますが、税には物納や労働力も含まれます。家族単位での生活から集団生活になるにつれて、税が生まれました。家族単位での生活では自分のことは自分でしなければなりませんが、時代が進んで集団生活に移行するにつれて、役割分担をしたほうが効率的になり、道や田、水路の整備などが必要になりました。社会が大きく、豊かになるために、税が必要だったのです。

例えば今、皆さんは授業を受けていますが、この環境を自分で用意しなければいけないとしたらどうでしょうか。授業を受けるスペースに椅子、机も用意して、自分の講師さえも用意しなければいけません。まず無理です。そこで大学という組織を作って、教室、講師などを大学が用意します。その用意したものを皆さんが授業料という形でお金を払って使わせてもらいます。大学という授業専門の組織を作ることによって、個人個人が用意できるものよりもはるかに良いサービスを受けることができます。国公立大学の場合には、その授業を用意する費用に授業料だけではなく、税金も充てているので、より負担が軽く高度な授業を受けることができます。

また、税は江戸時代以前と明治時代以降で大きく性格が変わります。江戸時代以前は主権が統治者にあり、徴収した税の使い道は統治者が決めていました。先ほどは社会のために税が使われていたと言いましたが、実際には統治者のために使われていた面もありました。明治時代以降は「自由が認められた社会」になり、国民のため、社会のために税が使われるようになりました。また、明治時代以降は、大日本帝国憲法により主権が天皇にある時代と日本国憲法により主権が国民にある時代に分けることができます。主権が国民にある時代は、税の使い道も国民が決めるようになりました。

税の使い道は選挙を通して決めています。江戸時代までは、税の使い道を決めていた王様、統治者には決まった人しかなれませんでした。現在は国会議員が、国会で税の使い道を決めていますが、その国会議員を決めるのが選挙です。国民一人一人が自分と同じ意見をもつ候補者に投票すること、または自ら立候補して税の使い方を提案するという形で税の使い道を決めています。その選挙に参加する選挙権、被選挙権をみんなが持つことができるようになったのが日本国憲法により主権が国民にある時代です。

1 租税の概念

次に租税の概念についてお話しします。租税の概念は、大きく分けて3つあります。租税の公益性、租税の強制性、租税の非対価性です。それぞれ説明します。

まず租税の公益性です。租税の公益性とは、税金は公共サービスの資金を得ることを目的としているものだということです。関税などの資金調達以外の目的を有するものであっても、資金調達を目的の1つとしていれば、租税の性質を失わないとされています。社会に不利益な行為を起こさないよう負荷をかけるための罰金・科料等と租税は異なります。租税の強制性とは、税金は法律によって国民に強制的に納めさせる権力性を有しているということです。租税の非対価性とは、国民の一人一人が公共サービスから受ける利益と無関係に、国民の担税力に応じて徴収され、それが混和され、公共サービスのために支出されることです。多くの公共サービスを受けた人がより多くの税金を納めるのではなく、多くの収入を得ている人からより多くの税金を納めてもらい、全体の公共サービスの原資とします。公共サービスは、必要とする人に納めた税金に関係なく提供されます。

2　税金の使途

　では、実際に税金はどのように使われているのでしょうか。一口に公共サービスといいますが、大きく分けると、5つに分類されます。水道・ごみ収集等のライフライン、年金・医療などの社会保障、教育、福祉、警察・消防・防衛です。先ほど大学の話をしましたが、これらは一個人では対応が難しいものです。ごみの処理を例に考えてみます。今は仙台市がごみの処理を業者に委託していますが、これを一人一人がやらなければいけないとしたらどうでしょうか。焼却炉、ごみを埋める土地、資源ごみのリサイクル、これらの処理にかかる労働力、時間、思いつくだけでもたくさんのものを用意しなければいけません。これらを仙台市が用意して、実際に処理してくれる方々の給料や設備投資に充てるために委託料として税金を支払うという形になっています。そのために使われる税金が国民1人当たり年間約1万8、000円です。一個人がごみ処理を行うことは不可能なので高い安い以前の問題ではありますが、年間1万8、000円でごみ処理ができるというのは個人的にはかなり安く感じます。組織が大きければより効率的に公共サービスを行うことができ、コストは安くなります。焼却炉を各家庭に作るより、大きな焼却炉を1つ作って、みんながそれを使う方が安く済みます。このように一個人で対応が難しいサービスの原資を税金で賄うことで社会を豊かにすることができます。

ここで1つ考えてみてほしいのですが、税金がなかったらどういう社会になっていたでしょうか。まず考えられるのは、このような公共サービスが存在しない社会です。もう1つ考えられるのは豊かな人だけがサービスを受けることができる社会です。

ごみの処理を例に考えてみると、公共サービスが存在しない社会では、ごみ処理をする組織が存在せず、個人個人でできる範囲で、どこかでごみを焼いたり、埋めたりしかできない社会となります。豊かな人だけがサービスを受けることができる社会は、現実と同じようにごみを処理する組織は存在しますが、その原資に税金が使われず、その料金を支払える人にだけごみ処理のサービスを提供される社会です。ごみ処理というサービスの社会的必要性から考えると、個人的には豊かな人だけがサービスを受けることができる社会になっている可能性のほうが高いと思います。ごみ処理を国や地方公共団体が行わず、誰かがそれを商売として行った場合を考えてみてください。ごみ処理をするには従業員の雇用や設備投資などが必要であり、その事業を起こした本人も生活をしていかなくてはいけません。多額の資金が必要になります。民間が事業を行った場合にはそのサービスの対価だけでその資金を調達する必要があるため、その対価を支払えない人にサービスを提供することができなくなります。そうなると、ごみ処理の料金を支払える人はごみのない快適な環境で生活ができ、支払えない人は自分で処理をする。または、ごみに埋もれて生活をしなければいけなくなります。

税金がないと、お金がない人は教育も受けられない、医療費も全額自分で負担しなければいけない、といった社会になるかもしれません。ライフラインや警察・消防を利用できないと死の危険性が今より高い社会で暮らしていかなければいけません。逆にお金がある人は、そういったものは全部自分でそろえて豊かに暮らしていけます。日本がそれらを税金で賄っているということは、国として国民に最低限度の生活としてこれらを保障しているということです。教育なら、国民全員が最低限中学まで義務教育を受けられるようにする。警察・消防を利用できる程度の安全性は確保する。医療費も一部負担はありますが、できる限り全員必要な医療を受けられるようにする。国民全員がそういったサービスを受けられるようにするための費用を、税金という形で徴収する仕組みになっています。

日本は税金が高いと言われています。実際他の国に比べると高いですが、その分様々な恩恵があります。日本人で文字が書けない人や医療を受けられないという人の話はあまり聞かないですし、街並みや道路もきれいに整備されているように感じます。日本の最低限度の生活は他の国よりも豊かな水準だと思います。これは、日本は競争よりも共存の色が強い社会であるともいえますが、そういう社会を日本は長い年月をかけて作ってきました。

3　社会における税金の役割

社会における税金の役割にはどのようなものがあるでしょうか。主なものは3つあります。まず1つめは、「財源の調達」です。先ほど具体例とともに説明した公共サービスなどの財源を得る主な手段が税金です。2つめは、「所得の再分配」です。所得の格差を緩和するために、政府は所得税に累進税率を適用し、所得が多い人からより多くの税金を徴収し、その集めた税金により、国民全員の最低限度の生活水準を保障するための財政支出を行うなどして、所得の再分配を行います。税金はみんなから集めるものですが、富裕層から多く集めることにより所得格差が緩和されるということです。税金の中でも、累進課税や相続税が豊かな人からより多く納めてもらおうという性格が強いものです。累進税率というのは、所得が高ければ高いほど税率もあがる仕組みです。相続税は、基礎控除以下の相続財産には税金が発生しないため、一定以上の財産がある人だけが税金を納めることになります。また、収入ではなくて所有している財産に対して税金が発生するので、世代間にわたる所得格差の拡大の緩和にも役立っています。3つめは「経済の安定化」です。資本主義経済では、景気の過熱と景気の後退の両者を含めて経済変動を避けなければなりません。景気の後退期には、税負担の軽減と政府支出の増額によって民間の可処分所得の増加を図り、投資と消費を刺激します。逆に景気の過熱期には、税負担の増加や減税規模の縮小と政府支出の減額によって、民間の可処分所得の減少を図り、投資と消費を抑制することができます。政府は、不況のときには減税や国債の発行によって公共事業を増やすなど、景気の調整を行います。また、景気が過熱気味のときには、増税したり、財政支出を減らしたりして、経済を安定させます。このような財政操作による景気の調整をフィスカル・ポリシーと呼びます。これに対して、累進課税制度のように、好況で所得が増えたときには所得税が増え、不況で所得が減少したときには所得税が減ったり、失業保険金が支払われるように、経済の状態に応じて自動的に景気が調整される仕組みを、自動安定装置（ビルトイン・スタビライザー）と呼びます。

それではそれぞれを細かく見ていきますが、1つ目の財源の調達については先ほどお話ししましたので所得の再分配から説明します。所得格差や資産格差など、経済的に不平等があると犯罪の増加、不活発な経済など、多くの社会問題が発生します。最近はこの格差問題は特に深刻になってきています。例えば、病気などで親が働けない事情があり家事を子供がしなければならない場合、税金の負担割合を変える、義務教育を無償にするというだけではカバーできない部分が出てきてしまいます。そういう立場になってしまった人は教育を受けられないだけではなく、自分で勉強する機会や時間もなく、同じ才能があっても、間違いなくその才能が開花する可能性が低い状態で頑張らなければいけません。それが自分自身の行いからではなくて、生まれの問題だとするとただの不平等です。そのハンデが努力や才能では逆転できないというところまで大きくなってきています。そういう立場の人がこの社会を正しいと思うでしょうか。そうなってくると、この社会が決めたルールには従いたくない人が増えてきます。自分を守ってくれない社会を守るというのは、よほど人間ができた人でないと難しいです。社会が豊かで安定して発展するにはその社会に不満を持つ人を少なくしなければいけません。そのためには、税金の役割として、みんなが受けられる公共サービスを税金で賄い、その負担割合を調整するというだけではなく、一定の条件の人へのサービスに税金を使い、豊かに生活できる環境を整えなければいけません。この場合は、家事の負担を減らす方法を相談できる窓口などを設けることでしょうか。所得格差が広がっている現在は、より税金の使い方を考えなければいけない社会になってきています。

そのために、租税制度や社会保障制度、優遇制度等を有効に使って所得格差を是正する必要があります。例えば租税制度では、さっき話しましたが、累進課税で所得が多い人から税金を徴収する。相続税を課して所得格差が世代間で引き継がれないようにする。ただ、残念ながらこれらの機能も十分ではなく、所得格差の問題は大きくなってきています。問題を難しくしている要因に国際間の経済競争があると思います。日本は税金の負担が大きくて高福祉の社会です。所得格差が小さいということは、高所得者も低所得者も平均に近いということです。日本はほかの国よりも所得格差は小さいのですが、それは能力が高い人がお金持ちにはなりにくい社会ともいえます。ノーベル賞を取った研究者が国外に居住している話はよく聞きますが、優秀な人材が日本にとどまりにくくなります。所得格差の是正は長期的に社会が発展していくためには必要なことですが、競争力が弱くなってしまうと国全体が貧しくなってしまいます。いかに国際的な競争力を維持しつつ所得格差の問題をクリアしていくかという問題は非常に難しいと、個人的には思っています。

次は経済の安定化です。先ほどお話ししましたが、財政操作のように景気の安定化を目的としたものと累進課税制度のように結果的に景気が調整されるものの2つの面があります。好況期には所得が増加し、それに伴い納付する税金が増えることにより景気の過熱をおさえ、引き締められます。そして不況期には好況期に集めた税金を原資に公共工事を発注したり、減税を行ったりして景気を刺激します。そうすることで好況期と不況期の差を小さくする効果が税金にはあります。今のコロナなどもそうかもしれません。今回のように、想定できないくらい景気が悪くなったときには、何もしなければ多くの会社が倒産してしまうので、まずは助成金や減税で景気が良くなるまでは我慢してもらい、好況期には納税という形で還元してもらいます。ただ、本来はそれは今まで景気が良かったときに貯めていた税金でやらなければいけないのですが、今の日本の財政では国債などで借金をしたお金を助成金などに充てるしかありません。今回のコロナでは特に顕著ですが、今までも財政が良くない中で借金をして財政支出を行って景気を刺激していますが、なかなか景気が良くなりませんでした。今後はより経済を回復させるために必要な財政支出を行う必要があるかもしれません。税を負担させることで、年ごとの可処分所得がある程度一定になる機能と、政府の財政支出により集めた税を使うタイミングによる景気の調整機能により、長期的な景気の波は緩やかになります。これが経済の安定化です。

では、政府の財政支出はどの程度行うべきでしょうか。小さな政府、大きな政府という考え方があります。小さな政府は、政府の経済政策の規模を小さくし、市場への介入を最小限にし、市場原理に基づく自由な競争によって経済成長を促進させようとする考え方です。規制を緩和し、民間の活力を引き出すことで経済社会の発展を目指したものです。国が行うサービスを最小限にし、民間の競争原理を働かせて経済を動かそうとすることです。小さな政府は納める税金が少なくなり、今までお話しした税金の効果が出にくくなります。公共サービスの財源が少なくなるため、受けられるサービスも少なくなります。高額所得者に対する税金も少なくなるため所得の格差が大きくなります。好況時の景気の引き締め、不況時の景気の刺激も弱くなり、経済の好不況の振れ幅が大きくなります。逆に市場原理に基づく自由な競争により、努力した人が見合った恩恵を受けることができます。新たな技術も生まれやすくなるかもしれません。これに対して、大きな政府は、政府が経済活動に積極的に介入することで、社会資本を整備し、国民の生活を安定させ、所得格差を是正しようとする考え方です。政府の財政支出が増えるため、税金や社会保障費などの国民負担率が高くなり、高福祉高負担となる傾向があります。小さな政府とは逆に納税額は大きくなり、公共サービスが充実し、所得の再分配、経済の安定化の効果も強くなります。

アメリカを例に、小さい政府の話をします。アメリカのお金持ちは天文学的な額のお金を持っています。日本でプロ野球選手というと、とても所得が高いですが、アメリカのメジャーリーガーにはまったく及びません。ただ、それはニュースで見るようなトップクラスの選手の話です。アメリカのマイナーリーグには日本の2軍選手よりも貧しい選手がたくさんいます。これは税金とは関係なく球団の収益をどう分配するかという話なのですが、小さい政府を採用している国はもともと競争原理を働かせることを重視しています。公共サービスの財源を少なくし各人の税負担を軽くしているため、億万長者が生まれやすいが、一方では医療も満足に受けられない人も多いですし、貧困層やホームレスが生活しているスラム街もあります。

こう言ってしまうと、日本は公共サービスが充実していていい国だと感じてしまうかもしれませんが、大きな政府を採用すると競争原理が働きにくい社会になります。公共サービスが充実するため貧困層は発生しにくいですが、努力の成果が反映しないという欠点もあります。悪く言うと怠け者も救われてしまう、頑張っている人が損をするという社会です。大きな政府、小さな政府はどちらが正解ということもありません。それぞれに良いところも悪いところもあり、どういった社会を目指すか選択するということです。そもそもいろいろな意見を持っている人たちが集まってできている社会に1つのルールを適用させるのですから、満足している人も不満な人もいて当たり前です。例えば、皆さんは生活保護がどうあるべきと考えていますか。生活保護は生活に困窮している人に対して困窮の程度によって必要な保障をするという制度ですが、生活に困窮しているとは言えない人が受給したり、必要以上の保障をしているという意見をよく聞きます。逆に、必要な人に保障が届いていないのでもっと拡充すべきだという意見も聞きます。現行のままで上手く機能していると考える人もいるでしょう。生活保護の財源を減らすとして、減らした分はどうしたらいいでしょうか。税の負担を減らす、別の公共サービスに回す、いろいろなことが考えられます。大きな政府、小さな政府は考え方でしかありません。ですが、高福祉高負担がいいのか、低福祉低負担がいいのか、またはその中間など自分の考えは持っていてほしいと思っています。公約として消費税の減税や廃止を掲げる政治家がいますが、その税収が減った分をどうするのか。どの公共サービスを減らすのか、または国債を発行して原資に充てるのか。消費税を納めなくて済むのはうれしい、というところで終わらず、そこまで考えてみてください。皆さんの自分の考えをまとめるのに今回の授業を役立てていただけたら嬉しいです。

消費税を下げなくてはいけないという人は、会計学者とかにもいるし、アメリカの経済学者も消費税を下げないと景気は良くならないから下げたほうがいいという人もいます。ただ、実際今の日本の状況を見ると、多額に財政支出をしている状況下では、無理そうです。どっちなのか、日本は非常にわかりづらい。アメリカのほうがわかりやすいと思いますので、私の本でアメリカの話が書いてありますので、読んでみてください。

4　税理士という仕事の特徴

これからは税金の話ではなく、税理士の話をします。税理士の本来の業務内容は他の方からお話があると思うので、私からは税理士がそれ以外にどのようなことをしているか、税理士の特徴、私がなりたい税理士像について話したいと思います。

税理士の仕事とは端的に言うと、税金の申告書を作って申告することです。しかし、私の顧問先で申告書をつくるために雇っているという人は少ないと思います。1割にも満たないです。では税理士に何を期待しているのでしょうか。直接聞いてみたことはないのですが、相談相手ではないかと思っています。税理士の仕事は申告書を作ることですが、申告するときに初めて自社の成績がわかるというものではなく、一月ごとに貸借対照表、損益計算書を作ります。それをもとに自社の成績を把握し、経営方針を決めていきます。経営方針というと難しく聞こえますが、利益が出ていたら従業員に特別ボーナスを出したり、設備投資をしたり、利益が出ていなかったら売上を上げるように頑張ったりといった、単純なことが多いです。その判断基準として専門家が見た正確な数値をより早く把握してもらうために毎月うかがいます。この毎月うかがうということに税理士の特色があるように思います。他の人に話しにくい内部事情を知っていて、毎月顔を合わせる、一番身近な外部の存在が税理士だと思います。あるお客さんに、「そもそも会社の業績、お金の使い方を知られるということはとても恥ずかしいことだ。だからついでに他の恥ずかしい相談にも乗れ」と言われたことがあります。この言葉は今でも覚えていますが、税理士というものをよく表していると思います。相談内容は多岐にわたります。娘の就職先を紹介しろとか、離婚するのはいつがいいかとか、ハトのフンで困っているけどどこに相談したらいいかとか。税理士はお金についてはスペシャリストですけど、お客さんは経営のパートナーとしてだけではなく、生活全般の相談相手としてみてくれることが多いです。知識で解決する問題も、人によって答えが変わる、正解がない相談もたくさんあります。だから私は顧問先との付き合い方、距離感を重視しています。一緒に遊びに行くような友達のような付き合い方だったり、仕事だけの付き合いだったり、相手によって税理士の仕事内容も変わります。強い指導力でお客さんに道筋を示す税理士ももちろんいます。それも正しいことですが、私が思う税理士の仕事は、お客さんが税理士に何を求めているかを長い付き合いで探っていき、その要望に応えることだと思っています。

税理士は税理士試験に合格したらなれます。合格するには問題に対して正しい答えを書けばいいのですが、実社会ではそんなに簡単にはいきません。試験問題は税金がもっともかからない答えが正解ですし、問題の事象もはっきりしていて適用する規定も判断しやすいです。ただ、実社会ではグレーな部分、見解によっては費用に認められないというものは結構あります。お客さんの要望として、納める税金は少ないほうがいいというところまではわかるのですが、税金を安くしたいので費用にしてほしいのか、不安があるなら経費にしないで税務調査で否認されないようにしてほしいのか、人によって要望は様々です。グレーの部分を経費に入れずに申告した場合に、税務調査で指摘されずに追徴課税がなかったとしても、そのグレーの部分を経費で申告していたら納める税金は少なく済んだはずですし、そうしたら税務調査で否認される可能性もあります。もちろん、そういう部分はお客さんとよく話をしてどう処理するか決めますが、どうしたらいいか教えてほしいと言われることもよくあります。その時に正解かどうかは分からないけど、納得はしてもらえる答えを出せる税理士になりたいと思っています。

また、税理士の特徴として顧客との関係が長いということがあります。申告は1年ごとですが会社はずっと続きます。他の士業は契約が案件ごとというものも多いですが、税理士はほとんどが顧問契約という形で契約を結びます。お客さんと長期間パートナーとして付き合っていく士業というと税理士が1番に挙がるのではないでしょうか。

「税理士をやって良かったことは何ですか」、とよく聞かれますが、実は自分でもよく分かりません。何かを成し遂げたという達成感は結構薄いほうの業種だと思います。会社があまり大きな問題を起こさずに運営されて、最後にきれいに社長が引退できたとか、会社を誰にも迷惑をかけずに終われる、ということの手伝いをしたいと私は考えています。お客さんが30年40年の社会人としての人生を全うできて、最後にありがとうと言ってもらえたら一番うれしいです。そのためには、不安要素を取り除く、問題が大きくなる前に解決する、そういうことが必要になるので、むしろ山あり谷ありの盛り上がりには欠ける仕事かもしれません。まあ、私も未熟なのでうまくいかずにいろいろな問題が発生して結局はドタバタするのですが。

あまり魅力的に伝えられませんでしたが、ずっとお客さんの横にいる覚悟がある人、頼りにしてもらいたい人にはぜひ税理士を目指してほしいと思います。会社のいろいろな問題を経営者と一緒に乗り越えていく、良いことも悪いことも一緒に経験することを楽しめる方にはすごく向いている職業だと思います。

第2章　税金と民主主義

桑畑弘道

はじめに

皆さん、こんにちは。本日、担当させていただきます東北税理士会の桑畑弘道と申します。どうぞよろしくお願い致します。

私は税理士として、仙台駅東口、楽天の球場の側で事務所をやっております。仙台を本社に、東京、愛知、金沢、そしていわきにも拠点を置き、税理士法人の代表社員として、東北を中心に走り回る日々を過ごしております。

また、税理士会的には、東北税理士会仙台中支部というところに所属していまして、現在は専務理事という要職を務めさせて頂いております。諸先輩方が多くいる税理士会ですが、これからは、より税理士会を挙げて変わらなければいけないと思っています。それはどういうことかというと、若い方たちにどんどん来てもらえる税理士会になっていかなければならないと痛感しています。ぜひ税理士を目指してもらいたい、そこが組織においては、どこまでいっても生命線ですから。私は今日、「税金と民主主義」というお話をさせて頂きますが、想いとしては、ぜひ私たちの業界にリクルートする気持ちで担当させていただきますので、よろしくお願い致します。

1　租税の歴史

貴重な時間ですので、早速進めさせていただきます。タイトルの民主主義といっても、まずは「租税の歴史」から確認していきたいと思います。現在の社会は民主主義ですが、元から民主主義だったわけではありません。この民主主義は、我々の先輩たちが長い時間の中で勝ち取ったものです。本日、この民主主義を学ぶに当たっては、勝ち取るまでの道のりをぜひ確認していきたいと思います。これがまさに人類の歴史であり、租税の歴史でもあるからです。本日の講義の前半は税金の話というよりも、社会史的な話になります。

次の頁の図の上から見ていくと、弥生時代から平成、そして今は令和と続きます。これまでに学んできた時代の変遷です。弥生時代よりだんだんお米が取れるようになり、集団、つまり社会が形成されていくようになります。そうすると当然、統治者という者が現れて、社会のルールが決められていきます。食料に関してもそうです。まだお金という概念がありませんから、食糧、例えばお米が貨幣の代わりとなり、物々交換の基準になってきます。社会を維持するための徴収も始まります。まさにこれこそ、税金の走りです。時代は移り、江戸時代には、封建制度が確立し、税制の画一化ということで、年貢という言葉が出てきます。

《租税の歴史》

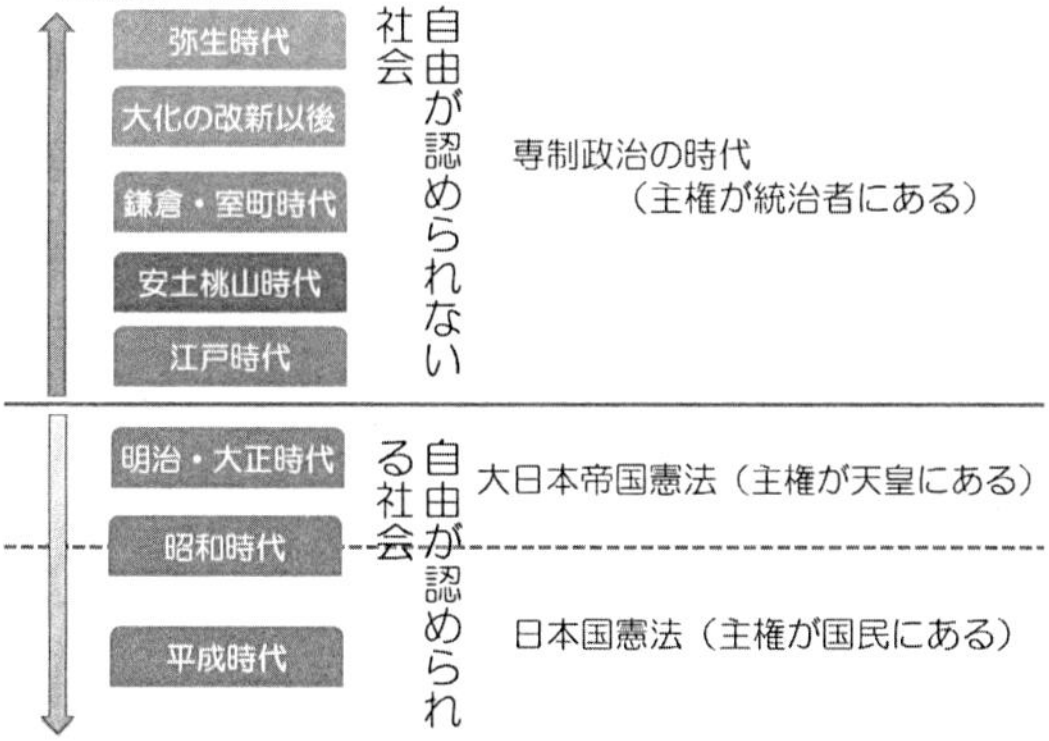

この年貢という制度は長く続くことになります。高い年貢を取られて、百姓一揆なども起きました。一揆は当時命懸けの行為です。それほど年貢は厳しいものだったと思われます。令和の時代でも使われる言葉に、「縄延び」という言葉がありますが、この「縄延び」という言葉、聞いたことがある人はいますか。いませんよね。私もこの仕事をするまで聞いたこともなかったです。これは、年貢が農地の広さで決まっていた時代、お百姓さんも知恵を使うわけです。お役人に気づかれないように、少しずつ農地を増やしていく、これにより収穫量は増えるけれども、年貢には連動しない、みたいな感じでしょうか。だから敷地を区切っている縄が伸びている、つまり「縄延び」といいます。この令和の時代になっても、相続財産の評価をする際に実際測ってみると登記簿の面積よりもっと広かったみたいなことがあります。農地の場合は特に、必ず現物を見て、そして計測を行うことが必須です。確かに法務局などで登記簿謄本

というものを取れば、現地に行かなくても面積は分かります。しかし実務上、あれを鵜呑みにして実際のところを確認もせずにやったら、一発アウトです。それはどういうことかというと、今までの庶民もあらゆる知恵を使って、いかに年貢、今でいうところの税金を少なくできるかに精を出してきた側面があるのです。先日、相続の仕事の関係で京都に行ってきました。京都は、家屋が特徴的な町です。間口が狭く、奥が深くなっております。これは京都の町の成り立ちにも繋がる話となります。京都は御所があるとともに、商人の町でもありました。農民には農地の収穫高によって年貢を。では商人からはどうやって税金を取っていたのでしょうか。それは、店舗の間口、つまりお店の入り口の長さで税金を取っていたのです。玄関口の右から左までの路面に接しているこの長さに税金をかけていたから、庶民は知恵を使って、間口だけ狭くして奥を深くしました。俗に言う「うなぎの寝床」が広まっていきました。京都に限らず、金沢もそうです。このように税の世界と世の中の成り立ちというのは、結構連動しています。その後、江戸時代も終わり、明治、大正と時代は変わります。

そして、近代国家の成立とともに、税制も統一されてきました。まず、税金は、お金で納めることが原則となりました。これは最近の税制に近い形です。しかし、まだ現在の形ではありません。税金は、国から「あなたは○○円払え」と言われて払うものでした。今でも自動車税や固定資産税などはそうです。これを賦課課税と言います。戦前は大日本帝国憲法下であり、主権はあくまでも天皇にありました。今はこの主権は国民にあります。この主権がどこにあるかが重要です。昭和の時代、戦争もあり、悲しい歴史ですけれども、ここで憲法

アメリカの独立戦争　税への反発から

- アメリカ人の「強い意識」により、母国イギリスから独立

アメリカ独立までのあゆみ

1765年　●英・印紙条例制定（新聞、書類等への課税）
●印紙条例反対決議案
（ヴァージニア植民地協議会代表パトリック・ヘンリーら）
→「代表なくして課税なし」
●各地でイギリスに対するボイコット運動
1766年　●英・印紙条例廃止
1767年　●英・タウンゼント条例（茶、紙、ガラス等への課税）
1770年　●ボストン大虐殺→茶以外の課税停止
1773年　●ボストン茶会事件
1774年　●英・ボストン港閉鎖
1775年　●独立戦争（～1783年）
1776年　●米・独立宣言

しかり、税制も大転換することとなりました。国民主権、この社会においては、自分たちの社会のことは、自主的に責任を持ってやっていくということです。現在においても、まさに国民主権のもと、私たちは生きています。

2　税とアメリカの独立戦争

上の図に、アメリカの独立戦争とあります。ちなみに、今回の講義のテーマである「税金と民主主義」というキーワードで検索をかけると何が出てくるか。大体このアメリカの独立戦争が出てきます。それは、アメリカの独立戦争の背景に当時の税制が絡んでいたからなのです。つまり、当時の税金への反発が発端となり起きた戦争がアメリカ独立戦争になります。当時、アメリカというのはイギリスの植民地でした。イギリスの統治下ですから、アメリカにはいろいろな税金をかけました。当時世界では色々

なところで戦争が行われていたので、イギリスもその戦費捻出のために、まさに色々なものに税金をかけたのです。例えば新聞、書籍、印紙等々。植民地であるアメリカに住んでいる人たちは言われっ放しです。そのときに、この図にあるパトリック・ヘンリーという人が言った有名な言葉があります。「代表なくして課税なし」です。税金をかけられる側の代表者が、その課税を決める場にいないのに課税するというのはどういうことだという意味です。庶民がとうとう声を上げたのです。そうすると、その言葉に端を発して、各地でイギリスに対するボイコット運動が起きました。ただ、イギリスも色々な国と戦争をしているからお金を集めなければなりません。どこから集めるかといったら、植民地のアメリカから吸い上げたいわけです。押さえ込んだアメリカからどわっと、人もいるし土地もあるから吸い上げたいということで色々なことをする中で、1767年にお茶、紙、ガラスへの課税が行われました。お茶にも税金をかけたのです。これにより、庶民の怒りも頂点に達し、このままでは駄目だということで、ボストンの港で、この図の絵は有名な絵なのですが、ボストン茶会事件が起きます。お茶がどんどん運び込まれる港で、そのお茶を船の上から落とすという意思表示です。これ以上の理不尽な課税は許さないという庶民の意思表示です。そこからどっと火がつき、ついにはアメリカの独立戦争に繋がるという話です。要は、課税に対する反発、なぜかと言うと、我々の代表者が一切関わっていない会議で、何で一方的に課税されて税金を納めるのだという理不尽さに対する怒りです。歴史から見ても、税というものが意外と世の中の仕組みに絡んでいて、そして時代をつくってきたということを知っておいていただければと思います。

3　国民主権

またちょっとお勉強みたいになりますが、国民主権はどこに書いてあるか。それは憲法の前文に書いてあります。

ここには、ある意味憲法のエッセンスのようなものが、比較的分かりやすく書かれています。ちょっと読ませていただくと、「日本国民は、正当に選挙された国会における代表者を通じて行動し、われらとわれらの子孫のために、諸国民との協和による成果と、わが国全土にわたつて自由のもたらす恵沢を確保し、政府の行為によつて再び戦争の惨禍が起ることのないやうにすることを決意し、ここに、主権が国民に存することを宣言し、この憲法を確定する」ということで、ここに明文化されています。ですから、概念として主権が国民にありますという言葉だけではなくて、ここに明文化されているということです。次に、「そもそも国政は、国民の厳粛な信託によるものであつて、その権威は国民に由来し」と、規定しています。国民から託されているもの、「信託」ですから信じて託されているものですよということで、国民が主役という、国民に主権があるということが書かれています。ここはあえて前文ですから、では憲法自体にはどう落とし込んであるのかを確認していきます。まず有名なところで言うと、基本的人権の尊重が規定されている。憲法第11条は、皆さんも見たこ

《租税と自由》

国民主権（憲法 前文）

日本国民は、正当に選挙された国会における代表者を通じて行動し、われらとわれらの子孫のために、諸国民との協和による成果と、わが国全土にわたつて自由のもたらす恵沢を確保し、政府の行為によつて再び戦争の惨禍が起ることのないやうにすることを決意し、ここに主権が国民に存することを宣言し、この憲法を確定する。**そもそも国政は、国民の厳粛な信託によるものであつて、その権威は国民に由来し、**その権力は国民の代表者がこれを行使し、その福利は国民がこれを享受する。これは人類普遍の原理であり、この憲法は、かかる原理に基くものである。
われらは、これに反する一切の憲法、法令及び詔勅を排除する。
（以下略）

→

基本的人権尊重主義（憲法第11条）

国民は、すべての基本的人権の享有を妨げられない。この憲法が国民に保障する基本的人権は、侵すことのできない永久の権利として、現在及び将来の国民に与へられる。

個人の尊重(自由主義)（憲法第13条）

すべて国民は、個人として尊重される。生命、自由及び幸福追求に対する国民の権利については、**公共の福祉に反しない限り、**立法その他の国政の上で、最大の尊重を必要とする。

自由のひとつとして

とがあるかもしれません。ここに「国民は、すべての基本的人権において」、という文章があり、そして、次に「個人の尊重」とあります。憲法第13条には、「すべて国民は、個人として尊重される」とあります。あくまで主権は国民ですから、「公共の福祉に反しない限り」は、個人を最大限に尊重しますということになるのです。

では、あくまで国民主権なんだとしっかり認識した上で、国民が主体なのだから自分勝手に何でもかんでもやっていいのかというと、そうではありません。そこで次なる展開、じゃあ私たちが主権、私たちが中心となる社会だとしたら、その社会を成り立たせるために必要なことが出てきます。権利と義務、言い換えれば租税と自由という部分です。要は、縛りと自由ということがセットになって出てくるわけです。どちらかだけでは、社会は成り立ちません。

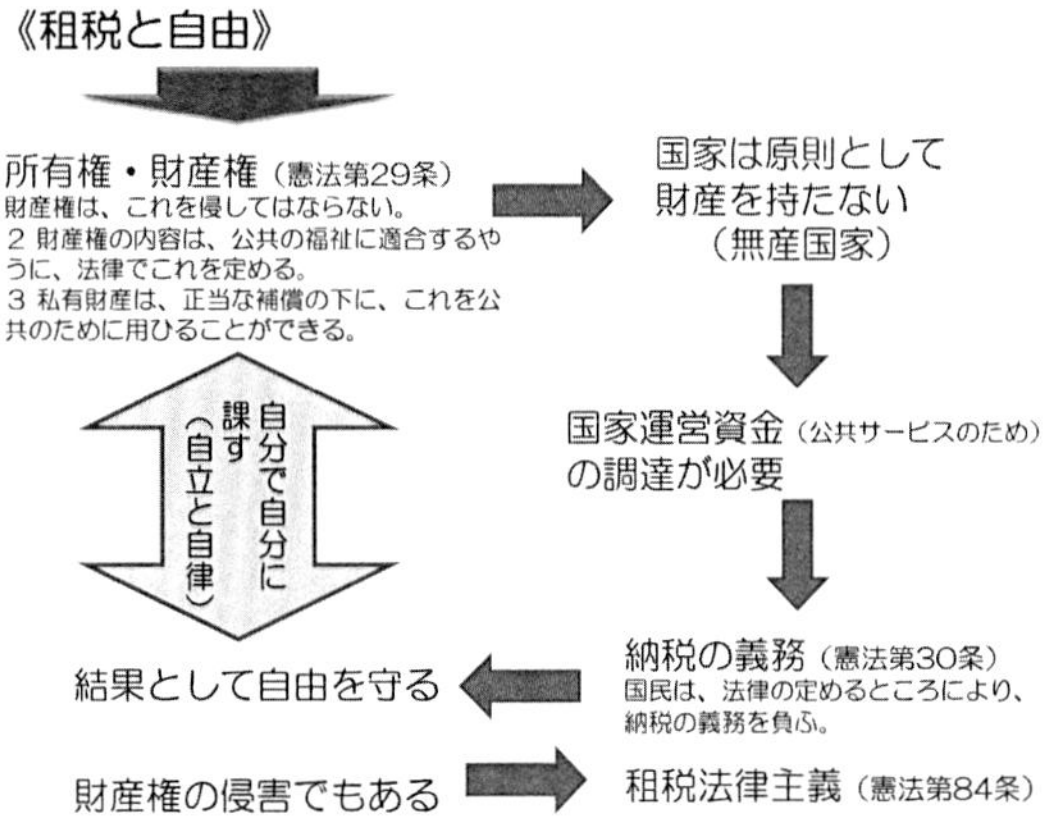
《租税と自由》
所有権・財産権（憲法第29条）
財産権は、これを侵してはならない。
2 財産権の内容は、公共の福祉に適合するやうに、法律でこれを定める。
3 私有財産は、正当な補償の下に、これを公共のために用ひることができる。
国家は原則として財産を持たない（無産国家）
国家運営資金（公共サービスのため）の調達が必要
納税の義務（憲法第30条）
国民は、法律の定めるところにより、納税の義務を負ふ。
自分で自分に課す（自立と自律）
結果として自由を守る
財産権の侵害でもある
租税法律主義（憲法第84条）

4 所有権・財産権

まずは、所有権と財産権です。国民に主権があると言うことは、個人が尊重されなければなりません。財産は、私たちもいろいろ持っています。この財産を所有するという財産権については、「財産権は、これを侵してはならない」と規定しています。これは憲法第29条第1項になりますが、同条第2項、同条第3項のほうで、「財産権の内容は、公共の福祉に適合するやうに、法律でこれを定める」、「私有財産は、正当な補償の下に、これを公共のために用ひることができる」と規定しています。当然、私たちの財産は守られるということです。当たり前です。当たり前の話ですが、そこがまず大前提としてある上で、ここで敢えて何を言いたいのか？　では、この国自体はどうなっているのでしょう。原則として、国家は財産を持たないとなっています。よく国有地とかありますが、あれはやむを得ず一時的に持っているだけで、時が来たら売却されます。国家は、原則として財産を持たない無産国家です。国民が主役で財産権は、国民にあります。そうすると、当然ながら、国家はどのようにして運営するのか。国家の運営資金の調達が必要になってきます。何故なら、財産を持っていないのにどうやってこの国を運営するのか、これも大事な問題です。

例えば、そのまったく逆でいくと、共産圏では国が財産を持ちます。つまり、みんなで世の中を成り立たせるという考え方です。あくまで所有権は国です。日本は、その考えとはまったく逆です。財産は、主役である国民がみんな持っています。そして、それは尊重されなければなりません。国は、持たないのが原則です。そうすると、どのようにして運営するのか。ここから、当然ながら納税の義務が出てきます。「国民は、法律の定めるところにより、納税の義務を負ふ」ということになります。

この一連の繋がりが大事です。あくまで財産権、所有権がありきで、では国は持たないから、ではどうやって運営していくのかという話になります。個人としての自由を守る、このために自主的に納めることによって、結果的に所有権、財産権が守られているということに繋がります。

ここで少し深掘りします。所有権、財産権は、私たちが税金を納めることによって、尊重されます。ただ、違う角度で見ると、私たちが税金を納めるわけです。ということは、国家を維持するために税金を納める、これは財産権の侵害にもなるわけです。国は、原則として財産を持たないから、国民が出さざるを得ないけれども、でも、財産権の侵害にもなるんじゃないのとなります。そこで出てくるのが、租税法律主義です。この租税法律主義があるからこそ、所有権、財産権が守られます。憲法の条文からすると第29条、第30条、そして第84条です。法律に基づかない租税、税金はあり得ないというか、課税してはいけないとなっています。いいでしょうか、ここがとても大事です。憲法の組み立てとして、一見まどろっこしい様に見えるかもしれませんが、要は、あくまで自分達の自由を守り、個人を尊重するため、自分達の認識の下で税金の制度を作り、自主的に税金を納める、自主自律です。だから、私達の社会は大人の社会というか、ちゃんとした社会じゃないと成り立たないのです。そうではないとするならば、誰かに委ねたほうが楽です。統治者というかな、王様とか。「すべて決めてください。それに従います。」と。しかし、私達の今の日本という国は、国民主権を選びました。あくまでも所有権、財産権は大事なんです。自ずと、国は持たないという路線を選んだから、みんなで支え合って成り立っています。しかし、この仕組みゆえ、一歩間違えると社会存続のためには個人の財産権の侵害も止むを得ないという考えが出てくる恐れもあるため、そこには一定のルールが必要となります。皆が納得したルールの下でやろうねと。勝手に税金を課しては駄目ですよとなってくる訳です。

5　憲法と法律

ここで、また少しそれますよ。視点を変えて、今までの流れと少し変えます。ニュアンスが分かってもらえればいい話なので、気軽に聞いてください。私たちは、長い歴史の中で、自分たちで決めて自分たちで納めるんだという、まさに今の税金の仕組みをやっと勝ち取ったわけです。ここを前提に、世の中には、「憲法」と「法律」という言葉があります。言葉は違うけれども、何か意味合いは一緒かなみたいな、ただ表現を変えているだけかなという、そう捉えている人もいるのではないかと思います。普段の生活の上では、改めて考えることもないでしょうからね。租税教室などで中学校とか高校に行って、社会科の授業として担当させていただいた際に、「憲法と法律って何が違うの?」と聞くと、「言い方」とか、「真面目に言ったら憲法と言う」とか、「同じ意味だけど、法律の方はみんなが使いやすい言葉だ」とか答えてくれるんですけど、残念。少し違うんですよ。本日、ここをぜひ皆さんに分かってもらえればありがたいです。この意味合いを押さえることは、司法試験を学び始める際にも学ぶみたいですよ。税金をかける元となっているルールは、税法という法律です。憲法ではありません。憲法も法律も、「法」という字は使うけれども、その意味合いはまったくの別物です。この違いは、国と国民がいたときに、どちらかがどちらかを縛ることを言っているのです。

憲法と法律の関係

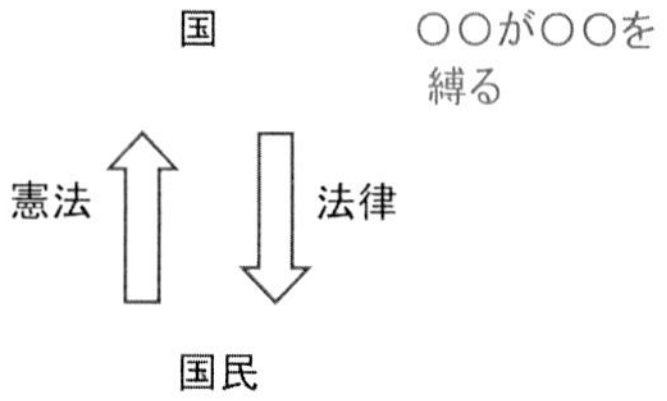

　要は、国が国民を縛るのが法律です。国民が国を縛るのが憲法です。まったく、矢印の方向が逆で、この立ち位置が分かってもらえればOKです。国民は、憲法で国を縛っているのです。基本的人権を尊重することが何よりも大事だとか、戦争はしちゃいけないとか。では法律は？　税金もそう、スピード違反もそう、駐車禁止でもいい。税法や道路交通法という、これらはすべて法律です。この法律というものは、あくまでも国が国民を縛るものです。スピード違反したら駄目だよとか、それも酷すぎると捕まえるよとか、運転中にスマホをいじっても駄目とか、儲かったら税金を納めなさいとか、すべて法律です。社会生活を維持するために、国が国民を縛っているわけです。法律は、実に様々なことに存在します。それだけ社会が複雑になっている証拠かもしれません。しかし、国民が国を縛れるのは、どこまでいっても憲法しかないのです。だから憲法改正には、国民みんなが慎重になるのですね。確かに、世界自体が変化している中で、我が国の憲法だけが変わらないというのも、いいことなのかどうか分かりません。もしかすると、時代とともに変化も必要でしょう。だからこ

そ、それらも含めて、みんなで決めていくことが大事なのです。ただ、この憲法と法律の位置関係は、ごちゃごちゃにしてはいけません。憲法と法律というのはそもそもその役割が違っていて、法律改正と同じノリで憲法改正を論議してはいけない。特に、この憲法の担っている意味合い、立ち位置を知っていただければと思います。

6　税と民主主義

続いて、また民主主義に戻ります。せっかくの機会なので色々と触れてしまうのですが、「民主主義」という言葉、言葉の意味合いを広辞苑から調べると、何が出てくるのか。民主という言葉は、「一国の主権が人民にあること」をいいます。分かりやすいですね。これを民主といって、ここを主義主張しているのが、民主主義です。またこの民主主義という言葉から派生しているもので広辞苑を見ると、デモクラシーという言葉が出てきます。その語源というのが、ギリシャ語のデモクラティアという言葉みたいです。「デモ」というのは人民、「クラティア」というのは権力、人民と権力が結合したものです。「権力は人民に由来し、権力を人民が行使するという考え方とその政治形態」、「基本的人権・自由権・平等権あるいは多数決原理・法治主義などがその主たる属性であり」ということで、私たちが認識していることが表現されています。要は、私たちが主役なんだということです。そこを知っていただいた上で、租税と民主主義、端的に言えば、税金と民主主義ですけれども、それは

民主主義とは？

広辞苑には、
「民主」: 一国の主権が人民にあること
「民主主義」: (democracy) 語源はギリシア語のdemokratiaで、demos (人民) とkratia (権力) とを結合したもの。権力は人民に由来し、権力を人民が行使するという考えとその政治形態。基本的人権・自由権・平等権あるいは多数決原理・法治主義などがその主たる属性であり、～。

どこまでいってもルールの上に成り立っています。税制というのは国民の意思によって決定されるということです。当然、これが民主主義です。みんなで話し合いのもと、みんなで決めていく。ここで思い出してもらいたいのは、税制、税法というのは憲法ではないことです。あくまでも法律だから、法律とは国が国民を縛るものだからこそ、国民が国民の代表を国会に送り、決定していくプロセスが大事になってくるのです。

民主主義の要、選挙です。この選挙により国民の代表としての国会議員を決めて、この議員さんたちが何度も話し合いを行った後に国会を通過するプロセスを経て、法律がやっと出来上がる。当然法律は、国民を縛るものですから、これくらいの慎重さは必要です。これが今の民主主義の形なので、このサイクルの中に私たちの意思がないと昔に戻ってしまいます。誰かが決めた税金に渋々従う、みたいな過去にです。そうではなくて、これまで以上に、みなさんたち若者が積極的に拘っていくことが重要なのです。これからの社会

《租税と民主主義》

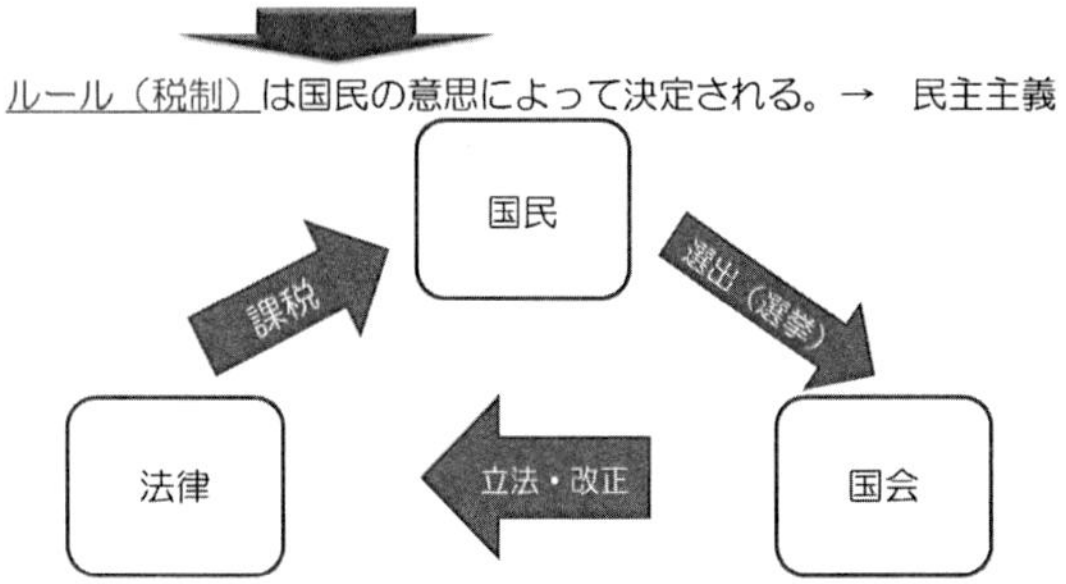

税金は、国家の維持及び活動に必要な経費は、主権者たる国民が共同の費用として代表者を通じて定めるところにより自ら負担すべきものである。
（大島訴訟）

を作っていくのですから。当然、意見は違っても良いのです。こうあるべき、こうあるべきと色々あって良いのです。ただ私たちが声を発しないと、他人任せだと誰かが作ったルールに基づき、納めるだけになってしまう、これを恐れているのです。

大島訴訟という、税務訴訟の中では有名な裁判があって、その中で、税金というのは「国家の維持及び活動に必要な経費は、主権者たる国民が共同の費用として代表者を通じて定めるところにより自ら負担すべきものであり」と判示されました。もうこれが、税金というものへの捉え方に対する判例ですね。税金は、国家の維持のための経費、そして、それは主権者たる国民が共同の費用として代表者を通じて定めるところにより自ら、あくまでも自らが負担すべきものなんだという概念です。それは、元をたどっていけばこういう歴史、私たち民衆が勝ち取ってきた、アメリカ独立戦争の「代表なくして課税なし」みたいなね、そういうところから勝ち取った権利なのです。それを私たちが、いかなる時代になっても手放しては駄目です。そうしたらすぐに昔に戻ってしまいます。税金と民主主義、結構すごい歴史でしょ。幾多の方々が勝ち取った権利だということを押さえていただければと思います。

7　租税法律主義

租税法律主義、これは結構大事なテーマです。そもそも税金をかける、課税という行為は、財産権の侵害でもあるわけです。よく相続の現場でも見受けられます。亡くなった祖父や父が一生懸命働いて貯めたものなのに、何でこんなに税金を取られるんだと。この感覚は、まさに財産権とか所有権の侵害に対するものです。自分が努力して貯めたお金、それは自分のものであり、それをどう使おうが自分の権利だと。当然その気持ちになるのもわかります。一方、法律はそういうものではなくて、みんなで決めたルールだから、そのルールには従いましょうとなってくる。そのときに、この租税法律主義が出てきます。みんなで決めたルールだから従いましょうと。言い換えれば、法律にない課税はしては駄目だということも言えます。

日本国憲法第84条の中に「あらたに租税を課し」、ここでいう「あらたに」という言葉の中には、当然今の税法にまた新たにプラスアルファで税金を課すこと、また「又は現行の租税を変更するには、法律又は法律の定める条件によることを必要とする」、変更する際にも

《租税法律主義》

【租税法律主義】

日本国憲法 第８４条
あらたに租税を課し、又は現行の租税を変更するには、法律又は法律の定める条件によることを必要とする。

つまり

法律によらない課税を受けない（自由・権利）⇒　自由主義的な側面

国民自らが自らに義務付けるもの（責任・負担）⇒　民主主義的な側面

勝手には駄目であり、言わずもがな、それ以外、つまり法律に無い課税はしては駄目だよと決められています。憲法に謳っているということは、国民が国を縛っていることになります。このルールがあるからこそ、国民は従うんです。気分のままやって は駄目だと。気分のままやるなんて無いように思いますが、戦時下は違いました。あの時代の雰囲気の中で、戦費徴収という名の下にどれだけの制度が作られていったことか。つまり、国民は、法律によらない課税は受けません。また、仮に新しい税法を作ったり変更を行うにあたっても、それは自分たちが選んだ国会議員が決めるわけだから、民主主義に則っています。そういう自由主義的な側面とか民主主義的な側面であるのを全部合わせて租税法律主義と言います。民主主義的側面でいうと、税法は国民自身が決めるもので、他人から決められるものではないという考え方ですね。

8 税務の現場

一番の代表例は、所得税の確定申告です。まだ学生の皆さんだとあまり経験がないかもしれませんが、これからフリーランスというか、独立して自分でやっていこうかなとなったら、必ず自分でやらなくてはいけません。自分で申告を行うのです。これは、自分でこれだけ売上て、これだけ経費を使って、これだけ儲かったから税金を納めるといった、自分で集計し、計算し、申告を行い、納税まで行う、この一連の行為を行うのです。嘘をつくかもしれない。あまり税金払いたくないから売上が上がらなかったようにしようとか、経費もかき集めちゃおうとか、そういうことがあり得るかもしれません。でも、そうするとどうでしょう。極論を言えば、皆が税金を払わない、みたいなことになります。これで社会は成り立つでしょうか。嘘をつく人が得をして、真面目な人が損をする、そんな社会に暮らしたいですか。でも、この民主主義のわたしたちの社会では、みなさんを信用するところから成り立っています。自ら計算し、申告し、納税するのです。その時に基準となるのが、税法です。法律上、売上はこう計算する。これは経費にしていいが、これは駄目と決めています、だからどうしても細かくなります。みんなに影響あるものだけれども、みんなに公平な課税でなければならないから、税法はどうしてもかなり複雑になってくる所以です。これはいいけれども、これは駄目みたいな、その1つの例として、今の税法でいったら貸倒引当金というものと、賞与引当金というものがあります。似た名前ですよね。貸倒引当金というのは、何か商売で物を売ったとして、その相手方が倒産したら資金が回収できないですよね。そういう時のために予備的に備えておくリスクの準備金みたいな感じのものでしょうか。一方賞与引当金というのは、これからの賞与、つまりボーナスですね。この賞与支給にあたり、その金額を早めから準備しておく、やはり準備金的なものを言います。将来の出費や被害予測に対する準備金という考え方でいけば、同じようなものです。会社にとって備えておかなければならないのは、回収不能リスクも、賞与も一緒です。むしろ確実に出て、しかも多額になるのは、毎年夏と冬のボーナスかもしれません。まとまった金額が出るから、それに対してできる限り早めにその準備のために貯めておきたい。それで税法でも、引当金というものがありました。現在の税法上引当金としては、貸倒引当金は認められ、賞与引当金は認められていません。賞与に関して現在は、実際に賞与を支払った際に、経費にすることになっています。

話は少し脱線してしまいますが、私は2000年まで東京にいたのですが、当時勤務していた事務所のお客様に、モデルさんや芸能人の方々がいらっしゃいました。当然、芸能人を担当するのは先輩の方々で、若手の私などはそのお手伝いしか関われませんでした。しかし、お手伝い程度の私でも、当時特に女性芸能人の方の必要経費の判断は、難しかった記憶があります。「これを落としてください」って言われるわけです。当然、ご本人は黙っています。実際に言われるのは事務所のスタッフの方です。「これは経費でいいですよね」と。衣服はもちろん、化粧品などなど。中にはあれもこれもと言ってくる人もいます。じゃあそれをすべて落とせるかとなると、そう簡単な話ではありません。これが結構、悩ましい。どこまで事業に必要かという事業関連性が求められることになります。社会において、そういったものをチェックするのが、税務署の仕事の1つです。つまり、税務署の税務調査です。その経費処理は正しかったのかどうかのチェックに来ます。当然、その際の税務調査の対応署員は女性が来ます。ちゃんと考えていますよね。男性だと、化粧品といわれるとちょっと難しいものがありますからね。事業にどう関連があるのか、そもそも必要経費なのか、そのチェックが入るのです。同性だからこそ、厳しい切り口だったことを覚えています。でも、私たちが申告を依頼されるにあたっては、同じように、そういうことをやっていかなければいけません。ダメなものはダメと。じゃないと、間違った申告になるわけです。何でもかんでも納税者に言われるがままにやるようでは、それはプロではありません。しっかり税法を熟知し、正しい申告に導いていくことこそ、その人のためにもなるし、ひいては申告納税制度の趣旨に合致して、社会のためにもなるものと思います。

他にも、例えば子供たちだったら、歯科矯正という治療があります。歯医者さんで、歯並びの矯正をする治療なのですが、結構その治療費は高額です。しかし、この治療費、未成年、二十歳になるまでだったら医療費控除という制度の対象となり、税金の節税に使えます。二十歳を超えたら使えません。何が違うかというと、未成年時代はちゃんと治療行為となるわけです。二十歳を超えたら治療よりも、考え方が美容整形に近づきます。税法はこのことに限らず、知っているか知らないか、だいぶ違いますので、お知り合いでそういう人がいれ

福澤諭吉と税

1872年に福澤諭吉が発表した『学問のすすめ』の中に、税金とは国民と国との約束であると述べられています。

「政府は法令を設けて悪人を制し善人を保護す。これ即ち政府の商売なり。この商売をなすには莫大な費なれども、政府に米もなく金もなきゆえ、百姓町人より年貢運上を出して政府の勝手方を賄わんと、双方一致の上、相談を取極めたり。これ即ち政府と人民の約束なり。」

資料提供：
福澤諭吉旧邸・福澤諭吉記念館

福澤諭吉：1835年～1901年 明治時代の啓蒙思想家・教育家。慶應義塾大学創設者。

≪訳≫
「政府は法令を設けて悪人を取り締まり、善人を保護する。
しかし、それを行うには多くの費用が必要になるが、政府自体にそのお金がないので、税金としてみんなに負担してもらう。
これは政府と国民の双方が一致した約束である。」

『 学問のすすめ 』では“平等”と“政府と個人の関係”について触れています。

「平等とは地位も収入も同じにすることではない。そこには当然個人差がある。」
法律の範囲内で暮らしを良くするチャンスが同じだという話です。

「政府と個人の関係は、どちらが上ということはないが、ただし国民が無知だと自然と厳しい政府ができあがる。
だから勉強をして、知識と道徳を身に付けなさい。」
という話になっています。

ば是非アドバイスしてあげてください。

福沢諭吉が書いた「学問のすすめ」の中にこういうものがあります。「税金とは国民と国との約束である」と述べられていて、政府は法令を設けて悪人を取り締まり、善人を保護するんだと。政府という国の役目です。しかし、それを行うには多くの費用が必要になるが、政府自体にそのお金がないので、税金としてみんなに負担してもらう。これは政府と国民の双方が一致した約束であるということで、「学問のすすめ」では、〝平等〟と〝政府と個人の関係〟について触れています。そういったこともこの機会にご認識いただければと思います。

9 社会保障と税金の役割

これからの社会、どうなるかといったら、

さらに高齢化社会は進み、国の借金や社会保障もどんどん増えて、少子高齢化、医療費もますます増えて、この先この負担はどうしますかという、大問題に目を背けられなくなります。権利と義務、このシーソーのバランスを本当に考えなければいけません。

ちなみに、社会保障で言うと、１９６５年だから50年よりちょっと前、僅か50年ほど前には９・１人、ほぼ９人ぐらいで１人の高齢者を支えていました。世の中の高齢者を９・１人で１人を支えていた計算となります。今ではそれが、大体２・１人に１人です。よく肩車とか騎馬戦などと表現されますが、いったい何人の働く人たちで高齢者１人を支えるか。２０５０年、みなさんはまだ生きていると思います。否、むしろまだまだ現役ばりばりのときの２０５０年には、１・２人に１人となる計算です。１人で１人の高齢者を負担する。ということは、わかりやすく言うと、１人が1カ月暮らすのにいくらぐらいかかりますかね。例えばざっくりと15万円とかね、10万円だとちょっときついかもしれない時代なので、ざっくり15万円とします。高齢者が家賃を払って生活して何かするときの生活費、具体的には家賃を払って食べて、電気代や水道代等も払うとして、その高齢者が10万円、15万円ぐらいやっぱりかかるかなといったときに、それを私たちが負担する部分です。昔は９人で支えたから10分の１ずつぐらい出し合って支えたものを、その時代には１人で負担しなければならない。避けたいけれど、今のままではそういう時代が来ます。多分。あくまでも、これは予測に過ぎないのですが、そうなっています。そうすると、これからどうしていくべきかが大事になってきます。今まで通り社会福祉を手厚くするならば、みんなも負担を覚悟しなくちゃいけま

時代的側面からの税金の役割　これからの課題

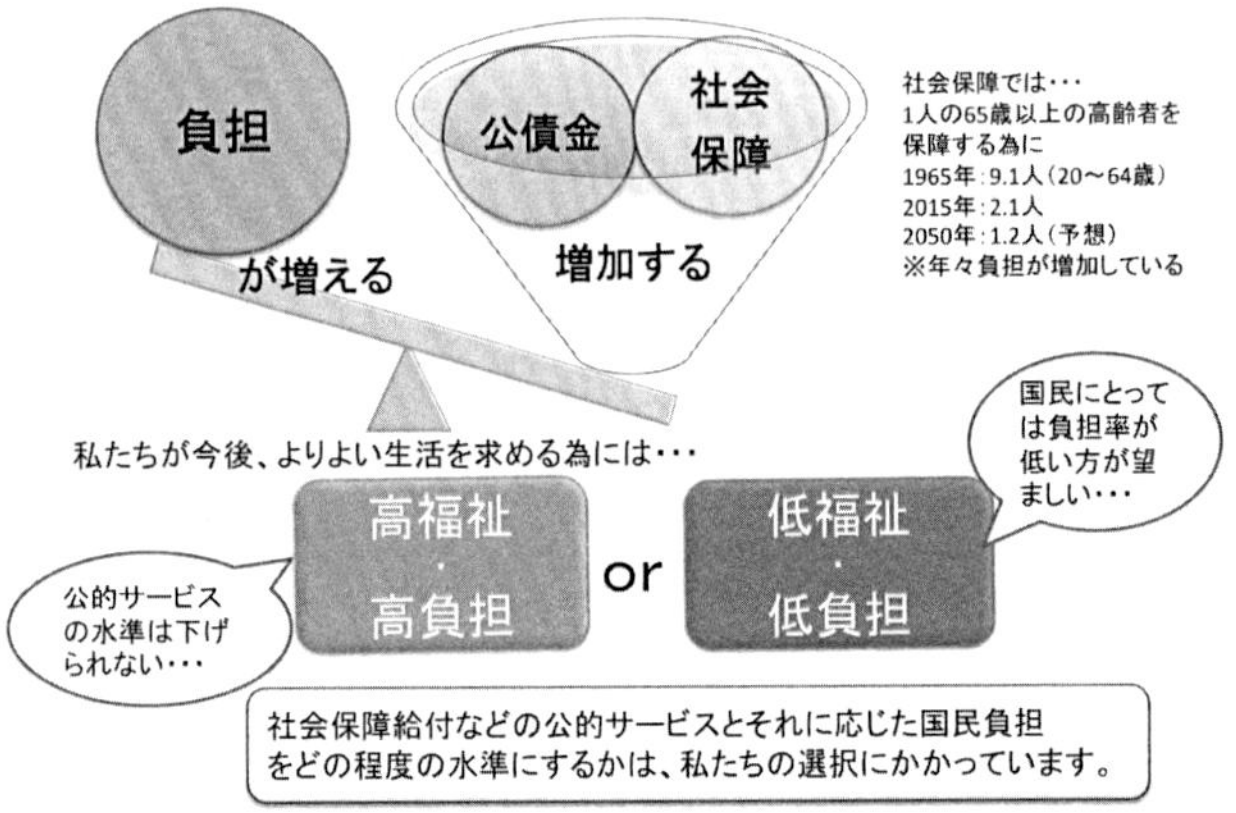
負担
が増える
公債金
社会
保障
増加する
社会保障では・・・
1人の65歳以上の高齢者を
保障する為に
1965年：9.1人（20〜64歳）
2015年：2.1人
2050年：1.2人（予想）
※年々負担が増加している
私たちが今後、よりよい生活を求める為には・・・
高福祉・高負担
or
低福祉・低負担
公的サービスの水準は下げられない・・・
国民にとっては負担率が低い方が望ましい・・・
社会保障給付などの公的サービスとそれに応じた国民負担をどの程度の水準にするかは、私たちの選択にかかっています。

つまり、ルール（税制）が必要となってくる。

せん。逆に、もう軽くしちゃえと、自己責任だとするならば、暮らしていけない高齢者はどうするのか、ここも問題となってきます。いずれにしても、これらの大事な問題について、私たちが選択していかなくてはならないということです。もうリアルに来ます。お金で言うと実感できますよね。高齢者はいくらぐらいで生活するのか、それを私たちが、1人で1人を支えなければならない、そんな時代が近づいているという話でした。

実際のところ、私は九州出身で、現在母親は九州で一人暮らしをしています。昔の人だから年金は本当に少ない。月6万円とちょっとぐらい。やはり、暮らしていけないみたいです。家は一応持ち家であるのですが、絶対的に足りない。そうすると、こっちから仕送りをしています。そして、まさに今、目下ですけれども、お風呂が古くなって壊れてしまいました。シャワーはというと、水がちょろちょろと出るくらい。これじゃ駄目だろうということで、先日お風呂をリフォームすることになりました。しかし、肝心なリフォーム代が出せない。年金だけでは無理ですよね。じゃあこっちで出すとなり、今週末までに業者に振り込まなければいけないいんですよ。当然、自分の親だから当たり前かもしれないけれども、こういうことの現象がこれからの世の中で起きるということです。２０５０年、１・２人で１人を支えるのだから。こういったことがどこにでも起きる。皆が皆、支えられる訳では無いかもしれないのだから、社会としてどうしていくか、目の前の問題として本当に考えなくちゃいけない。

だから、今、国で言われているＤＸというのがあります。これは単なるデジタル化を進めるだけではなく、抜本的に変わっていくことを志向する概念なのだと思います。効率化を図り、生産性を高め、１人のパワーをもっと強くしていく。一人ひとりの価値を高めていくことにも繋がるのではないでしょうか。そして、むしろ非効率的なことを改善することにより、生きていく上での負担を軽くしていこうみたいな、世の中も変わっていかなくてはいけない、その転換点に立っているものと思います。

10　直接税・間接税

ここでは、税金の種類って色々あるということだけを確認します。

見てください。色々あるなと、それだけ認識してもらえればいいです。ただ１つ、言葉と

税金の種類

		直接税	間接税
国　税		所得税 復興特別所得税 法人税 相続税 贈与税	消費税 酒税 揮発油税 地方揮発油税 石油石炭税 たばこ税 関税 印紙税
地方税	都道府県税	都道府県民税 事業税 自動車税 不動産取得税 自動車取得税	地方消費税 都道府県たばこ税 ゴルフ場利用税 軽油引取税
	市町村税	市町村民税 固定資産税 軽自動車税	市町村たばこ税 入湯税

して直接税と間接税というものがあります。直接税と間接税、ここがちょっと線引きされていて本日確認しておきたいなと思います。これは何が違うかというと、直接税は自分に直接かかってきて、自分で納めるものです。1番の代表例が、所得税です。これだけ稼いだからこれだけ納めますと自主的に申告納税するものです。所得に対しては、所得税は累進課税となっています。高い所得の人は高い税率で、低い所得の人は低めの税率で計算します。一方、間接税の酒税は、お酒を買ったときにお酒の料金の中に税金が含まれていて、自ずと酒税を納めています。上の図でいうと、右側です。間接税というのは、今の酒税のように、一定の行為をした際に、一緒に税金を納めているものを言います。代表例は、やはり消費税です。何かを購入したら、大人も子供も関係なく一律に消費税はかかります。たばこ税も、たばこを吸う人はその購入時に税金を負担します。温泉に入ったら入湯税とかもそうです。間接税というのは、否が応でもそれをやったら納めてねと

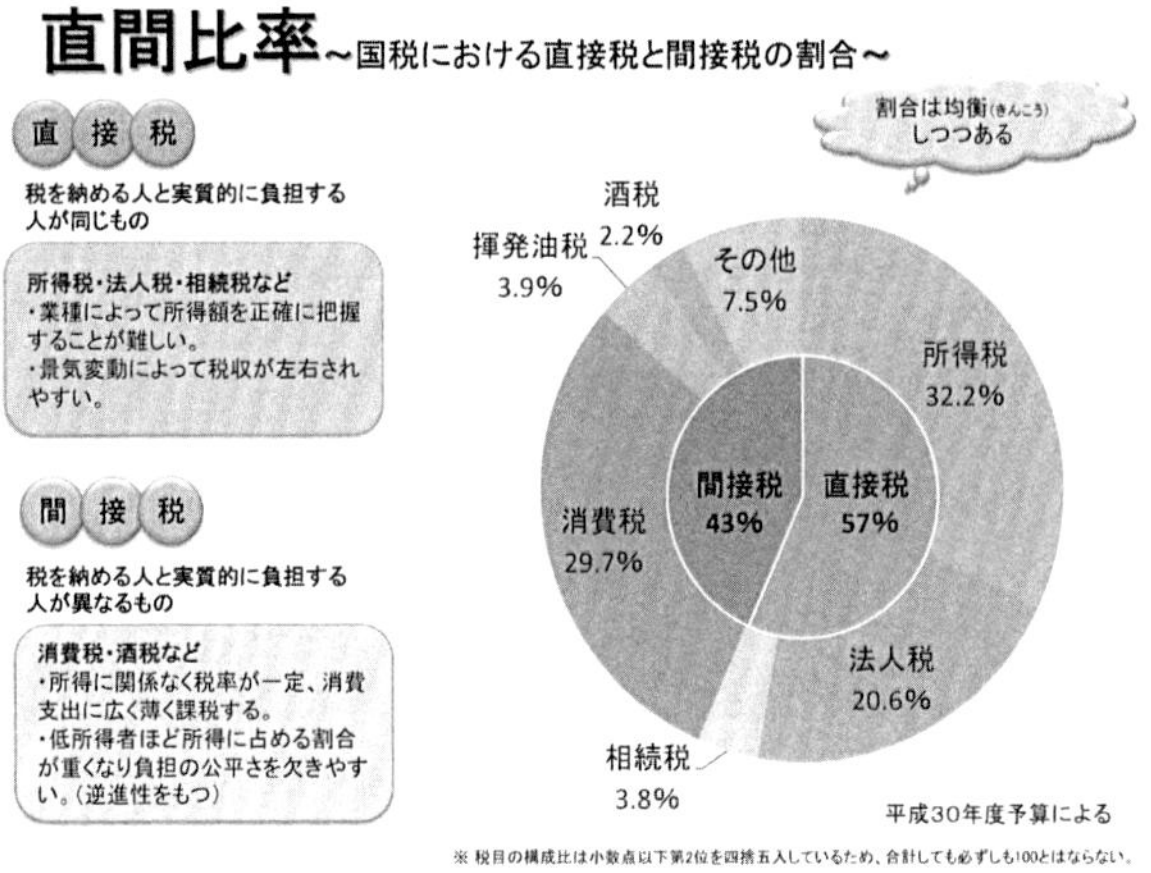

税を納める人と実質的に負担する人が同じもの

・業種によって所得額を正確に把握することが難しい。
・景気変動によって税収が左右されやすい。

税を納める人と実質的に負担する人が異なるもの

・所得に関係なく税率が一定、消費支出に広く薄く課税する。

割合は均衡(きんこう)しつつある

揮発油税 3.9%
その他 7.5%
所得税 32.2%
間接税 43%
直接税 57%
消費税 29.7%
法人税 20.6%
相続税 3.8%
平成30年度予算による
※ 税目の構成比は小数点以下第2位を四捨五入しているため、合計しても必ずしも100とはならない。

いうもので、人によって違いはありません。同じ税といっても、その仕組みがちょっと違います。直接税と間接税、今はその構成比は57％と43％の割合となっています。

あくまでも今は、直接税が軸となっていますが、これから先の将来がどうなっていくのかは皆さん次第です。

今後、税収の部分で、消費税に代表される間接税が増えたらどうなのでしょう。間接税の仕組みは、直接税よりも逆にすごくシンプルですし、納税の徴収コストというのもそんなにかかりません。所得税で行う確定申告自体、その作成や徴収に関して大変な作業が伴うのですけれど、間接税というのはもうシンプルです。実際に消費税の申告を行う会社からみても、お客さまから預かった消費税を集計し、そこから自分達が支払った経費などに含まれる消費税を差し引き、その差額分だけを納めるということになっています。だからこそ、消費税を1％上げるだけで何兆円税収が上がるとか、もう試算できるぐらいシンプルなのです。これだけ上げちゃえば何兆円、国に入るよというのが分かっている話なのです。では、どんどん消費税を上げればいいのかというと、そう簡単な話でもありません。消費税に代表される間接税で気になるのが、低所得者ほど所得に占める割合が重くなり、負担の公平さを欠きやすいという点です。所得税に採用されている累進課税では、所得が低い人は低い税率で済みます。この累進課税の部分と消費税の部分、この部分は、今後もどこに軸足を持っていけばいいのか、議論の残るところです。

大体、人の消費って似たようなところがあるので、景気に関わらず、消費税での税収は安定するんですよ。その点、所得税や法人税は、景気とか状況に影響されやすく、まさにこのコロナ禍になってくると、もう法人は軒並み赤字です。所得税だって、所得が減った人が増えています。そうすると税収も下がります。では、この国を維持するためにどうすればいいのかという議論が出てきます。そして、消費税に代表される間接税増税の議論が出てくる訳です。人は誰しも食事を摂ります。物も買います。確かに、景気と共に総量自体は少し下がるかもしれませんが、ある程度はキープできます。税収が見込める訳です。所得税、法人税はそうはいかない。法人も個人も軒並み赤字となると、結論的には国に入る税金はほとんど見込めなくなるかもしれません。要は、国家の安定のためには、消費税が重要となってきます。そういう意味で、国の財政が苦しくなってくると、どうしても消費税の増税に議論はいきがちで、直接税と間接税の構成比も、だんだん均衡しつつあるということをわかっていただければと思います。

11　累進課税

所得税は直接税であり、課税にあたっては累進課税を採っています。これは、所得が多い人に対しては高い税率を課し重く負担してもらう仕組みです。所得が低い人には、税率を低くして負担してもらいます。これが今、我が国で採られている累進課税の制度です。応能負担の原則ともいうのですけど、税金は支払い能力に応じて公平に負担しなければなりません。負担能力の大きい人には、より大きな負担をしてもらうという考えです。

ただ、この視点だけでいくと、もの凄く儲かっている人は、どういう気持ちになるでしょう。どうしたくなりますか。こんな国、いたくないと思いませんか。海外に行きたい、税金の低い国に行きたいと。当然、考えますよね。ましてやこういう時代です。孫に会いたいときはZoomで会えるわけです。スマホでも十分支障は無いみたいな、そういうことになっていく。気持ちはわかります。しかし、実際にそうなってしまっては、国も困ります。そこで、国も考えました。海外に移住するときには申告しろという、そういう制度を作ったりしているのです。ある意味いたちごっこみたいなことかもしれません。しかし、やはりもの凄く儲かっている人側からすると、所得税は最高税率45％です。ここに住民税がきます。住民税は今10％です。足すと55％ということは、半分以上税金に取られることとなります。さらに税金以外にも、社会保険料がきます。自ずと、手取り額は削られていくことになるのです。こ

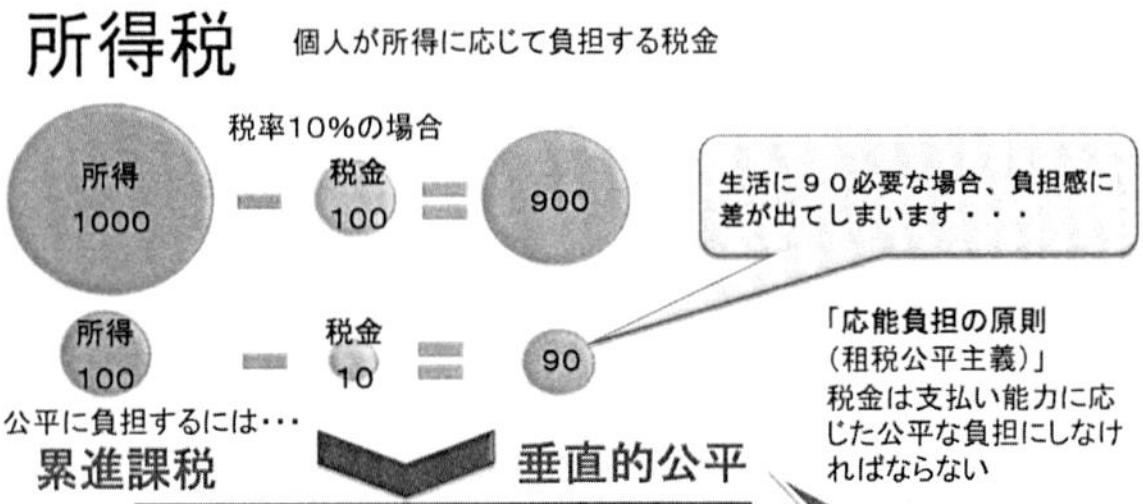
垂直的公平
負担能力の大きい人により大きな負担をしてもらう

課税所得	税率	控除額
195万円以下	5%	0円
330万円以下	10%	97,500円
695万円以下	20%	427,500円
900万円以下	23%	636,000円
1,800万円以下	33%	1,536,000円
4,000万円以下	40%	2,796,000円
4,000万円超	45%	4,796,000円

れでは、この国からは、なかなか何かどんどん突き抜ける人は出づらくなる。しかし、今の国の仕組みでは、それ以上に、やはり、苦しんでいらっしゃる人とかの税率は低めに設定する制度になっています。応能負担だけ見ても、今後どのような負担割合がいいか、検討していかなければなりません。

12　消費税の逆進性

続いて、消費税の論点です。消費税は、間接税の代表です。商品とか製品の販売、サービスの提供、輸入など、何か取引を行ったらそれに関して消費税がかかる。消費税率の10%を細かくいうと、国が7・8%、地方のほうに使うためのものが2・2%で、合わせて10%という仕組みになっています。何かの消費とか、何かが行われたとき、これは等しい負担能力の人には等しい負担を求める。要は水平的公平性といわれるもので、みんな同じ、みんな平等でい

個人が所得に応じて負担する税金
税率10%の場合

税金 100

生活に９０必要な場合、負担感に差が出てしまいます・・・
所得 100

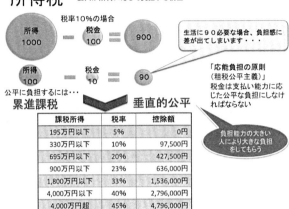

きましょうということです。ただ、ここで低所得者ほど税負担の負担割合が大きくなり、負担感が大きくなります。ギャップの問題が発生するということになります。ここをどう見るかが大事です。

アイスクリームを買った時を例にすると、お金持ちの人がアイスクリームを買って負担する消費税の負担感と、子供がやっとお小遣いをためて買うアイスクリームでの負担感とでは、どうでしょうかという話です。同じ負担感、負担割合でしょうか。子供の方が、負担割合が大きいと思いませんか。それは、生活必需品やお米を買う行為、つまり消費全般でも一緒です。高所得者と低所得者、果たして一緒でいいのでしょうか。今、消費税はその論点には触れずに、単純に税率を上げています。確かに、食料品などには軽減税率が導入されました。しかし、高所得者にも同じ税率が適用されるため、この負担割合の問題が解決されたわけでは無いのです。難しい問題ですが、皆が幸せに暮らせる社会をつくるためには、これからも議論が必要と思います。

角度を変えて、消費税はすべての取引にかかってくるかといえば、そうとはいえません。消費税がかからないものもあります。例えば教科書とか医療費にはかかっていません。理由としては、消費という概念にそぐわないものや、政策的にかけていないものがあります。土地の売買や、まさに教育関係がわかりやすい事例です。

そもそも、消費税の消費というと、無くなるイメージでしょう。消費するといったら無くなる。土地って使っても無くならないですよね。だから、土地の売渡しや地代に関しては

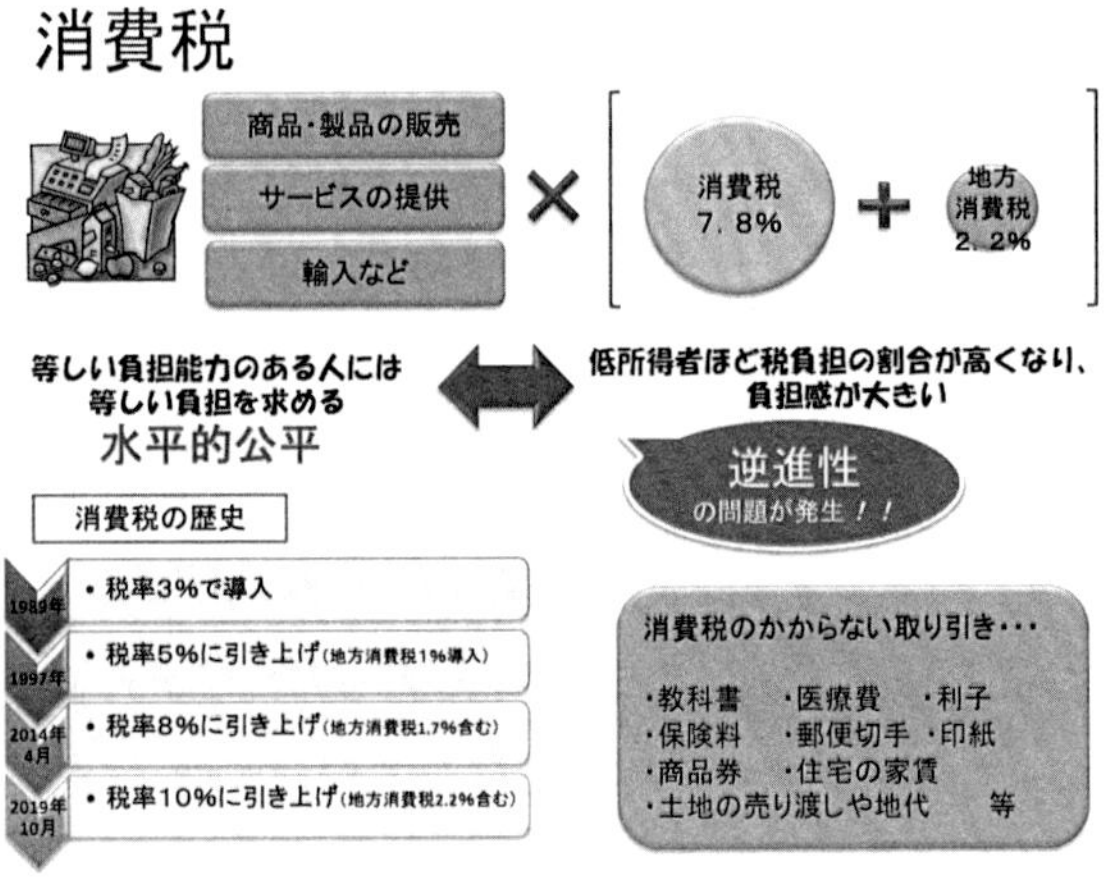
消費税
商品・製品の販売
サービスの提供
輸入など
×
消費税
7.8%
+
地方
消費税
2.2%
等しい負担能力のある人には
等しい負担を求める
水平的公平
低所得者ほど税負担の割合が高くなり、
負担感が大きい
逆進性
の問題が発生！！
消費税の歴史
1989年
・税率3%で導入
1997年
・税率5%に引き上げ（地方消費税1%導入）
2014年4月
・税率8%に引き上げ（地方消費税1.7%含む）
2019年10月
・税率10%に引き上げ（地方消費税2.2%含む）
消費税のかからない取り引き・・・
・教科書　・医療費　・利子
・保険料　・郵便切手　・印紙
・商品券　・住宅の家賃
・土地の売り渡しや地代　等

無くならない、消費しないということで消費税はかかってこない。例えば、中古物件で土地、建物を売買した時に消費税が影響してきます。中古物件だと、新築と違って、土地、建物合わせて売買されていますから、ほとんどが全体での価格しかわかりません。チラシには、この中古物件、築15年経っていて、売却金額は３、０００万円ですとか２、０００万円ですとか出ています。基本これだけの表示って、よくあります。これを、私たちの仕事では、分けなくちゃいけません。土地が１、０００万円、建物が２、０００万円とかに分けなくちゃいけない。このときのよりどころが消費税となります。売却金額が３、０００万円のうちに、消費税が、「うち１００万円」とあったら、どうでしょう。土地には消費税はかからないので、この１００万円の消費税は建物分だとわかります。１００万円の消費税を逆算で考えると、１、０００万円が建物なのだなと。結果的に、残った１、９００万円が土地だなと見えてくる。チ

ラシや契約書の片隅にある、「うち、消費税○○円」という、ここがポイントです。土地には消費税はかからない、ここから導き出される実務っぽい話でした。

13　申告納税と賦課課税

納税方式には、申告納税制度と賦課課税制度があります。申告納税制度は、自分の税金は○○ですのでお支払いしますと自ら申告し、納税するやり方です。これに対して、賦課課税制度は、勝手に課税側のほうが、あなたこれだけ納めなさいね、払ってくださいねと言ってくる制度です。

税金によって、仕組みが分かれています。自宅を持っている人の固定資産税、車を持っている人の自動車税などが賦課課税に該当します。

先ほどの悩ましい部分ですが、所得税の累進課税というのは、確かに弱者には優しい制度です。でも、かなり頑張って、ものすごく稼いでいる人からしたら、えっ、こんなに取られるのみたいな視点もあるでしょう。やはり消費税の方が平等じゃないのと。高額なものを買う人は、それだけ高額な消費税を負担すれば良いだけの話であり、買えない人は買わなければ良い、今の世の中にはいくらでも安いものもあるのだからそれを選べば良い等々、実に様々な考え方が存在します。そのような社会において、いかに公平な課税を行うか、みんなが納得する税金の仕組みを作るか、試行錯誤の上で今とっている制度が、先ほど見ていただいた

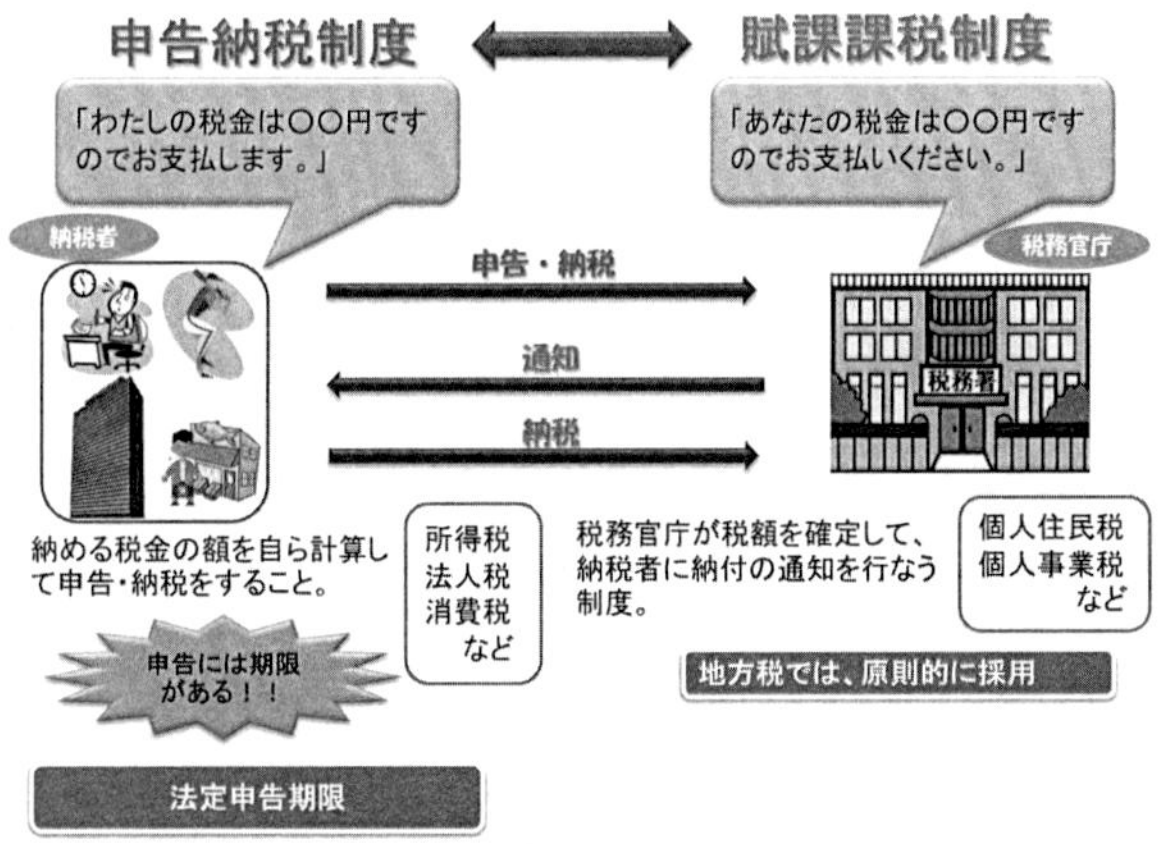
申告納税制度
賦課課税制度
「わたしの税金は〇〇円ですのでお支払します。」
「あなたの税金は〇〇円ですのでお支払いください。」
納税者
税務官庁
申告・納税
通知
納税
税務署
納める税金の額を自ら計算して申告・納税をすること。
所得税
法人税
消費税
など
税務官庁が税額を確定して、納税者に納付の通知を行なう制度。
個人住民税
個人事業税
など
申告には期限がある！！
地方税では、原則的に採用
法定申告期限

何種類もある税金の仕組みです。所得税、消費税、自動車税、たばこ税、入湯税等々、なぜこのように細かく、なぜあれだけ複雑になっているかというと、すべての価値観をミックスした方がちょうどいいバランスになるということです。むしろ、単純化、一本化しちゃうと、必ず不平不満は出てきます。そこを中和するという意味合いがあるのかなと思います。この考え方は、納税方式にもいえます。申告納税制度と賦課課税制度がミックスされることによって、社会の財源はうまく回っているのでしょうね。

おわりに

ここからが、本題に入ります。本日のミッション、皆さんをリクルートしにきました。半分冗談ですが、半分は本気です。

ぜひ、税理士という世界に、もしよろしければ興味を持っていただいて、来ていただければありがたいかな、という話をちょっと最後にさせていただければと思っています。

本日お勉強したように、民主主義の社会において税制は、どこまでも公平な課税を目指す、ここに尽きます。この公平という理念がポイントで、そのためには、いろいろな人たちがいるこの社会では、公平を求めれば求めるほど、当然ながら課税のルールは複雑にならざるを得なくなります。本来、税法はシンプルで、誰にでもわかるものであればいいのですが、現実はそうはなっていません。法律の中でもトップクラスに分かりづらいものとなっています。では、納税者はどうすればいいいか。この公平さを求めるが故に複雑多岐にわたる税法を、ある意味通訳するというか、理解し、納税者に寄り添って、納税者を守っていく専門家が必要になってくると思います。それが税理士です。

この税理士制度、世界中にあるかといったら、そうないんですよ。あるのは日本と韓国とドイツとか、結構限られた国となります。ベトナムは日本の税理士制度を学んで導入しました。税理士制度は現在社会の仕組みとなっていて、公務員ではないけれども、民間とも言い切れないというか、1つ言えることとは、国家資格の中で国家財政について支えている貴重な資格だということだと思います。要は、納税者の方たちに少しでも税法をお伝えして、理解してもらい、適正に申告していただく。逆に言うと、多く払い過ぎることもない。あくまでも適正に、が大事です。社会を成り立たせるためにも、税理士という仕事はやりがいがあると思います。

税理士の使命は、税理士法の第1条にあります。俗に言う法律の一丁目一番地と言うんで

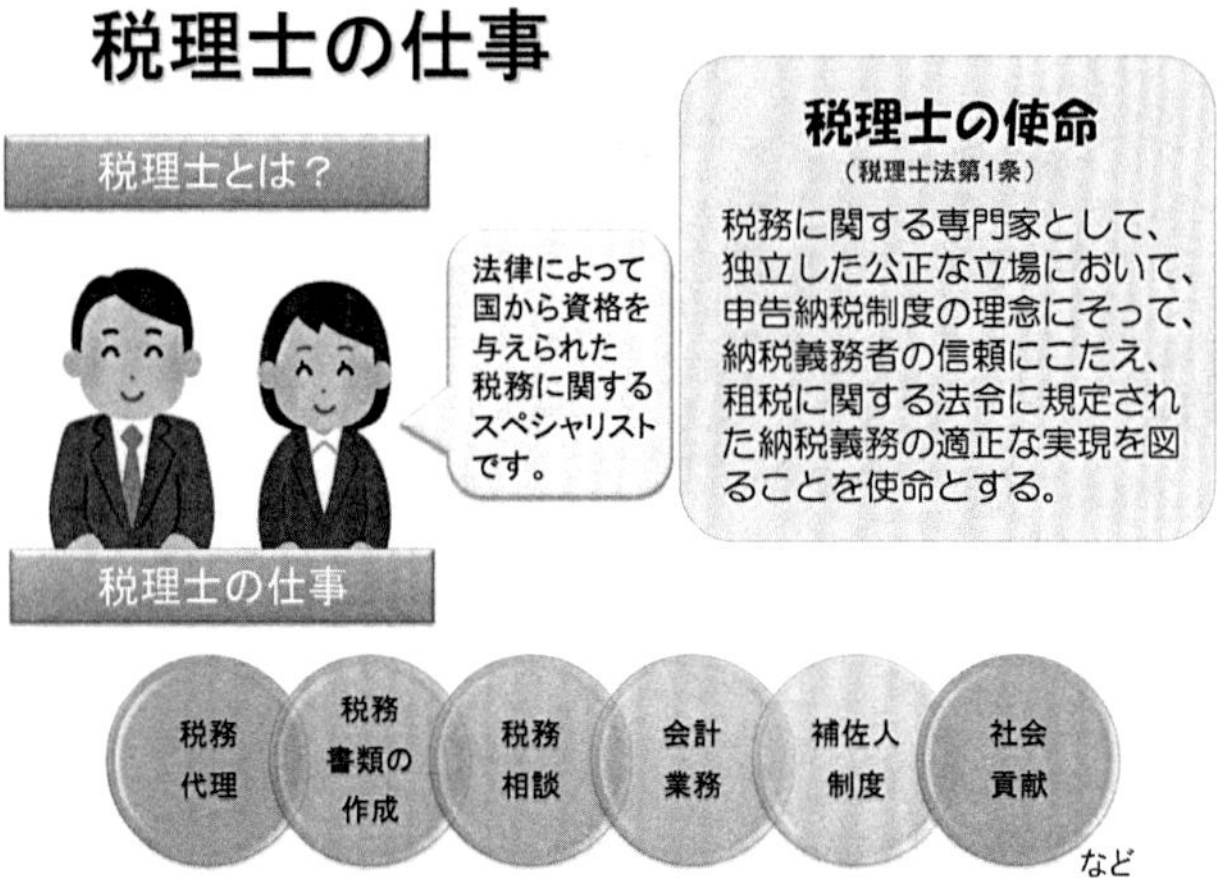
税理士の仕事
税理士とは？
法律によって国から資格を与えられた税務に関するスペシャリストです。
税理士の使命
（税理士法第1条）
税務に関する専門家として、独立した公正な立場において、申告納税制度の理念にそって、納税義務者の信頼にこたえ、租税に関する法令に規定された納税義務の適正な実現を図ることを使命とする。
税理士の仕事
税務代理
税務書類の作成
税務相談
会計業務
補佐人制度
社会貢献
など

すけれども、弁護士もそうです。弁護士法第1条に、社会正義という言葉を使い説明しています。私たちの税理士法第1条には、「税務に関する専門家として、独立した公正な立場において、申告納税制度の理念に沿って、納税義務者の信頼にこたえ、租税に関する法令に規定された納税義務の適正な実現を図ることを使命とする」と、税に関する専門家としての使命が記されています。中でも、独立した公正な立場において、ということです。結構これが大事で、弁護士さんというのは依頼者の利益というか、依頼者側に立ちますよね。代理人だから当たり前です。弁護士だけが唯一その人の代理人になれるのだから。一方、私たち税理士は、ちゃんと自分を独立させて、公正な立場にいるんだということです。わかりやすく言うと、自分の倫理基準を持つことです。間違っても、脱税相談に乗っちゃだめだということです。依頼者からお金をいただくからといって、脱税の片棒を担ぐ、これは税理士法違反であることは

税への理解

税金と民主主義は関連した歴史を辿っている。まさに現在行われている「申告納税制度」は国民が勝ち取った権利。

税金を納めるということは、わたしたちの義務であるとともに、私たちの生活をより豊かで健康なものにしていくために必要なもの。よって、脱税は悪。

皆さんの未来をどのようなものにしていくかは、民主主義である以上、皆さんが決めていくことになる。政治に無関心は、人生を他人に委ねるに等しい。

元より、民主国家を壊すことにも繋がります。私たちは、あくまでも独立した公正な立場にいるのだから、申告納税制度を守っていく責任があります。この申告納税制度は民衆が勝ち取った制度であり、国と国民の信頼の上に成り立っている素晴らしい制度であり、これからも守っていかなければならないものだと思います。

税制に完璧というものは無いのだと思います。時代が移ろう限り、税法も変化すべきであり、その時に税務の専門家として、税理士の役割はますます必要となってくるものと思われます。ぜひ税理士の世界へお越しいただき、共に良い社会を築いていきましょう。本日は、ご清聴いただき、ありがとうございました。

第3章　税理士の役割
―税理士が社会に果たす役割とそのリスクについて―

木戸哲哉

はじめに

「税理士の役割」の講義を担当する木戸と申します。国税ＯＢ税理士です。

平成13年に税理士法が改正され、税理士業務の多様化と税務の専門家としての地位の向上が図られ、税理士の業務分野は、今後ますます拡大していくと言われています。このような状況は、税理士の社会的な役割を高めビジネスチャンスの増加に繋がりますが、税理士が抱えるリスクも増大しています。

例えば、節税商品への積極的な関与、いわゆるタックスプランニングですが、極端なスキームが結果的に失敗しトラブルになったことが報道されました。

世界に目を転じて見ますと、スターバックスやグーグルなどの多国籍企業による国際的な租税負担の回避行為に関する報道や、タックスヘイブンに関しての「パナマ文書」や「パラダイス文書」の公開などが世間を騒がせたことがありました。なお、ヘイブンは「haven」で避難場所といった意味で、天国という意味の「heaven」ではないようです。各国の課税制度の違いを利用して税率の高い国から無税または低い税率の国へ所得を移し、納税額を最小限に抑える租税回避行為です。これらの行為はただちに違法とはいえないが、税制度や租税条約の隙間をついた手法といわれ批判が集まっていました。

本題に入ります。今回の講義である「税理士の役割」を考える上で、まずは税理士制度とは何かといった基本的な事項を確認しながら講義を進めていきます。国税庁のホームページでは「税理士制度は、税務に関する専門家としての税理士が、独立した公正な立場から、国民の納税義務の適正な実現を援助することにより、申告納税制度の適正かつ円滑な運営に資することを目的として、昭和26年に設けられました。この税理士制度においては、納税者からの依頼を受けて行う税務代理、税務書類の作成及び税務相談の業務が税理士業務とされ、これらの業務を行うことができるのは、税理士、税理士法人、国税局長に通知をした弁護士及び弁護士法人に限られています。そして、税理士として税理士業務を行うためには、税理士となる資格を有する者が日本税理士会連合会に備える税理士名簿への登録を受けなければならないとされており、現在、全国で約7万9千人の税理士が登録されています。」と説明しています。

このような制度の基本的な事項とステークホルダーとの関係、税理士が負うリスクについて私の感じていることを織り交ぜながら講義を進めてまいります。

1　税理士の業務

税理士法第1条では「税理士は税務に関する専門家として独立した公正な立場に置いて申告納税制度の理念に沿って納税義務者の信頼に応え租税に関する法令に規定された納税義務の適正な実現を図ることを使命とする」と規定しています。

そして第2条では、「税理士は他人の求めに応じ租税に関し次に掲げる事務を行うことを業とする」と規定しています。第2条の第1項では本来の税理士業務である「税務代理」、「税務書類の作成」、「税務相談」が規定されています。「税務代理」とは租税に関する法令等に基づく申告等につき、代理もしくは代行し、税務署等の調査処分に関し主張や陳述につい て代理代行をするとされています。また、「税務書類の作成」とは、税務署等に提出する申告書等に係る書類を作成することとされています。「税務相談」とは税務署等に対する申告、調査処分に関する主張や陳述等の相談に応ずることとされています。これらの税理士業務については第2条に「他人の求めに応じて」と規定され、税理士の公共的使命を前提に税理士の無償独占とされています。報酬を得てという表現ではなく「他人の求めに応じて」ということですから有償無償を問わず税理士しかできないということになります。

第2項では付随業務が示されています。付随業務の主たるものは会計計算事務ですが、例えば、公認会計士においても監査事務と会計計算事務を請け負うことができますので、この

法人関与形態別件数比

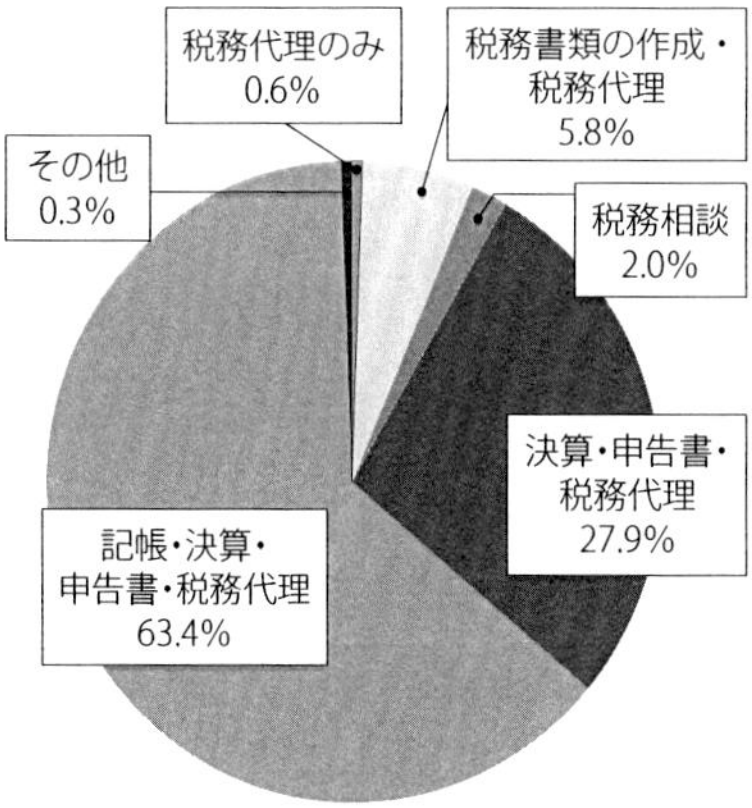

個人関与形態別件数比

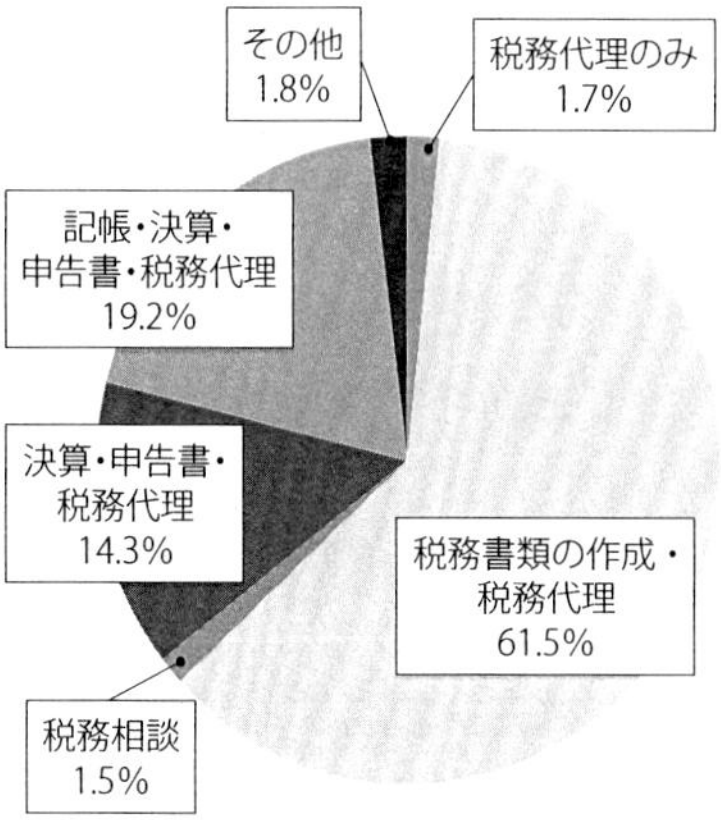

出所：平成27年３月「第６回税理士実態調査報告書」（日本税理士連合会）

事務については税理士としての排他的独占的な事務ではありません。しかしながら中小企業の経営者から見れば、身近な税理士にその仕事を依頼する方が多いという状況になっています。

それでは税理士の業務における実態を見ていきます。上のグラフは日本税理士連合会が10年ごとに実施している税理士実態調査で報告された法人と個人の関与形態別件数比です。法人関与形態では「記帳から申告書作成・税務代理」が63・4％を占めています。法人は複雑な取引も多く会計帳簿の備え付けも義務付けられています。このようなことから、税理士に対するニーズは帳簿記帳から税務代理までということが多くなっています。一方、個人形態では「税務書類の作成・税務代理」が61・5％となっています。個人事業者であれば簡易な帳簿で事足りる事業もあり、税理士に依頼するのは税務書類の作成だけという件数が多くなっています。

会計伝票の記帳について具体的に見ていきます。デジタル化が進み、会社の帳簿を手で書いて電卓で集計するといったことは少なく、パソコンで会計ソフトから入力することが主流となっています。いわゆる会計ソフトで仕訳入力する作業となりますが、簿記の知識がなく勘定科目がわからない、作業が煩わしい、面倒くさいといったことから外注に回すといったところにニーズがあります。この作業を依頼された側、税理士サイドでは、これを記帳代行業務と言っていますが、依頼者側から領収証などを預り、その取引の仕訳入力を代行します。記帳代行は簿記や会計知識、パソコンを扱えれば誰でも入力できるため、税理士事務所のスタッフに作業させている事務所が多いのが実態です。この記帳代行は税理士以外でもそれ専門の業者もあり、料金のダンピングが激しくなっています。

一方、顧問先が仕訳入力を行うことで会計帳簿を作成する自計化があります。簿記がわからないといった場合でも、会計ソフトには学習能力があり帳簿作成等は可能となります。記帳代行の場合は会社から書類を預って、税理士側で入力しその結果を会社へ報告する時期は早くて翌月あるいは翌々月、つまり会社の業績判断は早くて3カ月後ということになりますが、自計化であれば昨日の取引を入力していればアップデートで前年度の比較などの業績を判断でき、税理士サイドも適時適切な経営助言がしやすいといった面があります。

尚、最近はコロナ禍による営業不振で資金繰りや助成金の相談等が増えていますが、助成金の請求は本来は行政書士の仕事の範疇であるため、そういった点に注意しながら顧問先の手助けをしています。

2　税理士とステークホルダー

税理士と委嘱者・顧問先、いわゆるステークホルダーとの関係について税理士の立ち位置を見ていきます。税理士法第1条により税理士が納税者および税務当局に対する立場を規定しています。第1条で「独立した公正な立場において」と規定されていますが、この「独立した公正な立場」とは、一般的に納税者にも税務当局にも偏らずという意味です。また、「公正な立場」というのは、納税義務の適正な実現を使命とする税理士に要請される立場であると一般的に解されています。

税理士は、適正な課税の実現は申告納税制度の下において納税者の援助者として適正な課税を実現することが要請されていると同時に、法律に規定する納税義務を超えた税務官庁の処分から納税者を守ることだけでなく、適正な課税の実現を使命とすることも税理士には求められています。

税理士法はあるべき姿として税理士と納税者の関係を規定しています。しかしながら、料金を払う納税者の方からはどのような期待がされているのでしょうか。次の頁に中小規模事業者がどのような人を日常の相談相手としているか、中小企業庁から発表された小規模企業白書のグラフを抜粋しました。日常の相談相手として6割の方は税理士を挙げています。日常の相談相手ですから税金の相談ばかりでは無いのかもしれません。経営者の身近な相談相

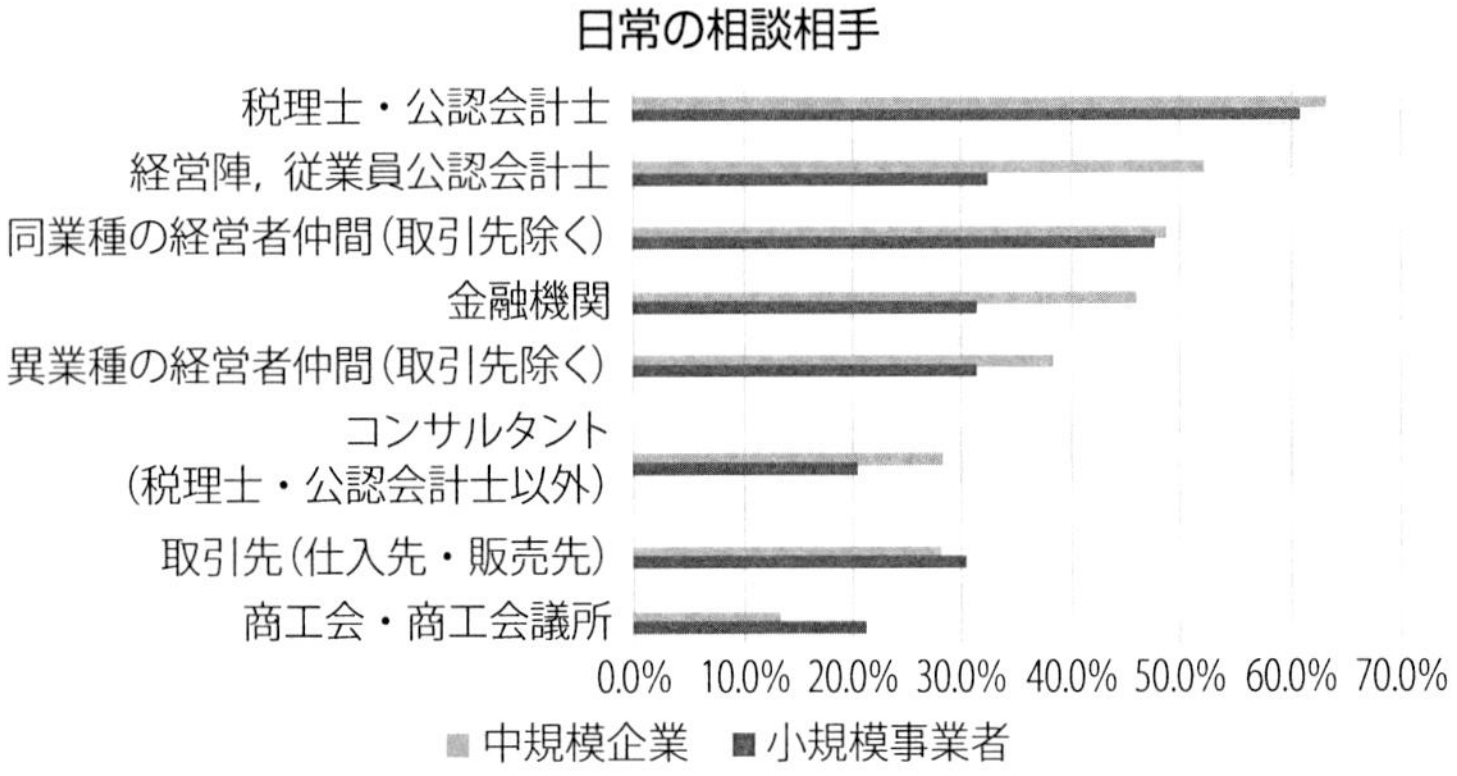

出所：2020年版「小規模企業白書」

手として会社の経理をよく知っているし、話しやすいといったこともあるのでしょう。経営者の相談ですから例えば家賃が払えない、従業員の給与が払えない、借入金の返済資金繰り、閉店廃業、あるいはコロナ禍での補助金や助成金の申し込みといったことで相談される方も多くいます。

顧問税理士との関係について、東京の女性経営者にインタビューしている記事が税務の専門誌に掲載されていました。そこでは、「どのような業務を税理士に任せていくか」という質問に対して、「経理全般そして目に見える形でアドバイスをお願いしたい」ということでした。また、その経営者からは「税理士は経営者の気持ちを一番わかっている訳ですから数字がこうなっていますという説明だけではなく共感できるアドバイスが欲しい」というようなことを答えています。そして最後に「数字を見るだけでなくて、経営者の立場に立って、共感できる税理士さんがたくさん出てくれると嬉しい」と締めくくっています。

ところで税理士事務所の規模の実態はどのようなものでしょうか。

税理士1人に職員が6人ぐらいで平均関与先数が75件というのが平均的な税理士事務所のようです。職員が10人を超えると中規模税理士事務所と言われています。30人を超えると大規模税理士事務所、100人超えの大規模税理士事務所も各地に点在しています。大規模税理士事務所は通常何人かの税理士が所属しており、各種の業務のために税理士法人としてグループ化している形態が増えつつあります。このような大規模税理士事務所においては職員の管理等が大変なようですが、組織で対応できるといった強みがあるようです。

続いて税務当局との関係を見ていきます。国税庁は1949年、昭和24年にその当時の大蔵省、現在は財務省の外局として設置されました。国税庁の下には全国12の国税局および524の税務署が設置され、東北は仙台国税局が管轄しており6県で合わせて52署あります。ちなみに、規模が全国一の東京国税局は東京都、神奈川県、千葉県および山梨県の1都3県を管轄し、84の税務署があります。職員数は仙台国税局の3倍ほどです。

税務署などの税務当局は適正公平な課税の推進に向け調査しています。納税者には受任義務があり拒否する事はできません。税務調査では納税者は痛くもない腹を探られるといった感想を持つ方もいます。

その調査の立ち会いも税理士の業務の1つです。

調査の種類には、査察が行う強制調査と任意調査があります。

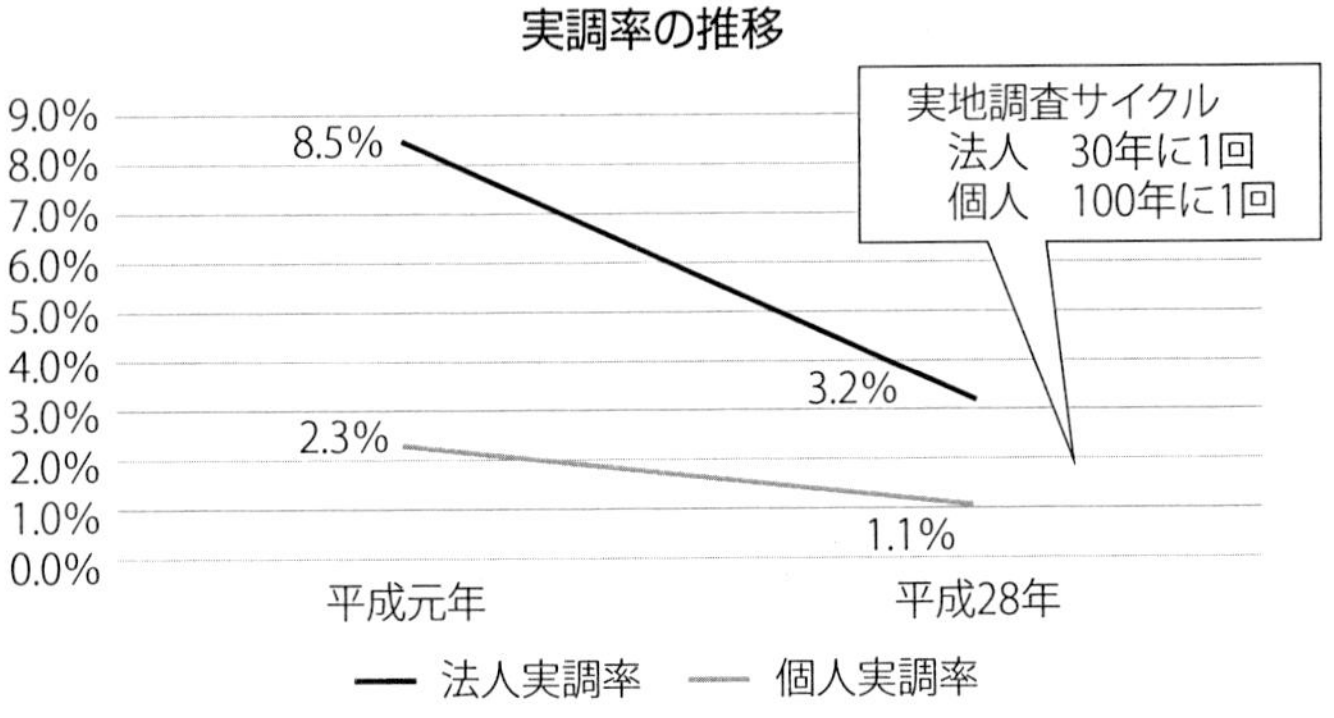

出所：平成30年「税務行政の現状と課題」

この税務調査については、あまり得意でない税理士とあまり苦にしない税理士がいます。余談ですが、いわゆる国税ＯＢ税理士は調査する側としての経験もあるため、あまり苦にしない方が比較的多いと思います。調査については税務職員が日本全国で5万人であるにもかかわらず、法人数は約２８０万社以上ともいわれています。上記に調査率の推移のグラフを掲載しています。

ちょっと古い資料ですが平成28年には法人の実調率が３・２％、個人が１・１％、サイクルとすると法人は30年に1回、個人は１００年に1回ということになります。個人では一生に一度あるかないかということになります。

日本の税金の多くは、会社や事業者自らが税務署で申告を行い、その税額を納付するという申告納税制度が採用されています。自己申告の制度であるため、内容や税額に誤りが生じたり、故意に虚偽の申告がされてしまったりという可能性があります。誤りや虚偽申

○　税理士等に対する懲戒処分等件数（単位：件）

年度	平成27	平成28	平成29	平成30	令和元
件数	41	39	38	51	43

出所：国税庁レポート2020

告が行われていないかを調査し、その誤りを正すために税務調査は行われます。

悪質な脱税の疑いなどがなければ、基本的に多くの会社が受けるのは任意調査です。任意調査の場合は、事前に調査に赴く旨の連絡が入るため、急に窓口に来られるといったことは滅多にありません。しかし、任意調査とはいっても、税務署などの職員には税金に関する質問を納税者に行える「質問検査権」が認められています。この質問に対して、黙秘する権利は認められていません。また、調査の際に職員から帳簿書類などの提出を求められることがありますが、正当な理由がないのに提出を拒んだり、虚偽の記載をした帳簿書類などを提出した場合には、罰則（1年以下の懲役又は50万円以下の罰金）が科されます。

一方、強制調査は、「マルサ」と呼ばれる国税局査察部が脱税の疑われる納税者に対し、裁判所の令状を得て強制的に行う調査です。強制調査は納税に関する資料を押収できる権限があり、納税者はこの調査を拒絶できません。ただし、強制調査は、「脱税額が多額であること」、「脱税の隠蔽工作が悪質であること」が想定される場合に限られ、件数は多くありません。

一方、税務当局は税理士の監督官庁となっています。

税務当局は、税理士業務の適正な運営を確保するためにあらゆる機会を通じて税理士による違反行為の防止などについて注意喚起しています。また、税理士の懲戒処分や告発等をしています。処分としては戒告、業務停止、業務の禁止の3種類の規定があります。懲戒処分件数を見てみると令和元年で43件です。少ないように感じますが、非行ではあるが懲戒処分までに至らない事案も多いようです。

3　税理士が負うリスク

税理士が作成した税務申告等に関連して依頼者に損害が発生した場合には、債務不履行に基づく損害賠償責任と不法行為に基づく損害賠償責任が生じる場合があります。

いずれの責任についても、実際の裁判では、税理士が行っていた業務の内容、税理士が負うべき義務に違反したか否かが争われます。

税理士は、通常、依頼者から税務申告書の作成や提出などの依頼を受けて、依頼者との契約により業務を行います。契約は、書面（契約書）を作成していなくても、口頭でも成立しますので、税理士が依頼者からの依頼を承諾して税務申告等の業務を行っている場合には、契約書の有無にかかわらず、税理士と依頼者の間には税務申告等について契約が成立しています。

契約書を作らなくても問題は無かった、長い付き合いなので今さら契約書を作ることを言い出しにくいなど、契約書が作成されていないケースが少なくないようです。

税理士は、通常の税務申告等ばかりではなく、依頼者に対する経営判断の指導や助言などの付加的な業務についても法的責任が問われる可能性があります。

したがって、税理士は、自身の責任の範囲を明確にするためにも、契約書を作成して業務の責任の所在を明示しておくことが重要となります。

他方、もし依頼者が税理士の責任を追及することになった場合、税理士との契約の成否や業務の具体的内容を立証するのは依頼者の側となります。

そのため、依頼者の立場としても、契約書に税理士の業務内容を明示して税理士の責任の範囲を明確にしておくことが大事なようです。

税理士は、依頼者の税務申告書の作成、申告代行や税務相談について委任を受けて業務を行うので委任の趣旨に従い、善良な管理者としての注意をもって委任事務を処理する義務、いわゆる善管注意義務を負います。そして、税理士が、依頼者の税務申告書の作成や申告代行などにおいて、善管注意義務に違反した場合には、損害賠償責任を負うことになります。

具体的には、税理士業務において、税理士による単純な税務申告のミス、例えば、申告期限に提出できなかった、税法の解釈や適用の誤り、税率の適用ミス、税務処理に関する情報提供や説明を怠ったことなどにより、依頼者に損害が発生した場合には税理士の責任が問題となります。

また、税理士には、税務書類の作成過程において、前提となる事実関係を把握したり、調査を尽くしたりする義務があることから、この点にも留意する必要があります。

なお、税理士業務が円滑に行われるためには、依頼者が税理士からの要請に応じて必要な資料を提出することや、税務処理に必要な事項を事前に通知することなど、依頼者側の協力も不可欠です。仮に税理士の責任の発生に関して、依頼者側にも原因があると認められる場合には、過失相殺により、税理士の責任が軽減されることになります。

税理士と依頼者の間では資料等の提供や責任について問題となりやすいことから、依頼者の税理士への資料の提供や必要事項の通知の責任分担についても契約書に明示しておくことが重要です。

税理士は、依頼者が会社の場合、前述の税理士業務のほかに、それに付随する決算書類の作成や会計帳簿の記帳代行（以下では「会計業務」といいます）についても、委任を受けて業務を行うことがあります。

税理士の業務の実態としては、税理士が依頼者（とくに会社）から、税理士業務と会計業務の両方について委任を受けているケースもあります。この場合、税理士は、いずれの業務についても、善良な管理者としての注意をもって委任事務を処理する義務（善管注意義務）を負うことから、税務申告等の業務においてだけでなく、決算書類の作成、会計帳簿の記帳の過程においても、善管注意義務に違反した場合には損害賠償責任が問題となります。具体的には、会計業務において、税理士の行った会計処理の誤りや会計帳簿の記帳ミスなどにより、その後の税務処理への影響を通じて依頼者に損害が発生した場合には、税理士の責任が問われることになります。

これは、会計と税務が密接に関連することから、会計処理の段階の誤りに起因して依頼者に不利益が生じることによるものです。

もっとも、一口に税理士が会計業務を行うといっても、税理士が領収書などの書類により経理伝票を起票する段階から関与する場合や、経理伝票の起票自体は依頼者が行うものの、その後の元帳や試算表の作成、決算処理を税理士が行う場合など、いろいろな形態があります。

また、前述の税理士業務のように、税理士の会計業務が円滑に行われるためには依頼者側の資料提出等の協力も不可欠です。そのため、会計処理の誤りが発生した段階や原因、税理士が行う会計業務の内容によって税理士の責任の範囲も異なってきます。

税理士には税務の専門家として高度な注意義務が課せられており、司法の場でも税理士の責任を重く見る傾向にあるようです。

さて、最後となりますが、税務争訟について触れたいと思います。

税務争訟とは国と納税者の争いをいいます。

異議申し立てとか審査請求などの手続き、訴訟の発生件数および訴訟の終結状況については次の頁にイメージ図を掲載しました。国との争いは最終的には訴訟という手続きを経て決着するということになります。訴訟の件数は年々減っております。

訴訟件数の減少については、税務当局が強硬に処分することが減ったことによることが原

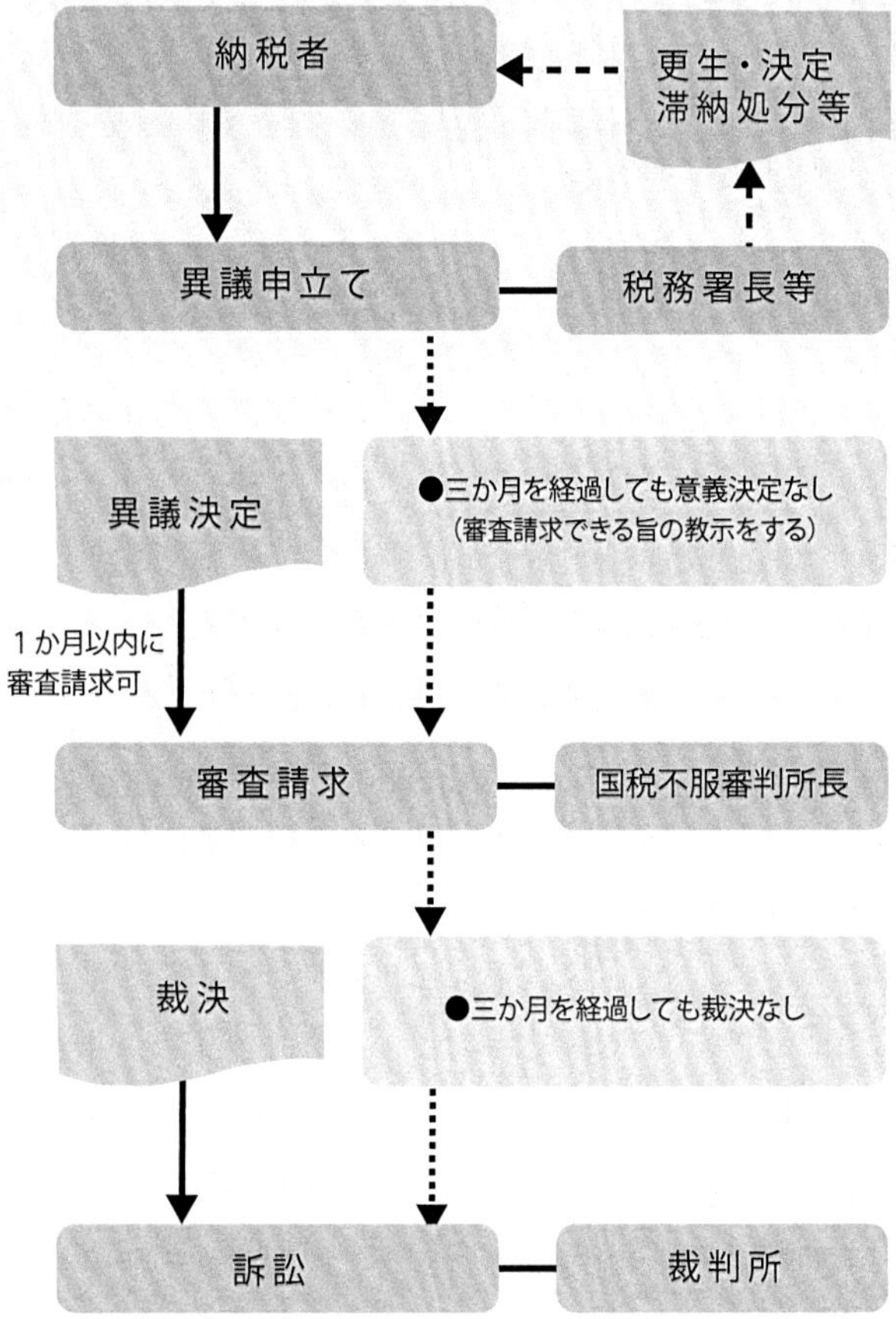
納税者
更生・決定
滞納処分等
異議申立て
税務署長等
異議決定
●三か月を経過しても意義決定なし
（審査請求できる旨の教示をする）
1か月以内に
審査請求可
審査請求
国税不服審判所長
裁決
●三か月を経過しても裁決なし
訴訟
裁判所

訴訟の発生件数

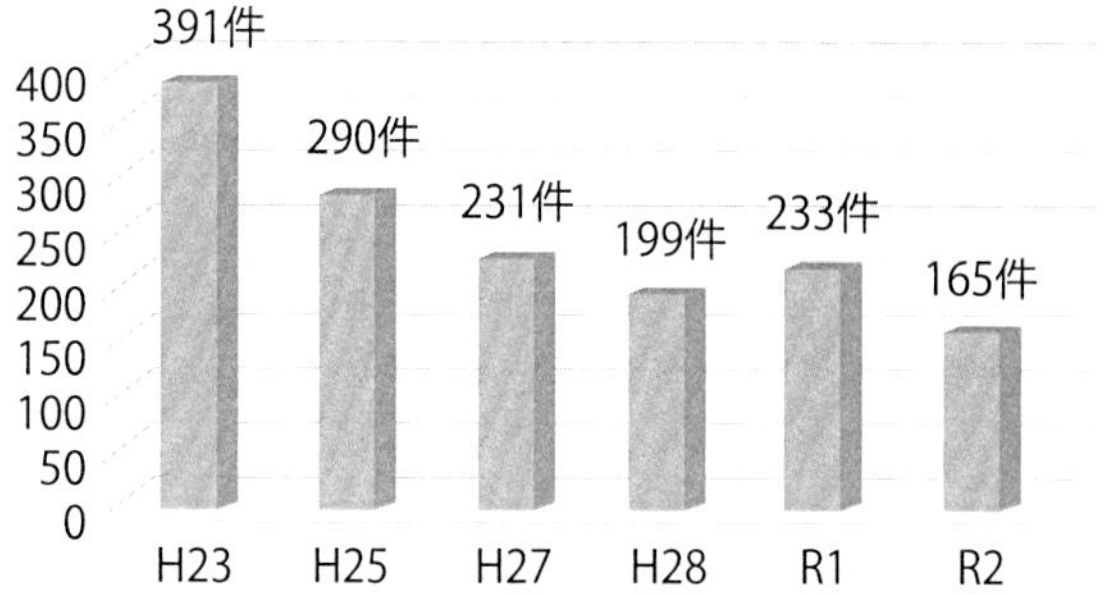

訴訟の終結状況

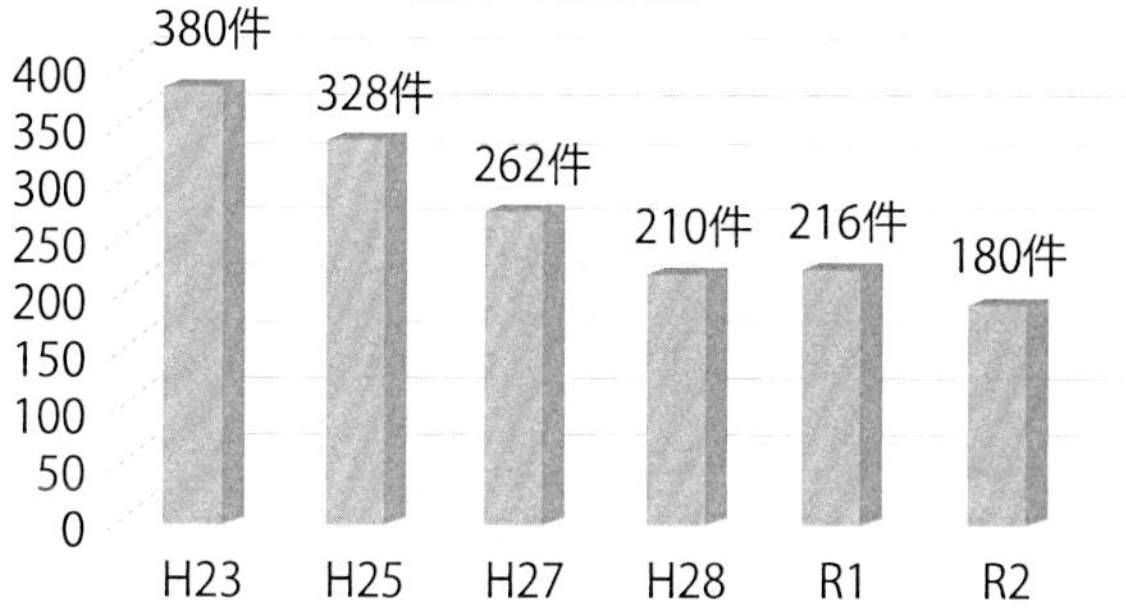

出所：国税庁HPより抜粋「不服申立制度・訴訟」

因であるといわれています。しかしながら、将来はアメリカのように訴訟の場で争うことが多くなることが予想され、税理士も法的な知識を持つことが今後必要になると考えられます。

さて、税理士の役割、税理士が社会に果たす役割とそのリスクについて、税理士制度の堅苦しい話から、実際に私ども税理士がやっているリアルかつリスキーな話を披露させていただきました。

最後まで、ご清聴いただきありがとうございました。

第4章　税理士になるためには

平間大介

はじめに

税理士の平間大介と申します。今回のテーマは「税理士になるためには」です。後でお話ししますが、私の大学院のゼミの先生である小池教授よりこの度のお話を頂戴した際に、このテーマであれば新米税理士で、若輩者の自分が話しても構わないだろうと承諾しました。また、大学卒業後にまったく関係のない業界に普通のサラリーマンとして就職したキャリア等も興味を持っていただき、その体験談の要請もいただきましたので、後半は私の経歴等についても少しだけお話しできればと思います。

簡単な自己紹介ですが、宮城県出身の37歳です。大学を卒業後、一度はＩＴベンチャー企業に就職しますが、その後に税理士を志して宮城県に戻り専門学校に通学し、その後は勤務しながら10年掛けて税理士資格を取得しました。いくつかの税理士法人の勤務を経て今は税理士事務所を経営しています。

1　税理士という資格を取得するためには

税理士という国家資格を取得するためには、大きく分けて３つの方法があります。
（１）税理士試験に合格し（あるいは免除を受け）、２年以上の実務経験を積むこと
（２）国税従事者として、税務署等で一定の期間を勤めて試験免除を受ける方法
（３）弁護士または公認会計士の資格を取得すること

ここでわかるとおり、（１）～（３）のいずれの方法でも、何らかの試験に合格するか、その試験の免除を受けるかということであり、単に申請すれば税理士と名乗れる訳ではないということがわかります。（１）の方法により税理士資格を取得することが一般的であるため（１）の説明をします。次のポイントごとに分けて説明します。

（１）税理士試験に合格する方法

①　税理士試験とは（どのような試験か）
②　税理士試験の免除とは
③　２年以上の実務経験とは

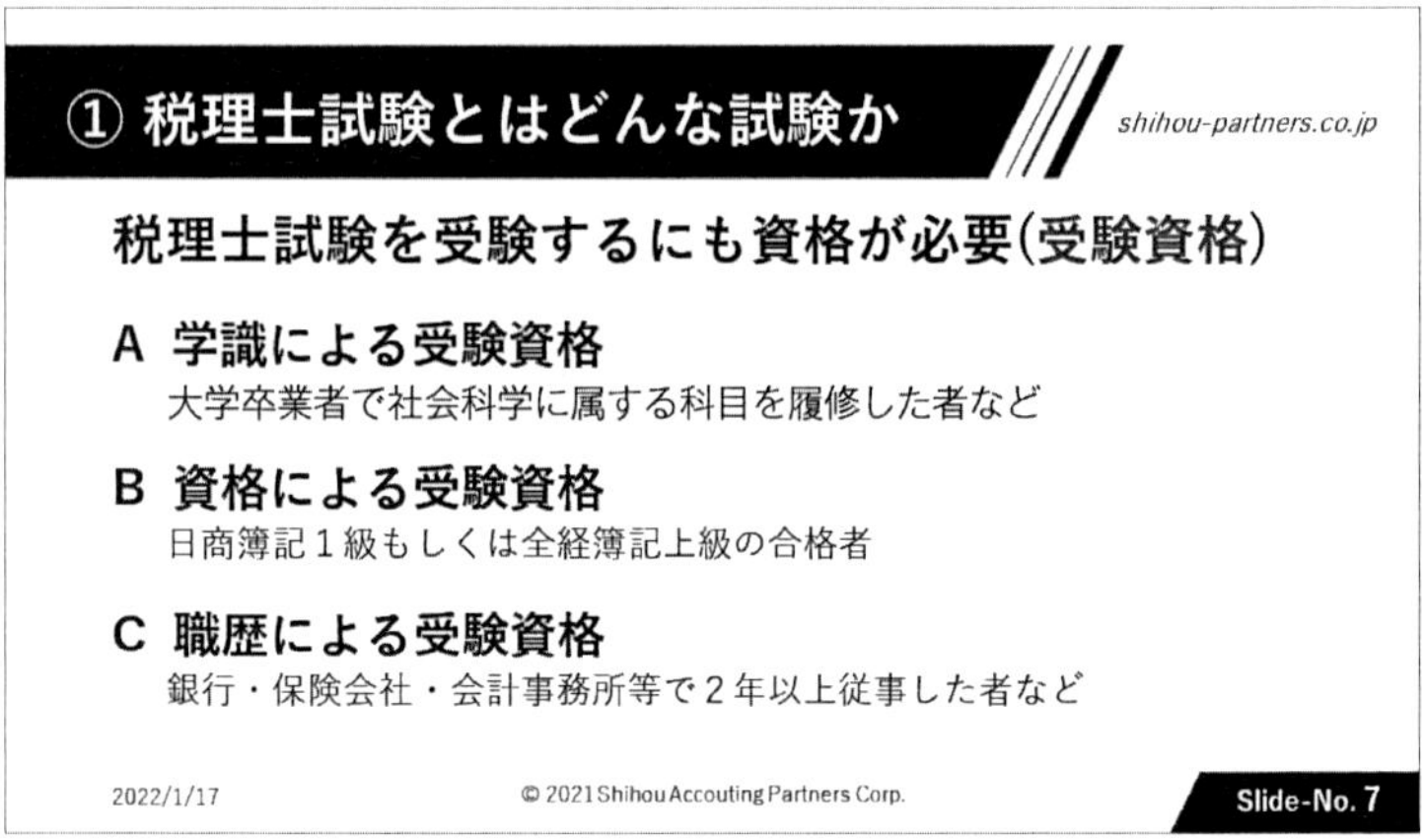
① 税理士試験とはどんな試験か
shihou-partners.co.jp
税理士試験を受験するにも資格が必要(受験資格)
A 学識による受験資格
大学卒業者で社会科学に属する科目を履修した者など
B 資格による受験資格
日商簿記１級もしくは全経簿記上級の合格者
C 職歴による受験資格
銀行・保険会社・会計事務所等で２年以上従事した者など
2022/1/17
© 2021 Shihou Accouting Partners Corp.
Slide-No. 7

① 税理士試験とは

イ．受験資格

まず、税理士試験を受験するためにも要件があります（受験資格）。

受験資格は、複数のパターンがあり、まずは、学識による受験資格です。大学の卒業者で、履修した科目の中に社会科学に属する科目があれば受験できます。これは一般教養等でその科目を履修していれば要件を満たしますので、法学部や経済・経営等の学部を卒業しなければならないということではありません。

次に、[1]資格による受験資格ですが、[2]日商簿記検定試験の１級か全経簿記検定試験の上級の合格によって税理士試験の受験資格を得る方法です。これらの試験は、税理士試験の一科目である「簿記論」にも並ぶような非常に難易度の高い試験です。出題範囲としては簿記論では扱わない工業簿記や原価計算という範囲も含む高難易度の試験ですので、この試験で挫折する人も多いと聞いています。

最後に、職歴による受験資格ですが、会計事務所や銀行・保険会社などで2年以上従事することにより受験資格を得られる場合もあります。従事する業務内容や2年の計算方法など詳細な要件については国税庁のＨＰなどで各人ご確認ください。

ロ．税理士試験の概要

税理士試験は、1年に1回行われる筆記試験で、概ね8月の上旬に行われます。平日の3日間で行われ、会計科目2科目、税法科目9科目の試験が実施されます。

この合計11科目のうち、5科目に合格すれば税理士試験の合格者（有資格者）となれますが、この5科目は一度に合格する必要はなく、1科目ごと受験して取得していくことができる科目合格制が採られています。ですので、1年に1科目ずつ受験して合格すれば5年で有資格者となることも可能ですし、極端な例ですが、一度に5科目合格すれば1年で有資格者となることもできます。

一度その科目を合格すれば有効期限はないため、生涯にわたって、その科目は合格として扱われます。例えば他の国家試験のように、1科目で合格でも総合点で不合格であった場合に、またすべての科目を最初からやり直す試験ではないため、長期間で地道に1科目ずつ合格を積み上げていけば、いつかは有資格者になることが可能です。

合計11科目のうち、2科目は簿記などの会計科目で、9科目は所得税や法人税といった税法（税金に係る法律）の科目です。会計2科目は必須であり、税法科目のうち法人税法又は

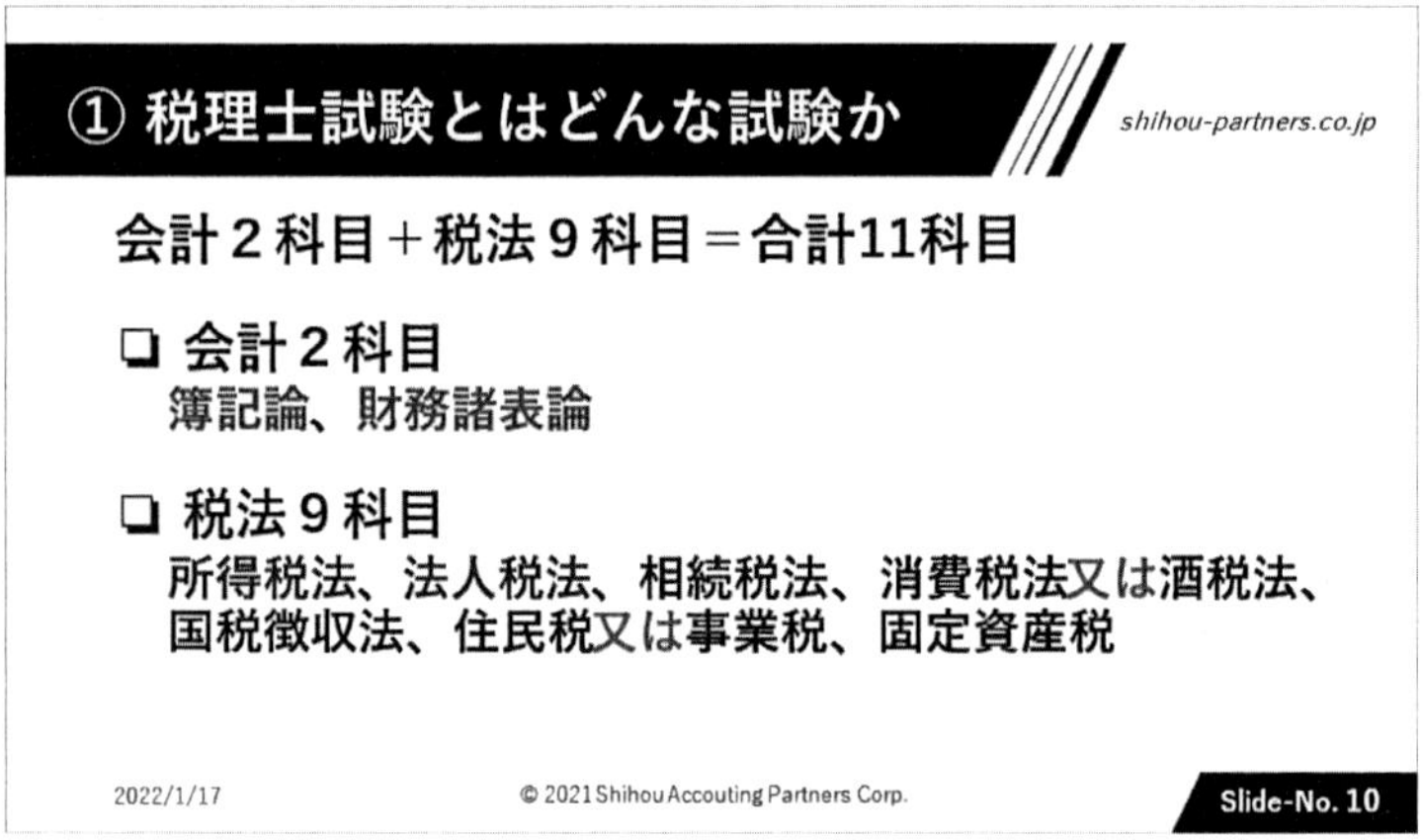
① 税理士試験とはどんな試験か
shihou-partners.co.jp
会計２科目＋税法９科目＝合計11科目
❑ 会計２科目
簿記論、財務諸表論
❑ 税法９科目
所得税法、法人税法、相続税法、消費税法又は酒税法、
国税徴収法、住民税又は事業税、固定資産税
2022/1/17
© 2021 Shihou Accouting Partners Corp.
Slide-No. 10

所得税法はいずれか1科目が必須となっています（両方を取得することも可能です）。

つまり、簿記論・財務諸表論・法人税法（又は所得税法）以外の、残り2科目の税法科目を自分で選択して合格することになります。この他にも、どちらか一方しか受験できない科目など細かいルールはありますが、ここでは省略します。

ハ．税理士試験の内容

税理士試験の概要については、国税庁のＨＰに次のように記載されています。

「合格基準点は各科目とも満点の60パーセントです。[3]」

実際には上位15％前後が合格する相対評価による競争試験と一般的に言われています。毎年の試験難易度は異なりますが、どの科目も毎年の合格率は概ね一定水準で推移していることから推察できるとされていますが、税理士試験を主催している国税庁が明言してい

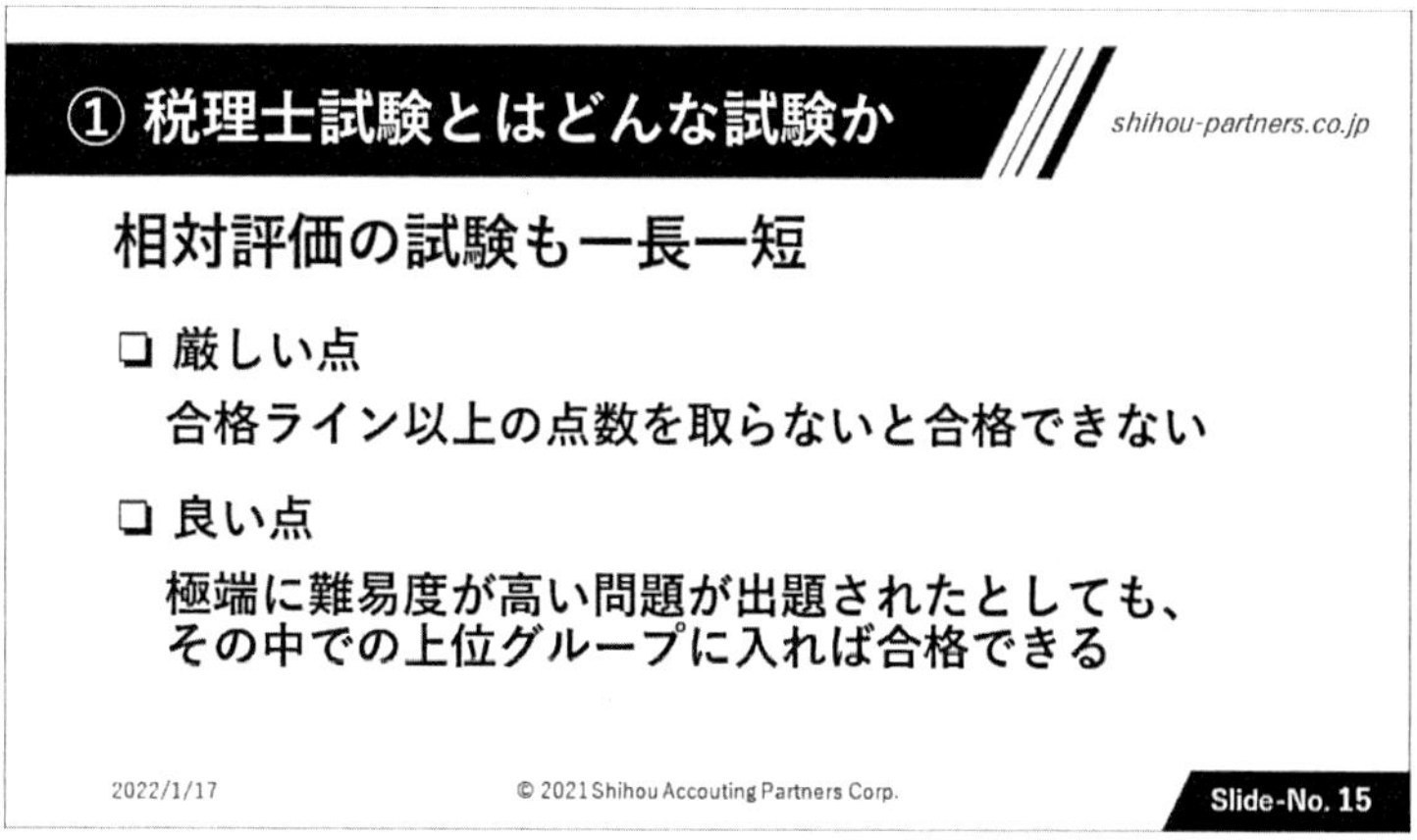
① 税理士試験とはどんな試験か
shihou-partners.co.jp
相対評価の試験も一長一短
❑ 厳しい点
合格ライン以上の点数を取らないと合格できない
❑ 良い点
極端に難易度が高い問題が出題されたとしても、
その中での上位グループに入れば合格できる
2022/1/17
© 2021 Shihou Accouting Partners Corp.
Slide-No. 15

ることではないので、推測の域を出ません。

　このいわゆる〝競争試験〟というものについて、良いのか悪いのかということではありません。この試験形式についても一長一短のある形式だと思います。

　税理士試験の厳しい点としては、上位15％前後が合格する〝傾向がある〟試験である以上、その上位グループに入らなければいけません。自分が高得点を取得しても、他の受験生全員が自分より高い点数であれば自分は不合格になる可能性が高くなってしまいます。

　厳しい試験という印象を受けているかもしれませんが、一方で受験生にとっては、大きな救いもあると思っています。上位15％前後が合格する試験（あくまでも一般的に言われている）であるため、極端に難易度が高い問題が出題されたとしても、その中での上位に入れば合格できるということです。

　同じ国家資格である薬剤師試験は、マークシート方式で、令和3年の合格基準を見ると、688点満点中430点以上（その他基準あり）で合格となっています[4]。薬剤師試験は、税理士試験とは異なり、合格基準に達すれば全員合格できる形式の試験ですが、裏を返すと基準点が取れなければ全員が不合格となる試験であり、その年の試験難易度により合格率は大きく変動しています。

例えば、薬剤師試験の平成25年度の合格率は79・1％ですが、難易度が非常に高かったと言われる平成26年度は60・8％です。たった1年で20％も合格率に差があります[5]。

そういった意味で、税理士試験は、試験難易度が極端に高くなっても上位15％前後に入れば、合格できるという救いのある試験制度であり、ポジティブに考えるなら問題の難易度で合否が左右されない公平な制度だと言えるかもしれません。

大事なのは、自らが取り組もうとしている課題がどういう性格のものなのかということをきちんと理解して、正しく適切な方法で、十分な量の努力をすることだと思います。

②　税理士試験の免除とは

次に、学位取得による一部科目の免除を受ける方法です。税法を専攻する大学院に進学し、論文を執筆して修士の学位を得ると、税法科目が2科目免除されます。また、会計を専攻する大学院に進学して修士の学位を得ると、会計科目が1科目免除されます。

つまり、税法の大学院で学位を得て会計科目2科目とその他税法1科目の試験に合格すれば、税理士試験に合格し有資格者になれます。もしくは、税法と会計のいずれの大学院にも進学して学位を取得すれば、会計1科目および税法1科目の2科目の合格で、有資格者とな

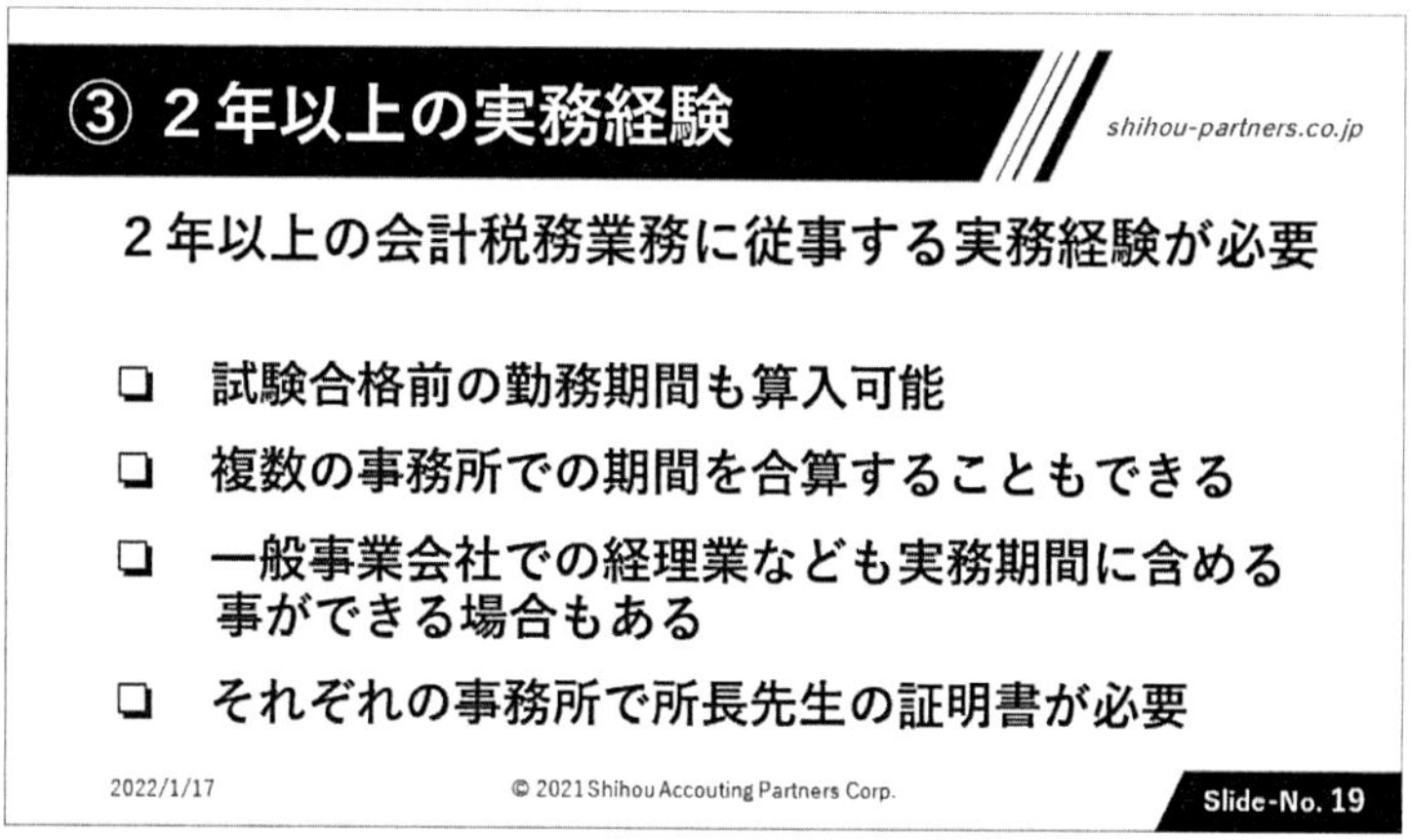
③ 2年以上の実務経験
shihou-partners.co.jp
2年以上の会計税務業務に従事する実務経験が必要
試験合格前の勤務期間も算入可能
複数の事務所での期間を合算することもできる
一般事業会社での経理業なども実務期間に含める事ができる場合もある
それぞれの事務所で所長先生の証明書が必要
2022/1/17
© 2021 Shihou Accouting Partners Corp.
Slide-No. 19

れます。

③　2年以上の実務経験とは

①の試験合格または②で試験免除を受けて、有資格者となっても2年以上の会計・税務業務に従事する実務経験がなければ、日本税理士会連合会に備える税理士名簿に登録できず、税理士と名乗ることはできません。この実務経験は、試験を合格する前も集計できますので、長く会計事務所等で勤務しながら試験に合格した場合には、税理士試験に合格してすぐさま税理士登録することが可能です（実際は登録までに多少時間が掛かります）。

そのほか、同一勤務先である必要はないことや非正規雇用だった場合には勤務時間の積み上げになるなどの細かいルールはありますが、ここでは省略します。

あとは、大きく戻って（2）および（3）を簡単にご説明します。

(2) 国税従事者における免除

10年又は15年以上税務署に勤務した国税従事者は、税法に属する科目が免除され、さらに23年又は28年以上税務署に勤務し、指定研修を修了した国税従事者は、会計学に属する科目も免除されます。

(3) 資格によるもの

弁護士と公認会計士の資格を有する場合は、税理士として登録することができます。ただし公認会計士は、税法に関する研修を修了した公認会計士のみ税理士として登録することができます。

以上が、第1節の税理士になるための試験等についてのお話でした。

2 私のキャリアについて

(1) 税理士という職業のきっかけと資格取得までの経緯

後半部分は、小池教授から依頼を受けた私のキャリアについてお話しします。私は学生の頃から税理士を志していた訳ではなく、大学卒業後、サラリーマンとしてまったく違う業界に就職しています。そこから税理士を志したのが25歳のときで、税理士として登録できたのは35歳でした。ここからは、税理士を志すきっかけと、いま新米税理士として感じている個人的な感想です。肩の力を抜いて気軽に聞いてもらえれば幸いです。

私は東京の私立大学を卒業した後、あるＩＴベンチャー企業に就職しました。小さな頃からずっと将来の夢とか就きたい職業が無かった私は、当時最も勢いがあった業界であったことと、インターンとして働いていたその企業の社員さんが尊敬すべき素晴らしい人たちばかりだったため、その方々と一緒に働きたくて、そのまま社員として就職しました。当時はリーマンショック前で景気も良く、圧倒的な売り手市場でしたので、就職活動らしい就職活動はしておらず、自分は何がやりたいのか、どのようなキャリアを歩んでいきたいのかと真剣に考えることもありませんでした。

それを考えるきっかけになった出来事が大きく２つあります。１つ目は、就職直後に出向のような形でとある部門に配属されたことでした。当時、その企業は別の企業を吸収合併した直後で、私はその合併先に配属となりました。合併元の社員さんと働くことが動機で就職したにも関わらず、入社直後から一緒に働けず、就職した理由が入社直後に無くなりました。

それ以外にも営業職としては営業成績が悪く、そもそもＩＴ業界に興味はないし、この企業に入社した理由も無くなったし、今なら多少割り切れるかもしれませんが、当時の自分にとってその企業で働くモチベーションを維持することはできませんでした。私にとっては「何をしたいか」よりも「誰と働くのか」の方が大切でした。

２つ目は、そのＩＴベンチャー企業が社員の大半を解雇するという人員整理を行い、役員（と一部のスタッフ）以外がすべて整理解雇となりました。明日出勤する先が無くなって初めて、本当に自分は何がしたいのかということを考えました。そこで組織に依存せず、自分一人でも仕事をしていける資格やスキルを身に付けなければならないと決意しました。

また、自分でWEBサービスを立ち上げて独立していったITの先輩方や地元である宮城で家業を継いだ友人、お笑い芸人や俳優を目指していた大学友人など様々な業種の知り合いと一緒に働ける職業はないか、と考えました。やはり、何がしたいかというより、誰と働きたいか、そして「仕事を通じて誰に貢献したいか」を中心に考え、税理士という仕事に行き着いた訳です。

そこから実家である宮城に帰り、整理解雇されたときの退職金で大原簿記専門学校(6)に通い、卒業後、2カ所の税理士法人で勤務してから独立して今の個人事務所に至ります。

過去に自分が培ってきた、ITベンチャーにおける『自分でサービスを作り出して価値を生み出し自分で稼ぐ』という感覚や、最初に勤めた税理士法人で徹底的に叩き込まれたクライアントのためにとことん尽くすという姿勢や専門家としてのプロ意識・仕事の仕方。2つ目の税理士法人での、自分で裁量権をもって、自分で決断して仕事をして売上を積み上げていくという経験があって今の自分がありますので、今までの諸先輩や先生方には感謝しきれません。

(2) 税理士に向いている人/向いていない人

ここからはたまに専門学校などで依頼されてお話ししている個人的な雑感です。あくまで個人の感想ですので税理士や会計業界を代表しての意見ではありません。

皆さんの注目を引きたくてこういうタイトルにしましたが、税理士に向いている/向いていないというのは無いと思っています。税理士の先生方も本当に色々なタイプの先生がいらっしゃって「税理士ってこうだよね」と断言できるようなものは何一つありません。また、税理士業といっても業務内容も事務所の経営方針も幅広く、ある特定の(ステレオタイプな)イメージで会計事務所に就職すると、そのギャップで苦労する場合も多いかも知れません。そこで、自分が就職した際に感じた会計業界のイメージとのギャップをお話しします。

まず、税理士業は営業職であるというものです。一般的なイメージでは、会計事務所の業務というのは机の前に向かってひたすら計算をする数字の仕事、と想像する方が多いかと思います。私も実際に仕事に就くまでこのイメージでした。しかし実際は、クライアントを訪問して話を聞き、クライアントの課題を自分たちの商売道具である税務・会計の知識と経験で解決していく営業職だと思っています。世の営業職も単に商品を売る職業ではなく、取引相手の課題を自社商品その他で解決していく仕事ですので、税理士業は見えない商品の営業職と言えます。そういった意味で、人と会話をするのが好きではない方は、従事し始めた最初はストレスを感じるかもしれません。

分業制を採っている大きい会計事務所などであれば会計業務担当、税金計算担当、顧客担当、相続、国際税務など業務が分類され、ひたすらデスクワークという会計事務所もあるようです。税務会計業に就きたいがデスクワークがいいという方は、分業制を採用している会計事務所を探すという手もあります。ただし、就職した会計事務所で自身がどう配属されるかは（私の経歴で話したように企業が決定するものであり）、会計事務所に決定権がありますので、その点は期待しすぎないでください。

私が最初に就職した税理士法人では、完全ではありませんでしたが多少は分業されていて、私は顧客訪問や税務調査部門の業務に従事していました。次の税理士法人や今の私の事務所では、担当制ですのでクライアントごとにデスクワークから訪問、経営支援まで担当するという仕組みです。統計などはないため正確な数字は不明ですが、小規模な会計事務所ではこの担当制が多いと思います。これが１つ目の営業職の性格が大きいという点です。

次に、営業職でありながらも継続したサービス業であるということです。この仕事は、日本標準産業分類という産業区分では専門サービス業とされているとおり、サービス業の一種で、基本は継続的な顧問契約が中心であるため、一度サービスを提供して終わり、ということは少なく、長期的な契約の中で、クライアントに喜び続けていただいて継続的に顧問料を頂戴できます。もちろん租税における中立の立場として、専門家として、指摘すべきことは言わなければなりませんし、そのせいで嫌な顔をされることもあります。

しかし、税の専門家として守るべき職業倫理は当然あるにせよ、サービス業である以上、クライアントの助力となって喜んでいただいて成立する仕事です。長期間多くの業務をこなしていると最低限の数字の集計や税金の計算だけで終わっており、クライアントにそれ以上の価値を提供できていないことが多々ありました。もちろん、それらも重要な業務であり、それだけで喜んでいただけることも多いのですが、本当にそれだけで良いのだろうか、もっと自分は何かを提供できないだろうか、喜んでいただけないだろうかという意識はサービス業である以上、常に頭の片隅にあるべきだと思っています。

さらに、私は苦労しませんでしたが、人によって苦労している点が、〝お金の話〟が嫌いであること、というのがあります。

日本では「人前でお金の話をするのは下品であり、いやらしいこと」という価値観があるように感じます（他国はわかりません）。その価値観自体を否定するものではありませんが、小さな頃からの教育で金銭に対してそのような価値観が染み付いている場合、普段の業務に対してどことなく後ろめたさが付きまとうものであり、いつの間にか大きなストレスが溜まっているということもあるでしょう。

税理士業は、事務所規模やクライアントの規模によるため一概に言い切れませんが、単にビジネスの会計税務だけではなく、個人の〝お金〟というものに密接に関係した職業です。以前の勤務先の先生からは「人からお金をもらって、人の財布の中を見る仕事だ」ということを仰っていただいたことがあります。この仕事の特殊な一面を言い表した金言です。そういう特殊な仕事ゆえに、人の嫌な面を見ることもあるでしょう。そういう特殊な、特別な仕事だと認識した上で、この業界に飛び込んで欲しいなと思います。

この税務会計業を誤解したまま、就職してギャップに苦しんだ自分の経験から色々お話ししましたが、自分はこの税理士という職業をとても良い仕事だと思っていますし、自分にとっては天職だと思っています。命や家族、健康といったものの次に大事で、その人・その企業・その企業の従業員やその家族という沢山の人生に大きな影響を与える〝お金〟というものについて関わらせていただき、日々大きな責任感とやりがいを感じています。

ただ、そういった職業の魅力は、会計業界に就職した後に気付いたものであり、そういった魅力を知っていたから税理士を目指した訳ではないのは先述したとおりです。私のきっかけは「自分の友人と働きたかった」という小さなものです。皆さんも色々な仕事や業務、プライベートでの体験を通じて、自分の〝強み〟を活かせる仕事に出会えることができればいいですね。それが税理士でも税理士でなくても、この職業は素晴らしいと自分で言えるような仕事に出会えることを祈っています。

ちなみに、自分の強みとは、長時間やっても苦ではなく、その成果が（自分が評価する以上に）他人から高く評価されるものだと思っています。そして、他人からはそれに対してお金を払ってもいいと思ってもらえるものであれば、それは仕事になります。そういう時間を忘れて長時間没頭できて、その結果誰かから評価され、さらに金銭が貰えるような仕事が見つかれば幸せだと思います。前半とはまったく繋がりのない個人的な雑感でしたが、どこか1カ所でも皆さんの琴線に触れるものがあれば幸いです。本日はありがとうございました。

【注】

（1）日本商工会議所主催簿記検定試験1級

（2）公益社団法人全国経理教育協会主催簿記能力検定試験上級

（3）https://www.nta.go.jp/taxes/zeirishi/zeirishishiken/gaiyo/gaiyou.htm

（4）https://www.mhlw.go.jp/content/000756026.pdf

（5）https://www.mhlw.go.jp/seisakunitsuite/bunya/kenkou_iryou/iyakuhin/yakuzaishi-kokkashiken/dl/Shaken_kekka_h25.pdf

https://www.mhlw.go.jp/file/06-Seisakujouhou-11120000-Iyakushokuhinkyoku/0000043551.pdf

（6）現在の正式名称は、仙台大原簿記情報公務員専門学校

第5章　アルバイトにかかる税金

玉木　歩

はじめに

ただいま小池先生よりご紹介に与りました日高見税理士法人で社員税理士として勤めている玉木歩と申します。まず初めに、簡単に私の自己紹介をさせていただきたいと思います。

私は、福島県会津若松市というところで生まれ、地元の若松商業高校に通っておりました。私は勉強がまったくできなかったので、恥ずかしながら英語で赤点を取ってしまって、父親が学校に呼ばれて一緒に教頭先生に赤点指導を受けたこともありました。このように高校までまったく勉強をしておりませんでしたが、なぜか簿記だけは点数が取れたので、担任の先生に「日商2級でも受けてみればいい」と言われて、在学中に日商簿記検定2級を受験し、運よく合格することができました。

その頃、私には簿記が向いていると思いましたので、簿記を活かせる仕事として「税理士」を知りました。父親が事業を営んでいることもあり、担任の先生や父親等からアドバイスをもらい、税理士を目指し始めました。

税理士に登録するまで

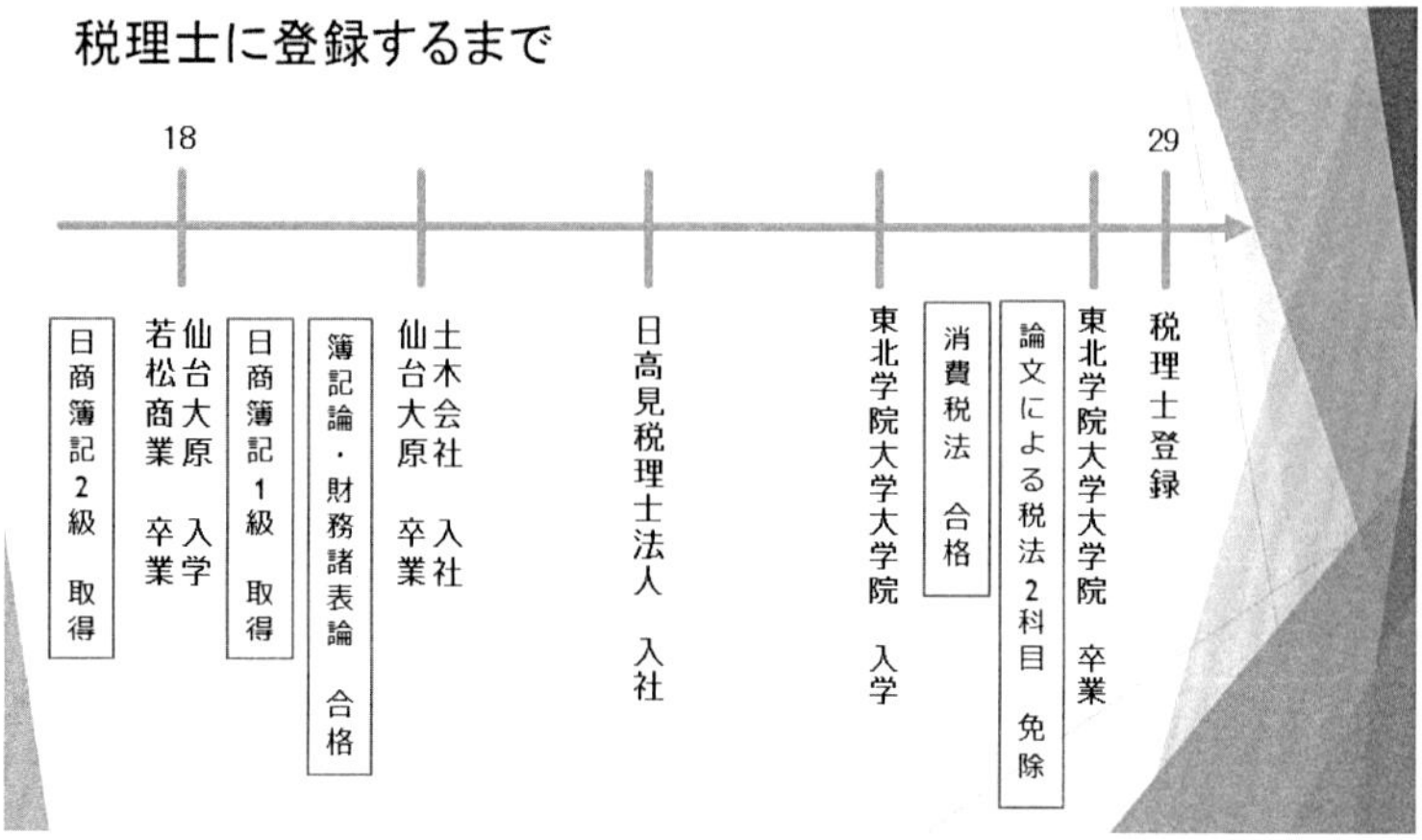

簿記以外の科目については、殆どが赤点に近いような点数であったため、大学を受験するという気持ちはまったくありませんでした。当時は、実家から出たいという気持ちもあり、県外で税理士を目指せる専門学校を探しているうちに、仙台大原簿記情報公務員専門学校にたどり着き、入学することに決めました。そのため、高校を卒業以来約10年間仙台に住んでおります。

仙台大原卒業後は、土木会社の総務経理として勤めておりました。大原在学中、簿記の科目、日商簿記検定1級、簿記論、財務諸表論は、スムーズに合格することができたのですが、その後の税法科目でつまずいてしまったため、一般の土木会社に勤めました。

土木会社に勤めている時も、やはり税理士を目指したい気持ちも心のどこかにあったので、縁あって日高見税理士法人に入社させていただき、現在も働かせていただいております。

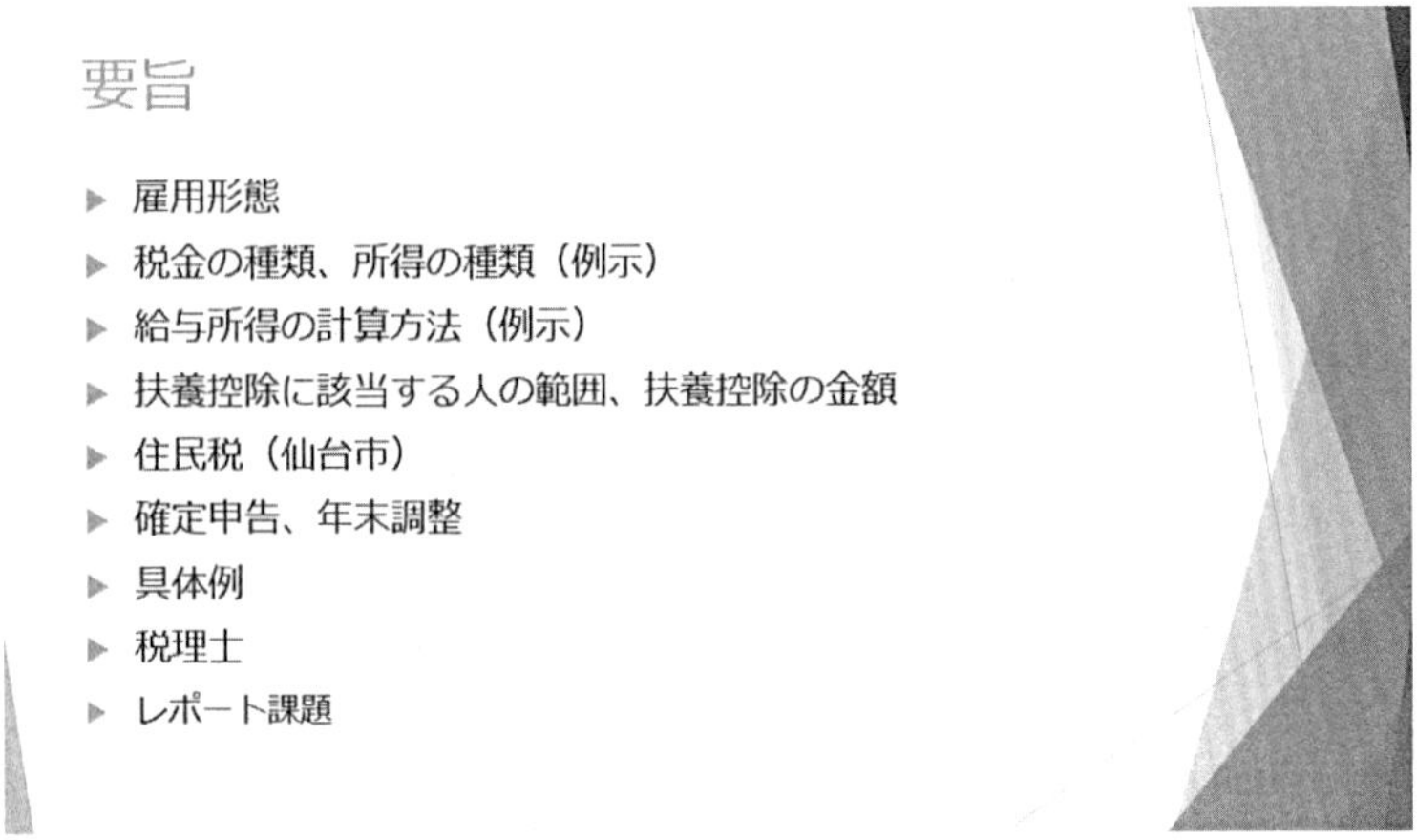

そして、東北学院大学の大学院に入学させていただいて、小池先生の御指導の下、税法の論文を完成させることができました。その後、税法科目の免除を受けることができた年に、苦労していた消費税法にも合格できましたので、現在税理士として登録しております。

小池先生の仰る通り、まだまだ新米税理士なので、皆さんの前でこうやってお話しすることは大変恐縮ではございますが、一生懸命に資料を作成してきましたので、つたない説明ですが、最後までお付き合いいただければと思います。

本日はアルバイトにかかる税金ということで、最初に本日ご説明する簡単な全体像をお話ししたいと思います。

初めに雇用形態についてですが、そもそもアルバイトとは、どういう人たちを意味するのかというところを確認していこうと思います。

次に税金の種類についてですが、日本には所得税をはじめとして多種多様な税金があります。税金の全体像を確認しつつ、アルバイトに実際に関わってくる税金を確認していきます。その次に所得の種類（例示）についてですが、これは先ほど申し上げた税金と一緒で、一口に所得といっても、その性格によって所得の種類が分かれておりますので、そちらも確認していこうと思います。その次は給与所得の計算方法についてですが、今回の講義題目でありますアルバイト収入に対する計算方法を確認していきます。続いて扶養控除に該当する人の範囲と扶養控除の金額についてですが、いくらまで親御さんの扶養範囲内で稼げるのかというところを確認していきます。ここまでお話しした内容は、国税がメインでしたが、次に地方税に分類される住民税についても確認していきます。そして、確定申告では、実際に稼いだ収入にかかる税金について、どのように納めていけばいいのかというところを、日本の納税方式を踏まえてご説明いたします。

次は、確定申告に関わる年末調整という手続きについてご説明いたします。具体例では、実際にいくつかの事例を用意してきましたので、確定申告が必要か不要かを皆さんに判断して頂いて、確定申告の要件について具体的に確認していこうと思います。

最後に今回税理士の寄附講座ということですので、生意気ですが、私が思う税理士という職業について少しお話しさせていただきます。

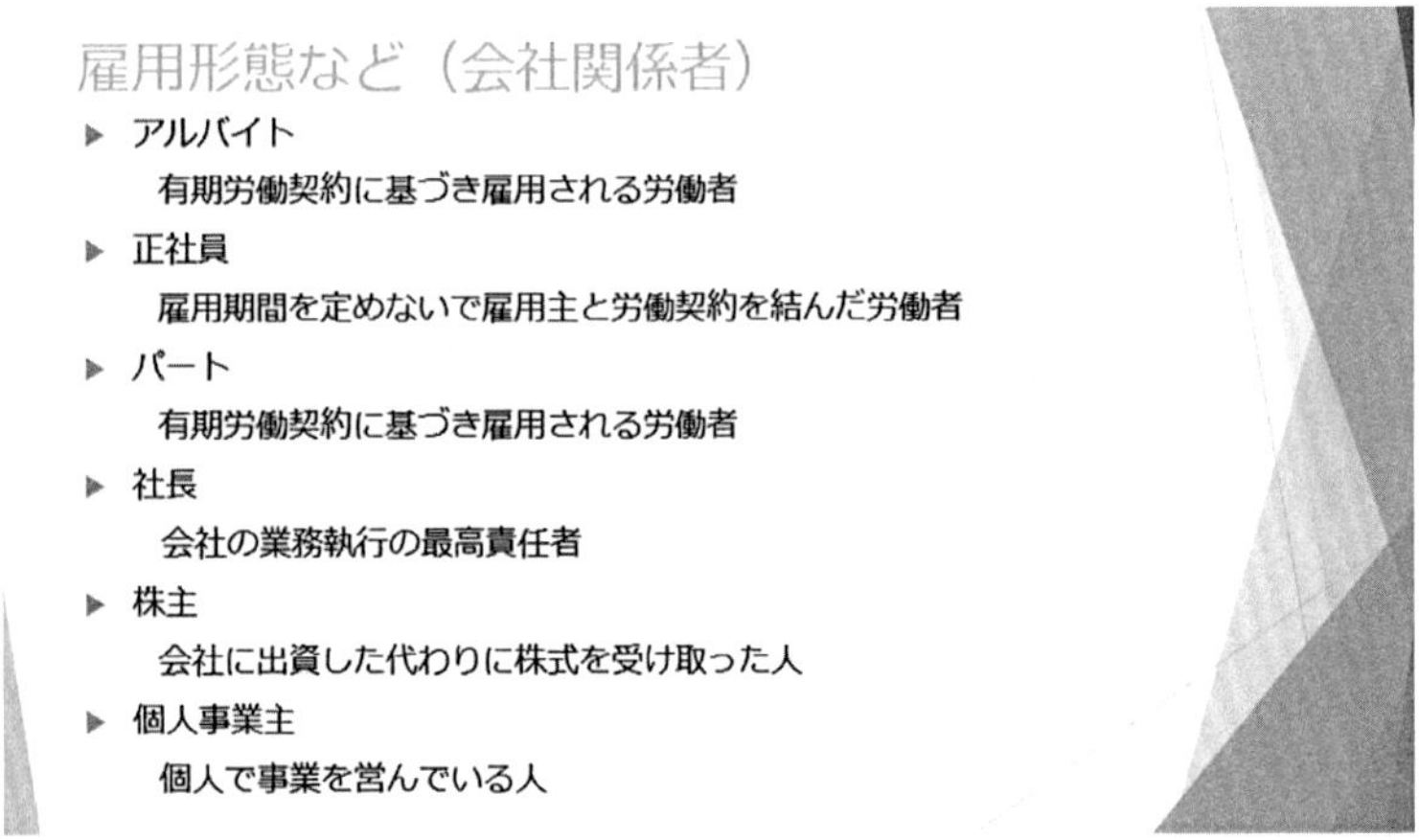
雇用形態など（会社関係者）
▶ アルバイト
有期労働契約に基づき雇用される労働者
▶ 正社員
雇用期間を定めないで雇用主と労働契約を結んだ労働者
▶ パート
有期労働契約に基づき雇用される労働者
▶ 社長
会社の業務執行の最高責任者
▶ 株主
会社に出資した代わりに株式を受け取った人
▶ 個人事業主
個人で事業を営んでいる人

1　雇用形態

今回アルバイトにかかる税金の講義ということで、私が最初に疑問に思ったのは、そもそもアルバイトとは、何だろうということでした。一般的にニュースやテレビでアルバイトと言われていますが、その意味として何だろうということで少し調べてきました。

アルバイトの他にも会社組織に関わる方たちについても調べてきました。

まず、アルバイトとは、有期労働契約に基づき雇用されている労働者のことを指します。次に、正社員というのは雇用期間を定めないで、雇用主と労働契約を結んだ労働者のことを指します。正社員とアルバイトを対比してみると、アルバイトというのは雇用契約の契約期間が定められており、正社員とは雇用期間の契約期間が定められていないという大きな違いがあります。続いてパートとは、名称が違うだけでアルバイトと一緒で有期労働契約に基づき雇用される労働者のことを指します。

次に、あまり皆さんには関係ないかもしれませんが、社長とは、会社の業務執行の最高責任者のことを指しており、株主とは会社に出資している人、つまり会社を所有している人を指します。よく誤解されますが、会社は社長のものではなく出資者、つまり株主のものです。聞いたことがあると思いますが、これが所有と経営の分離ということです。ちなみに、私たちが普段から関与させていただいている中小零細企業のほとんどは、出資者が社長というパターンが多いので会社の所有者も社長という場合が大半です。つまり、所有と経営が一致しています。株主は会社の最高意思決定機関である株主総会を開催できます。すなわち、中小零細企業で社長と出資者が同一人物の場合には、業務執行および意思決定を1人の人間で行うことが可能であるということです。

最後に個人事業主についてですが、個人で事業を営んで収入を得ている方たちを指します。こちらは会社とは関係ありませんが後述の例題に出てきます。頭の片隅に覚えていただければと思います。

2　税金の種類・所得の種類

続いて税金の種類についてご説明いたします。簡単にご説明しますので、税金の負担者に

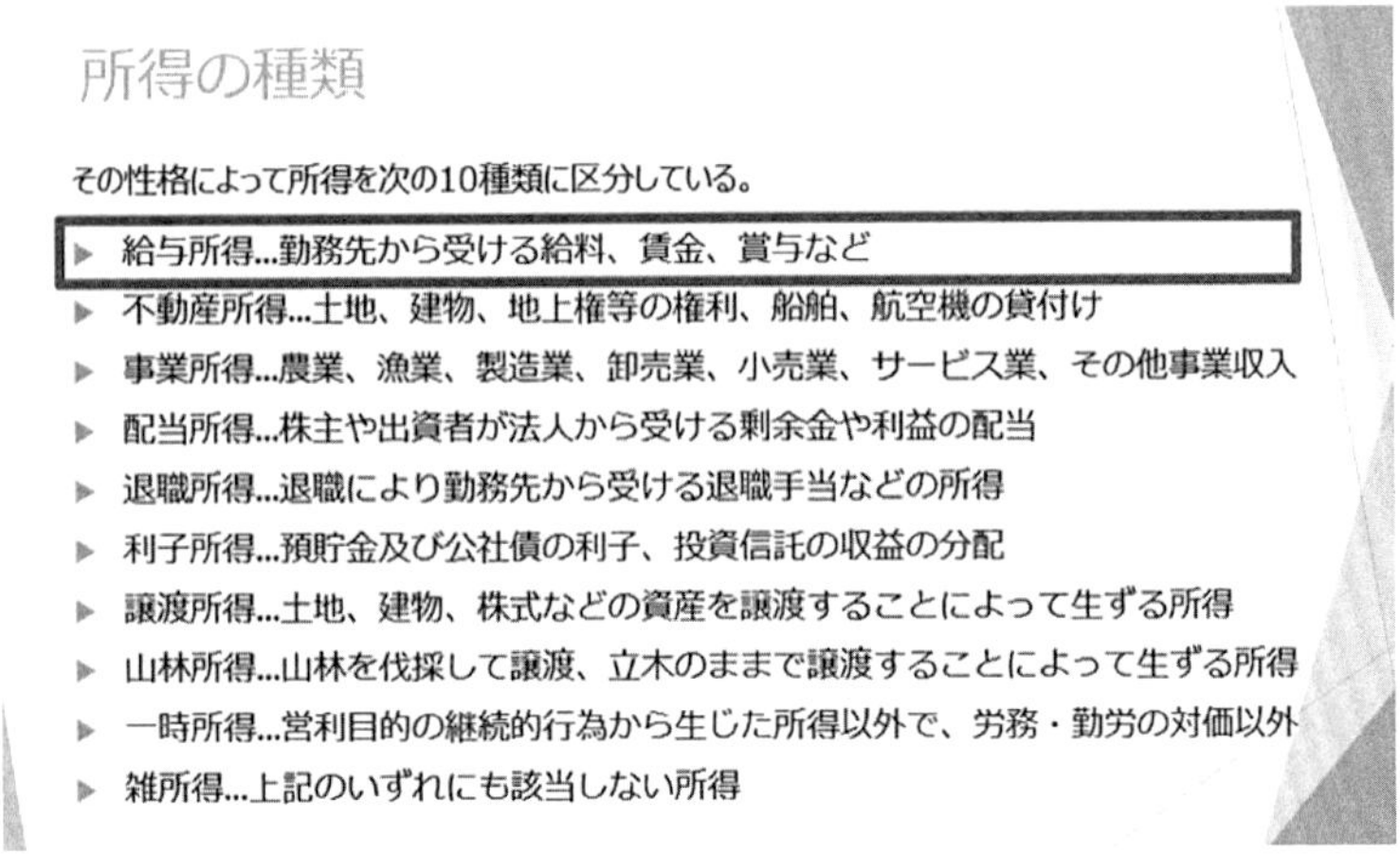
所得の種類
その性格によって所得を次の10種類に区分している。
給与所得…勤務先から受ける給料、賃金、賞与など
不動産所得…土地、建物、地上権等の権利、船舶、航空機の貸付け
事業所得…農業、漁業、製造業、卸売業、小売業、サービス業、その他事業収入
配当所得…株主や出資者が法人から受ける剰余金や利益の配当
退職所得…退職により勤務先から受ける退職手当などの所得
利子所得…預貯金及び公社債の利子、投資信託の収益の分配
譲渡所得…土地、建物、株式などの資産を譲渡することによって生ずる所得
山林所得…山林を伐採して譲渡、立木のままで譲渡することによって生ずる所得
一時所得…営利目的の継続的行為から生じた所得以外で、労務・勤労の対価以外
雑所得…上記のいずれにも該当しない所得

より異なる直接税や間接税等は、今回の講義では割愛させていただいております。

まず、税金というものは国税と地方税に分類されて、国税には所得税、法人税、相続税、贈与税、消費税、酒税、たばこ税、自動車重量税などがあります。また、地方税には住民税、事業税、固定資産税、地方消費税、自動車税などがあります。

私がこの講義をするに当たり税金の種類を調べたところ、日本には約50種類の税金があることがわかりました。あれにもこれにも税金がかけられていると改めて驚きました。皆さんも時間があるときにぜひ調べてみてください。税金とはその人が何かしら得をした場合や、公共の利益のため、教育、公園・道路整備、または政策の目的の為等、様々な理由で課税されます。つまり税金は、日本で生きるための社会の会費的なものであると言えます。

具体的に申し上げますと、政策の目的のための税金の徴収については復興特別所得税が該当します。

これは東日本大震災の復興のために使われるお金を、個人の所得税に2・1%を乗じて徴収しております。このように、税金と一言で言っても多種多様に存在しております。

まずは所得税が課税される所得の種類についてご説明いたします。

所得は、その性格によって10種類に法律で分類されております。

順番に確認していきますと、給与所得は勤務先から受ける給料、賃金、賞与などが該当します。不動産所得は土地建物、地上権等の権利、船舶・航空機の貸付けから得た収入が該当します。事業所得は農業、漁業、製造業、卸売業、小売業、サービス業その他の事業収入が該当します。配当所得は株主や出資者が法人から受ける剰余金や利益の配当が該当します。退職所得は退職により勤務先から受ける退職手当などの収入を言います。利子所得は預貯金及び公社債の利子、投資信託の収益の分配等の収入が該当します。譲渡所得は土地、建物、株式などの資産を譲渡することによって生ずる所得が該当します。山林所得は山林を伐採して譲渡、立木のまま譲渡することによって生ずる所得が該当します。一時所得は営利目的の継続的行為から生じた所得以外で労務、勤労の対価以外が該当し、雑所得は、給与所得から一時所得までの9種類のいずれにも該当しない所得が雑所得に該当します。

皆さんお気づきだと思いますが、本日の講義題目であるアルバイトの収入の所得の種類は、給与所得です。つまりアルバイトにかかってくる税金は所得税、その所得の種類は給与所得ということです。ここまでで雇用形態、所得の種類、税金の種類というのを簡単にご説明いたしました。

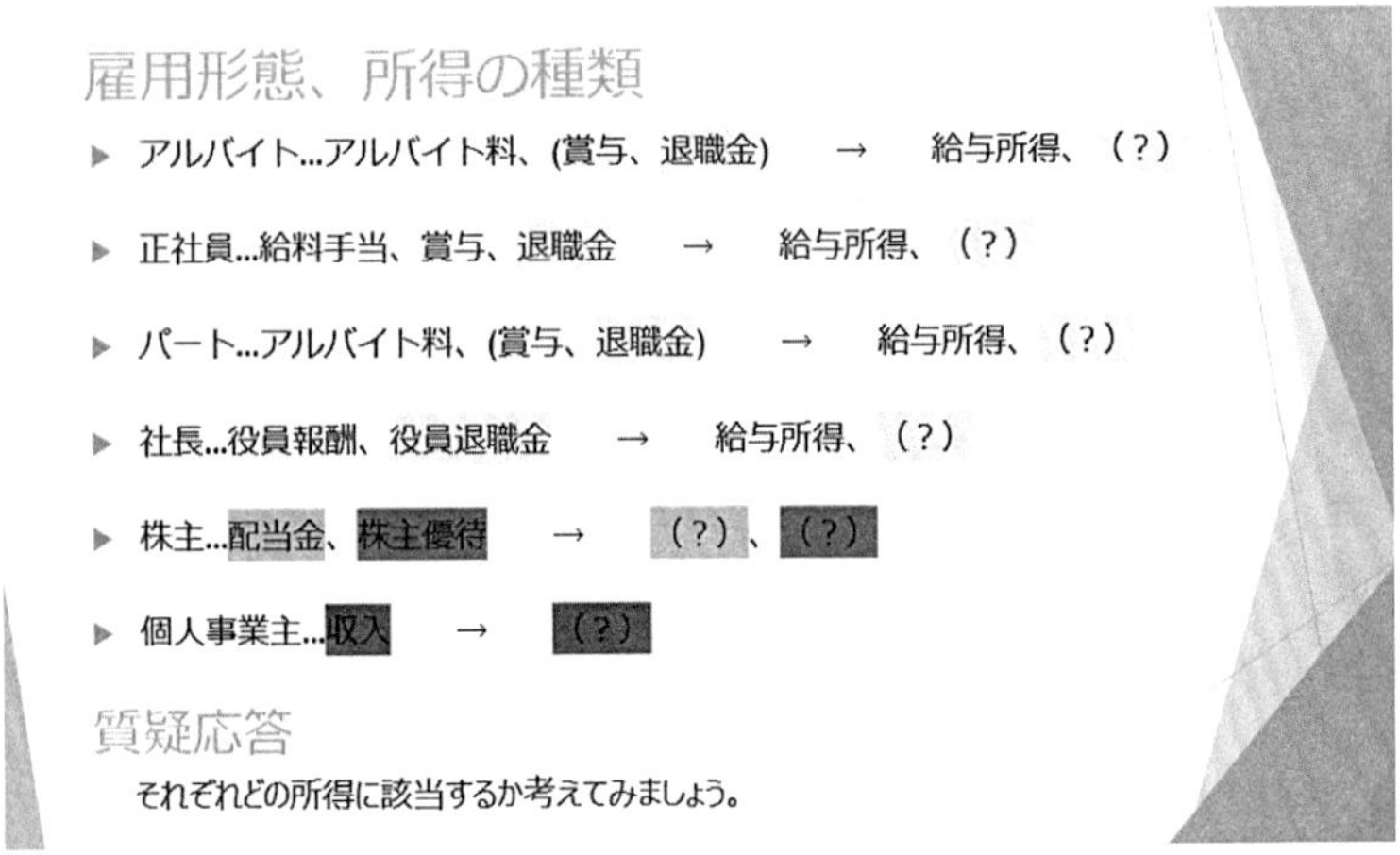
雇用形態、所得の種類
▶ アルバイト...アルバイト料、(賞与、退職金)　→　給与所得、（？）
▶ 正社員...給料手当、賞与、退職金　→　給与所得、（？）
▶ パート...アルバイト料、(賞与、退職金)　→　給与所得、（？）
▶ 社長...役員報酬、役員退職金　→　給与所得、（？）
▶ 株主...配当金、株主優待　→　（？）、（？）
▶ 個人事業主...収入　→　（？）
質疑応答
それぞれどの所得に該当するか考えてみましょう。

次に皆さんに少し考えていただきたいのですが、前にご説明した雇用形態ごとに想定される収入を書き出してみましたので、雇用形態ごとに想定される収入がどの所得に該当するか考えてみて下さい。

まず、アルバイトの収入はアルバイト料（賞与、退職金）が想定されます。アルバイトでも賞与と退職金が支給される場合がありますが、支給されるところは少ないと思いますので括弧書きで記載しています。

正社員の収入は、給料手当、賞与、退職金が想定されます。パートの収入についてはアルバイトと一緒で、アルバイト料（賞与、退職金）と記載しています。次に社長は、正社員と異なるのですが、正社員でいうところの給料手当が役員報酬、退職金については役員退職金としております。その次の株主と個人事業主は、おまけとして記載しております。株主は配当金と株主優待が想定され、個人事業主については事業収入が想定されます。

それでは順番に想定される収入がどの所得に該当するか確認していきます。まず、想定される収入に退職という文言が含まれているものは退職所得です。こちらは収入と所得の名称が一緒なのでわかり易いです。これと同様に配当金も配当所得です。次は難問ですが、株主が受け取る株主優待は、雑所得に該当することになります。株主優待は、株式会社が株主に商品券や割引券等を送ることを言いますが、税法上は経済的利益を享受したとされます。つまり、得をしたと言え、その分が課税対象になり、所得税法が適用されます。所得の種類は給与所得から一時所得のどの所得にも分類できないため、雑所得とされます。

3　給与所得の計算方法

ここまで所得の種類と収入の種類を確認してきました。続いては所得の計算方法について確認していきます。

所得の種類によって計算方法が異なりまして、次の頁の図は国税庁のホームページに掲載されている図です。この図をご覧のとおり所得の種類ごとに計算式が分かれていて、それぞれ計算過程が違うことが確認できると思います。収入の種類、必要経費、所得分類、損益通算等々ありますが、すべてお話しするとややこしくなりますので、今回は給与所得のみに絞ってお話しします。

アルバイトをしている方の収入は給料賃金、必要経費は給与所得控除と単純明快です。給

所得の種類

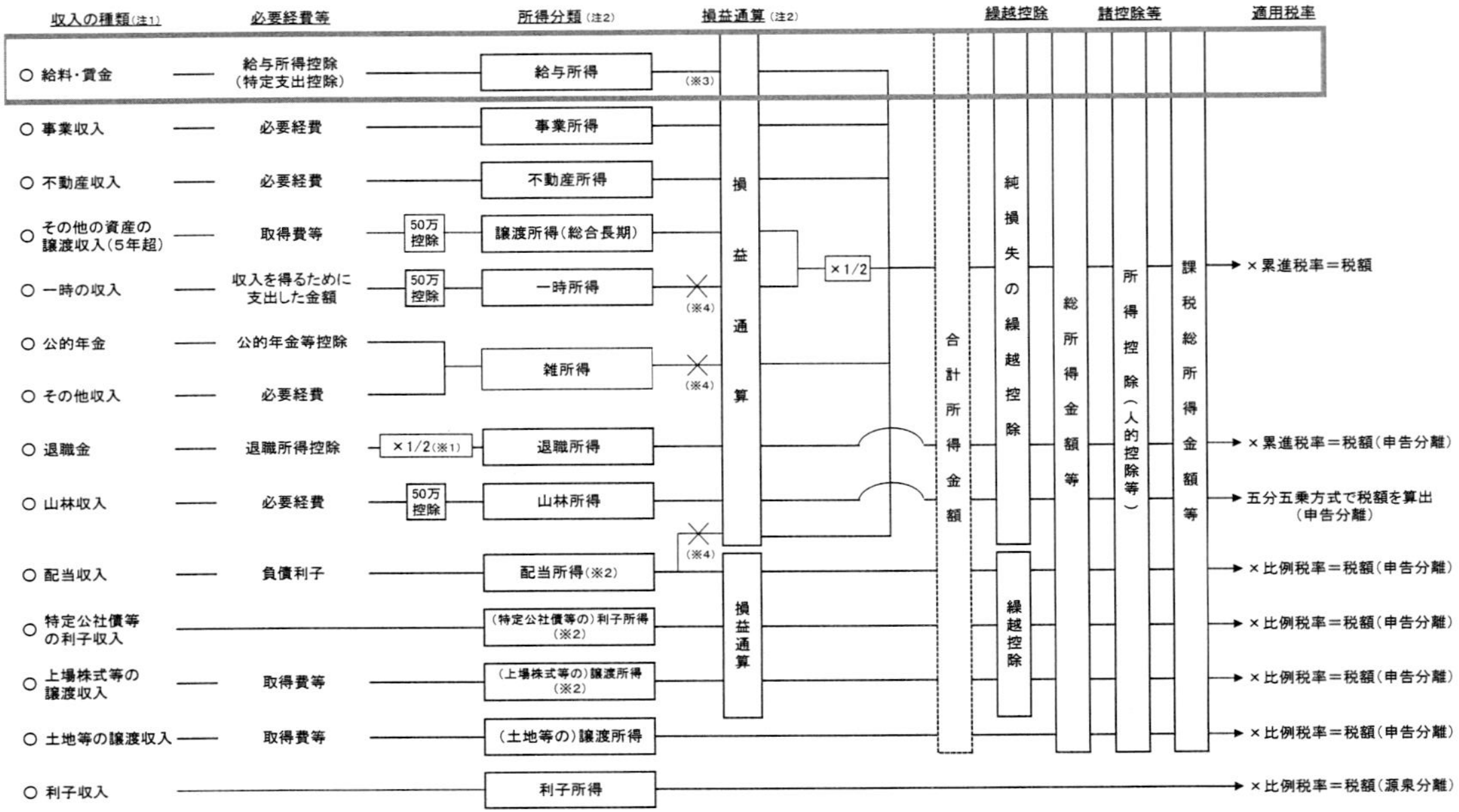

出所：国税庁HPより

与所得は所得の種類の中で一番わかり易い計算方法だと思います。

具体的な計算式というのは「収入金額（源泉徴収前）－給与所得控除＝給与所得の金額」で求められます。収入金額というのはアルバイトでいえばアルバイト料、正社員でいえば給与支給額、社長でいえば役員報酬支給額が該当してきます。（源泉徴収前）と括弧書きで記載しておりますが、これは後でご説明する年末調整に関わる用語なので、そのときに一緒にご説明致します。また収入金額には、経済的利益も給与に該当するとされております。例えば会社の商品を無償で譲り受けた場合や、会社契約のアパートに住んでいて著しく低い賃料しか払っていない場合には、それは経済的利益を享受した、つまり得をしたとして給与課税となるわけです。この経済的利益という用語は税法ではよく出てきます。簡単に言うと何もしていないのに得をした分、儲かった分、みたいに捉えていただければ結構です。

続いて給与所得控除額について確認していきます。そもそも給与所得者には、原則的に必要経費が認められておりません。給与所得者は個人事業主のように必要経費を差し引くことができません。そのため給与所得者の必要経費相当額を法律で定めております。これが給与所得控除です。アルバイトをしている方も、アルバイト料は先に申し上げたとおり給与所得に該当しますので、当然に給与所得控除が認められております。ちなみに収入金額には通勤手当、祝い金、災害見舞金等々のお金は含まれません。つまり、これらのお金を受け取っても課税所得には該当せず、税金がかからないということです。

具体的に申し上げますと昨年はコロナ見舞金として、国から10万円支給されておりますが、

給与所得の計算方法

▶ 給与所得控除

令和2年分以降

給与等の収入金額 (給与所得の源泉徴収票の支払金額)	給与所得控除額
1,625,000円まで	550,000円
1,625,001円から　1,800,000円まで	収入金額×40%-100,000円
1,800,001円から　3,600,000円まで	収入金額×30%+80,000円
3,600,001円から　6,600,000円まで	収入金額×20%+440,000円
6,600,001円から　8,500,000円まで	収入金額×10%+1,100,000円
8,500,001円以上	1,950,000円（上限）

（国税庁HPより）

▶ アルバイト料・月3万円・年間36万円…給与所得控除55万円 → 給与所得0円

▶ アルバイト料・月8万円・年間96万円…給与所得控除55万円 → 給与所得41万円

▶ 控除対象扶養親族…給与所得控除55万円＋基礎控除48万円＝103万円以下

課税所得には含まれておりません。非課税所得として10万円満額が口座に入ってきたと思います。ただし、何でもかんでも非課税所得とされるわけではありません。例えばコロナ見舞金で会社から１００万円支給されても、それは税務署から課税対象ですと言われる可能性があります。ここで可能性と曖昧な表現を用いているのは、一般的にその支給した金額が妥当であれば課税されないからです。

続いては給与所得控除額の計算を見ていきます。

上の図が給与所得控除額の計算方法です。これもインターネットで調べるとすぐに出てきて、国税庁ホームページより閲覧できます。

給与所得控除といっても一律に決められているわけではなくて、給与等の収入金額の多寡に応じて段階的に分かれております。最低でも認められている給与所得控除額は、給与収入金額が

162万5千円までで給与所得控除額が55万円です。一番大きい給与所得控除額上限は給与収入金額が850万1円以上で給与所得控除額が195万円となっており、給与所得控除額は55万円から195万円までとなっております。

今回の講義はアルバイトにかかる税金なので、アルバイトで稼ぎそうな金額で具体的に給与所得の金額を計算していきます。例えばアルバイトで月に3万円稼ぐ方がいれば、年間で36万円の給与収入になりますので給与所得控除額は55万円に該当します。そのため、給与収入36万円から給与所得控除額55万円を引くとマイナスなので、給与所得は0円という計算になります。

続いてアルバイト料月8万円で年間96万円稼ぐ方がいれば、96万円も給与所得控除額は55万円に該当します。そのため給与収入96万円から給与所得控除55万円を差し引くと、給与所得は41万円という計算になります。

このように給与所得は計算が簡単に終了します。正社員、社長、アルバイト、パート、すべての給与所得者が同様の計算方法となっております。今回お集まりいただいた皆さんの中でも親御さんの扶養の下で学業に励んでいる方が多くいると思いますが、親御さんの扶養から外れないで、つまり親の扶養範囲内で稼げる上限というのは給与収入が103万円までです。その根拠は、扶養の範囲（対象）となる所得金額が48万円以下となっているため、給与所得者であれば、48万円に給与所得控除額55万円を足した103万円が上限になるためです。

4　扶養控除

続いては扶養控除について確認していきます。扶養親族に該当する人というのは、その年の12月31日の現況で次の４つの要件のすべてに該当する人をいいます。

まず１つ目の要件が、配偶者以外の親族ということです。配偶者というのは配偶者控除、配偶者特別控除というものが認められておりますので、二重控除を防ぐために配偶者には扶養控除が認められず配偶者以外の親族とされています。

続いて２つ目の要件が、納税者と生計を一にしているということです。私の学生時代を例にすると、私は仙台の学校に通っており父母は会津にいるため、同じ屋根の下で生活はしておりませんでした。しかし、仕送りで生活の面倒は見てもらっておりましたので、生計を一にしていることになります。同居はしておりませんが生活の面倒を見てもらっている場合には、もちろん生計を一にしていることに該当します。この生計を一にするというのは同居が要件ではなく生活費、学費や療養費などの負担を誰がしているかなどで判断します。

次に３つ目の要件は、年間の合計所得金額が48万円以下です。所得金額なので、収入金額と混同しないで考えていただきたいです。アルバイトで考えるならば給与収入年間１０３万円、月収で考えると８万５千円程度であれば当該要件を満たすことになります。

最後の４つ目の要件は、事業専従者でないことです。事業専従者というのは、例えば家で

扶養控除の金額

区分		控除額
一般の控除対象扶養親族（※1）		38万円
特定扶養親族（※2）		63万円
老人扶養親族（※3）	同居老親等以外の者	48万円
	同居老親等（※4）	58万円

※1　「控除対象扶養親族」とは、扶養親族のうち、その年12月31日現在の年齢が16歳以上の人をいいます。

※2　特定扶養親族とは、控除対象扶養親族のうち、その年12月31日現在の年齢が19歳以上23歳未満の人をいいます。

※3　老人扶養親族とは、控除対象扶養親族のうち、その年12月31日現在の年齢が70歳以上の人をいいます。

※4　同居老親等とは、老人扶養親族のうち、納税者又はその配偶者の直系の尊属（父母・祖父母など）で、納税者又はその配偶者と普段同居している人をいいます。

※5　同居老親等の「同居」については、病気の治療のため入院していることにより納税者等と別居している場合は、その期間が結果として1年以上といった長期にわたるような場合であっても、同居に該当するものとして取り扱って差し支えありません。ただし、老人ホーム等へ入所している場合には、その老人ホームが居所となり、同居しているとはいえません。

出所：国税庁 HP より

事業を営んでいてその事業を手伝い、手間賃等を給与としてもらっている人を指します。こちらについても、1つ目の要件と同様に二重控除を防ぐために設けられております。給与として払っている事業者はその給与を必要経費として計上していますので、給与の必要経費と扶養控除の適用で二重控除が発生しないようにするための要件です。

次は、扶養していることによってどのくらい扶養控除を受けられるかを確認していきます。こちらは扶養されている方の年齢によって大きく3つに分かれております。

1つ目の一般の控除対象扶養親族は16歳以上の方をいい、38万円の扶養控除が認められます。

ここにいる大半の皆さんが当てはまる

特定扶養親族が2つ目です。年齢は19歳以上23歳未満です。控除金額は扶養控除の中で一番控除金額が大きく63万円です。なぜかというと19歳以上23歳未満は、大学や専門学校に通う年齢ですから、単純に一番お金がかかる時期であるため、その学費や生活費の面倒を見ている親御さんには控除金額を大きくして税金を安くしようということです。

3つ目の老人扶養親族は70歳以上の方が該当します。同居していなければ48万円、同居していれば58万円となっております。

ここで皆さんに1つ覚えていただきたいのが特定扶養親族です。先に申し上げた通り、一番控除金額が大きく63万円です。具体的に税額で考えると所得税の税率が20％適用される方では、特定扶養親族の扶養控除63万円の適用を受けると、年間で所得税が12万6、000円軽減されます。月に換算すると約1万円の税負担が変わってきます。

そのためアルバイトを行っていて、親の扶養に入っている方は扶養範囲内で働くということを意識していないと、親が予期せぬ税負担を負うことになってしまいかねないので、たくさん稼ぎたい方は「月に8万5、000円以上稼ぎたい」と事前に親御さんに相談してください。

5　住民税（地方税）

ここまでアルバイトにかかる税金ということで、国税である所得税の部分だけをお話しし

住民税（仙台市）

税率

個人市県民税の税率

	個人市民税	個人県民税	合計
均等割	3,500円 （うち復興財源：500円）	2,700円 （うち「みやぎ環境税」：1,200円） （うち復興財源：500円）	6,200円
所得割	8%	2%	10%

※平成26年度から令和5年度までは、復興財源として個人市民税・個人県民税の均等割の税率がそれぞれ500円引き上げられています。
※個人県民税のうち1,200円は「みやぎ環境税」です。

※所得割の税率について平成30年度から個人市民税8%（平成29年度までは6%）、個人県民税2%（平成29年度までは4%）に見直され（組み替えられ）ました。税率の合計は10%で変わりないため、個人市民税・個人県民税合計の税負担に変更はありません。

出所：仙台市 HP より

てきました。続いては、地方税である住民税の方も少しお話ししようと思います。

上記の図は、仙台市のホームページより抜粋してきております。

住民税は所得割と均等割という2種類から構成されており、さらに市民税と県民税に区分されております。均等割は６、２００円、所得割は10％となっております。累進課税を採用している所得税と異なり住民税は比例税率が採用されており、固定税率で10％となっております。

先ほど給与所得控除等についてお話しいたしましたが、住民税も同様に控除項目があります。ほとんどは所得税と同じですが、控除金額が少し異なり所得税より住民税のほうが、控除金額は少ない形になっております。そのため所得税については給与収入１０３万円まで課税されませんが、住民税については給与収入１００万円までが課税されません。住民税まで意識すると年間給与収入は100万円までにとどめておく必要があります。月に換算すると約8万円です。

6 確定申告・年末調整

続いては確定申告についてご説明いたします。皆さんも年初あたりからニュースやCM等で色々見聞きすると思いますが、確定申告とは何かというと、1月1日から12月31日までの1年間に生じた所得と所得税等を計算し、確定申告書を税務署に提出し税金を納付したり、税金が還付されたりすることをいいます。ちなみに、所得税等の「等」は、復興特別所得税のことを指しております。このように所得を計算して税額を確定させる手続きを確定申告といいます。確定申告期限はその年の翌年2月16日から3月15日までとなっております。令和元年分、令和2年分については、コロナウイルスの影響があって4月15日まで延長されておりました。

日本の所得税は自分で納めるべき税額を計算して納税する方法を採用しております。この方法を申告納税方式と呼びます。この申告納税方式によれば、働いているすべての人が確定申告を行わなければなりません。日本の労働人口というのは約7、000万人おり、確定申告を受け付ける税務署職員は約5万人おります。納税者全員が申告納税方式に基づいて税務署に駆け寄った場合には、税務署職員1人当たり1、400人の確定申告書を受け付けなけ

年末調整

- 給与支払者が従業員（正社員、アルバイト、パート、雇用形態は問わず雇用関係にある者）に給与の支払いをする際、その年中に給与を支払う都度源泉徴収をした所得税の合計額と、その年中の給与の支給総額について納付すべき年税額とを比較して過不足額の精算を行うこと。（義務）

- 源泉徴収…給与支払者が給与から天引きする所得税（義務）

- 年末調整は1箇所でしかできない。（給与所得者の扶養控除等申告書）

- 年末調整によって所得税等が精算されるため、大半の給与所得者は確定申告が不要

ればならず、現実的に不可能です。申告納税方式を採用しておりますが、すべての人が確定申告を行うと膨大な処理件数になり税務署職員がいくらいても対応しきれない状況に陥るため、年末調整という制度が設けられています。年末調整という手続きを受ければ、確定申告が不要になります。給与所得者の大半の方はこの「年末調整」という手続きによってその年の所得および税額が確定するため、確定申告が不要になっております。

次に年末調整についてご説明致します。

年末調整とは、給与支払者が給与の支払いをする際に、その年中に給与を支払う都度源泉徴収をした所得税の合計額と、その年中の給与の支給総額について納付すべき年税額等を比較して、過不足額の精算を行うことをいいます。括弧書きで義務としておりますが年末調整というのは給与支払者の義務、つまり会社の義務になります。

説明文で「源泉徴収」という用語が出てきまし

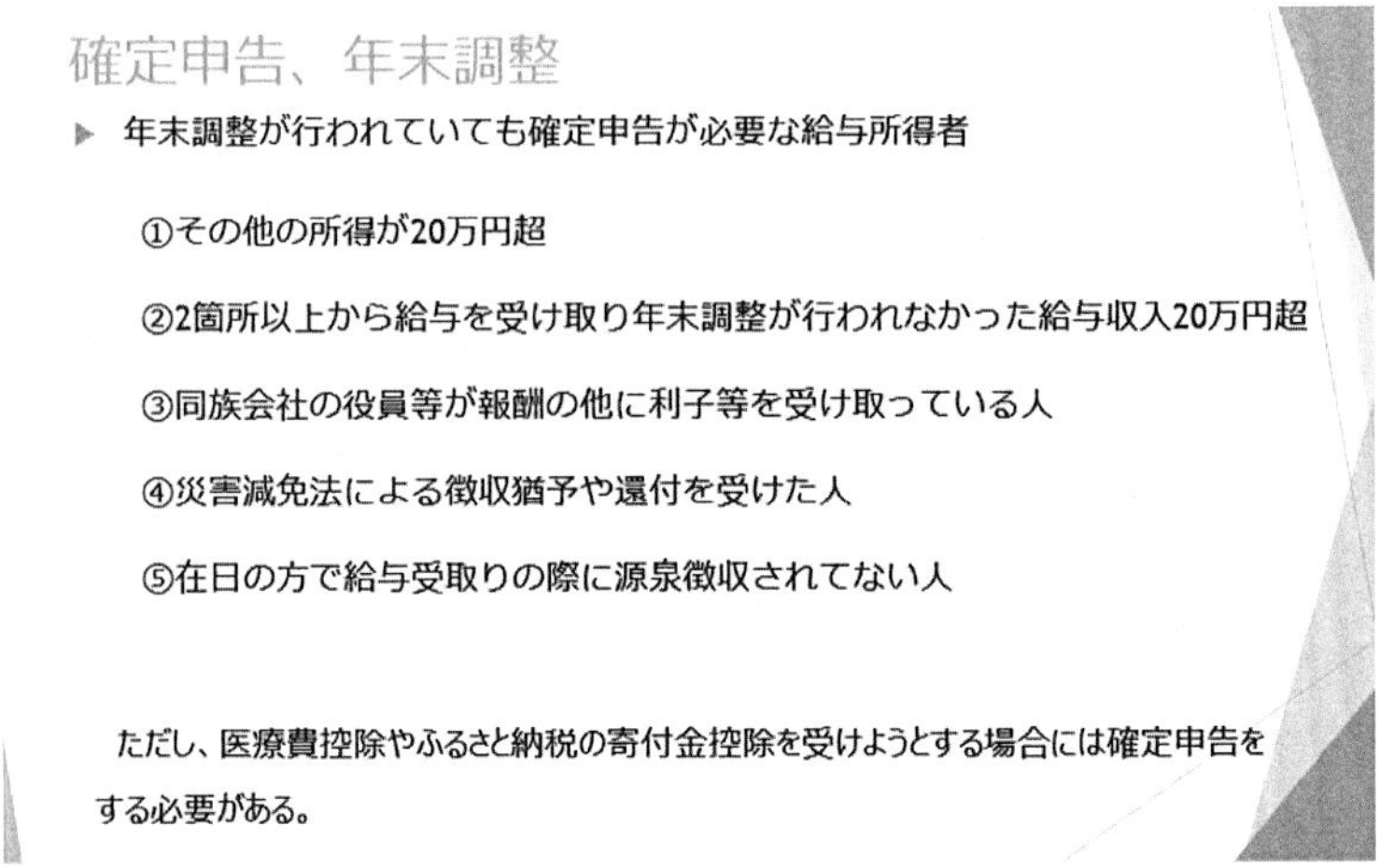
確定申告、年末調整
年末調整が行われていても確定申告が必要な給与所得者
①その他の所得が20万円超
②2箇所以上から給与を受け取り年末調整が行われなかった給与収入20万円超
③同族会社の役員等が報酬の他に利子等を受け取っている人
④災害減免法による徴収猶予や還付を受けた人
⑤在日の方で給与受取りの際に源泉徴収されてない人
ただし、医療費控除やふるさと納税の寄付金控除を受けようとする場合には確定申告をする必要がある。

た。これは前に説明した給与所得の計算方法にもできました。源泉徴収とは給与支払者が給与から所得税を天引きすることをいい、これも義務です。年末調整同様に源泉徴収も給与支払者の義務とされております。給与支払者が月々の給与を支払う際に所得税を源泉徴収し、年末調整によって確定した税額と源泉徴収された税額の精算を行い、年末に給与受領者に対して還付または追徴を行うというのが源泉徴収から年末調整までの一連の流れになります。

ただし、すべての給与所得者について確定申告が不要かというとそうではありません。年末調整は1カ所でしかできませんので、2カ所以上で給与をもらっている場合には金額の要件等ございますが原則的には確定申告が必要になってきます。年末調整を行うところは、給与所得者の扶養控除等申告書の提出先になります。最初に申し上げた通り、大半の給与所得者はこの年末調整という手続きで所得税が精算され、その年の収入および税金が確定するため確定申告が不要になります。

続いて年末調整が行われていても確定申告が必要な給与所得者とは、どういう人をいうのか確認していきます。

まず①その他の所得が20万円超の方です。インターネット等で「副業」や「副業でどのぐらい稼ぐ」とか、「副業の所得税」等調べるとすぐに出てきますが、副業で所得が20万円を超えると確定申告が必要です。ここで注意が必要なのが判断基準は「所得」ということです。「収入」ではなくて「所得」ですので、１００万円売上が上がって99万円経費がかかっていれば1万円の所得ですので確定申告は不要です。また、赤字の人は確定申告の必要はありません。ただし、損失の繰越控除を受けるためには確定申告を行う必要があります。

続いて②2カ所以上から給与を受け取って、給与の全部が源泉徴収の対象となる場合において、年末調整が行われなかった給与所得および退職所得以外の所得金額が20万円を超える人です。①との違いを確認するとこちらは給与「収入」です。「所得」ではなく「収入」です。2カ所以上から給与を受け取っていて、どちらも給与収入が20万円超ある方は確定申告が必要です。

③、④、⑤は皆さんにはあまり関係ないと思うのですが、一応確認していきます。③同族会社の役員等で報酬とほかに利子等を受け取っている人です。④災害減免法による徴収猶予や還付を受けた人です。⑤在日の方で給与受け取りの際に源泉徴収されていない人です。これらの方々も確定申告が必要になります。

色々と要件はございますけれども、皆さんに関係するのは①その他の所得が20万円超、②2カ所以上から給与を受け取り、年末調整が行われなかった給与収入が20万円超の方、この2つだけでも覚えていただきたいと思います。最近だとスマートフォンやインターネットの普及によってEC市場が急拡大しており、CtoC取引が盛んに行われているため、メルカリやYahoo!オークション等々で誰でも簡単にビジネスが出来てしまう環境下にあります。そのため確定申告の要件について少し知識があると、何かあってもあたふたせずに冷静に対処できると思いますので、ぜひ覚えていただきたいと思います。

最後にただし書きに記載しましたが、医療費控除やふるさと納税の寄附金控除等を受けようとする場合には確定申告をしなければ、その控除の適用は受けられません。ふるさと納税については市町村の数の制限はありますが、ワンストップ特例制度を活用すれば確定申告は不要です。

7　具体例

次に本日の講義のおさらいとして、私が作成してきた具体例に基づき、確定申告が必要か不要かについて考えていただきたいと思います。

年末調整はすでに済んでいるということを前提として考えて下さい。

順番にご説明します。太郎さんは日中にパチンコ店でアルバイトを行っております。パチ

具体例　確定申告は必要か？不要か？

- 太郎さん

  日中パチンコ店でアルバイトを行っている。

  （主）パチンコ店…年間給与収入　240万円（月20万円）

- 二郎さん

  昼は駐車場整理、隔週土曜日だけ居酒屋でアルバイトを行っている。

  （主）駐車場整理…年間給与収入　180万円（月15万円）

  （従）居　酒　屋…年間給与収入　12万円（月 1万円）

- 三郎さん

  朝は新聞配達、日中は引越しセンター、夜は代行サービスでアルバイトを行っている。

  （主）引っ越しセンター…年間給与収入　180万円（月15万円）

  （従）新　聞　配　達…年間給与収入　60万円（月 5万円）

  （従）代 行 サ ー ビス…年間給与収入　96万円（月 8万円）

- 四郎さん

  昼はペットショップでアルバイト、時間がある時にブログを更新しアフィリエイト収入を得ている。

  （主）ペットショップ…年間給与収入　120万円（月10万円）

  （事）アフィリエイト…年間事業収入　120万円（月10万円）


ンコ店で年間給与収入が２４０万円ございます。月に換算すると20万円です。括弧書きで「主」と書いてありますが、これは「しゅ」と読み、「主」と記載があるところが、年末調整が行われた給与支払先です。

続いて二郎さんは、昼は駐車場整理で、隔週土曜日だけ居酒屋でアルバイトを行っています。昼の駐車場整理、こちらで年末調整が行われています。月15万円で年間給与が１８０万円です。下の居酒屋は隔週なので月１万円、小遣い程度稼いでいます。この給与収入が年間12万円です。太郎さんと違って二郎さんは２カ所でアルバイトを行っています。今度は括弧書きで「従」と書いてありますが、これは「じゅう」と読み、年末調整が行われていない給与支払先です。

次に三郎さんは、朝は新聞配達、日中は引越しセンター、夜は代行サービスでアルバイトを行い大忙しです。この引越センターでは年間給与収入が

180万円、月15万円稼いでいます。新聞配達では年間給与収入が60万円、月5万円です。代行サービスでは年間給与収入が96万円、月8万円です。三郎さんは3カ所で働いています。

最後に四郎さんは、昼はペットショップでアルバイトを行い、時間があるときにブログを更新してアフィリエイト収入を得ています。ペットショップでは年間給与収入が120万円、月10万円です。アフィリエイト収入は年間売上が120万円、こちらも月10万円です。四郎さんは副業で結構稼いでいます。事業なので必要経費等がいろいろあるかとは思うのですが、アフィリエイト収入なので、必要経費はほぼないものと仮定して考えていただければと思います。

はじめに太郎さんは、確定申告は不要です。日本の給与所得者の大半の方が当てはまる例示かなと思います。年末調整で所得税等の精算が終了し収入および税金が確定しているため、確定申告は不要となります。続いて二郎さんも、確定申告は不要です。二郎さんは主たる給与先の駐車場整理で年末調整が行われ、従たる給与先の居酒屋での収入が20万円以下でございますので、確定申告は不要となります。次に三郎さんは、確定申告が必要です。主たる給与先の引越センターで年末調整が行われていますが、従たる給与先である新聞配達および代行サービスの収入の合計が20万円を超えているため、確定申告が必要になります。最後に四郎さんは、三郎さん同様に確定申告が必要です。主たる給与先のペットショップで年末調整が行われていますが、アフィリエイト収入、いわゆる副業収入が結構あり、必要経費等ありませんので所得が20万円を超え確定申告が必要になります。

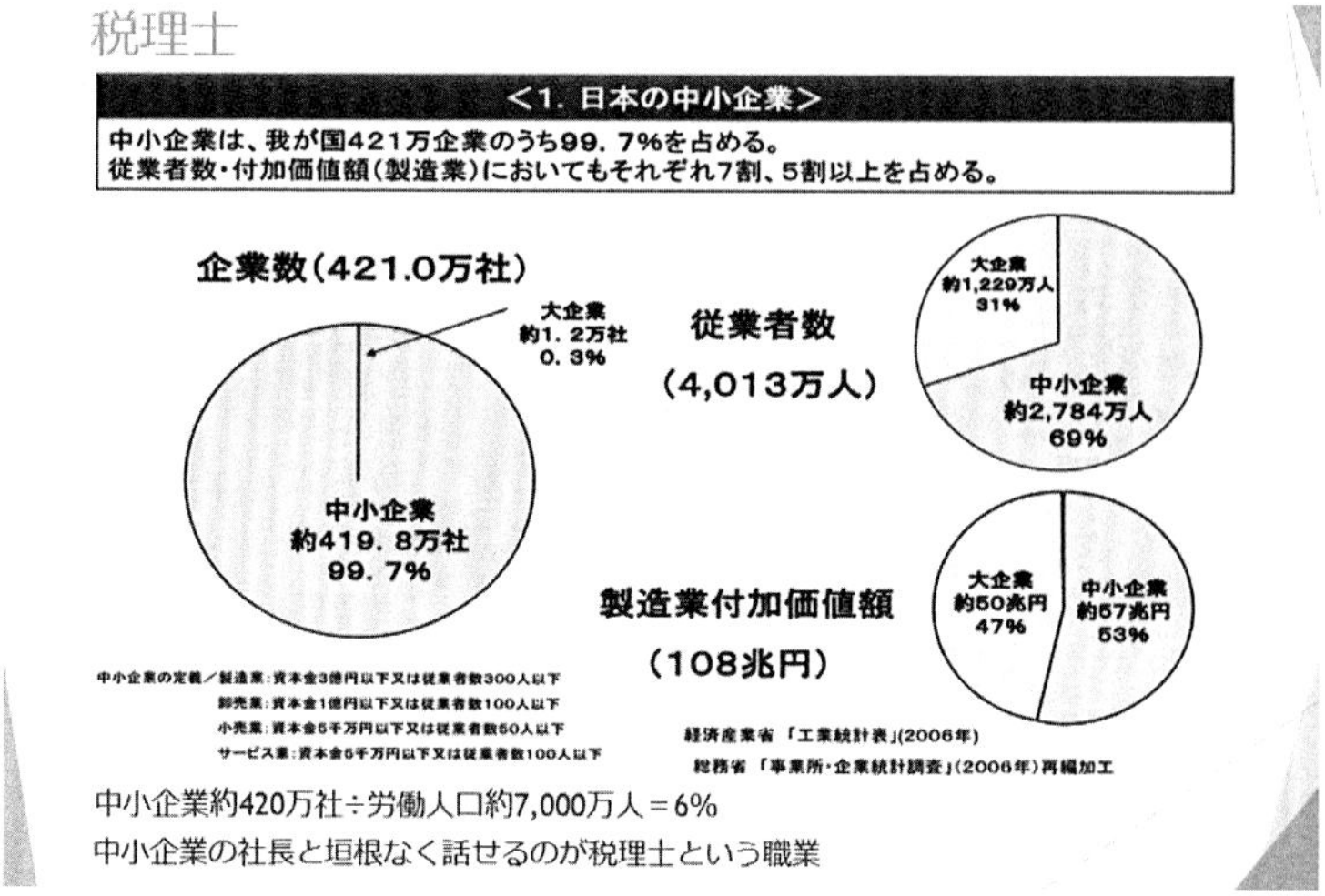
税理士
<1. 日本の中小企業>
中小企業は、我が国421万企業のうち99.7%を占める。
従業者数・付加価値額(製造業)においてもそれぞれ7割、5割以上を占める。
企業数(421.0万社)
大企業 約1.2万社 0.3%
中小企業 約419.8万社 99.7%
従業者数 (4,013万人)
大企業 約1,229万人 31%
中小企業 約2,784万人 69%
製造業付加価値額 (108兆円)
大企業 約50兆円 47%
中小企業 約57兆円 53%
中小企業の定義/製造業:資本金3億円以下又は従業者数300人以下
卸売業:資本金1億円以下又は従業者数100人以下
小売業:資本金5千万円以下又は従業者数50人以下
サービス業:資本金5千万円以下又は従業者数100人以下
経済産業省「工業統計表」(2006年)
総務省「事業所・企業統計調査」(2006年)再編加工
中小企業約420万社÷労働人口約7,000万人=6%
中小企業の社長と垣根なく話せるのが税理士という職業

出所：中小企業庁 HP より

ここまでで本日のアルバイトにかかる税金の講義については終了でございます。

8　税理士という職業

最後に今回は寄附講座ということで、税理士という職業について、生意気ながらお話しさせていただきます。

上の図は、中小企業庁のホームページに掲載されているものですが、日本における中小企業の占める割合が記載されておりますす。

まず左側の円グラフを見ていただきたいのですが、日本には企業数が421万社ございます。この中で大企業と言われる会社が1・2万社、中小企業が419・8万社あります。したがって日本の企業規模の構成割合は中小企業が99・7%。大企業が僅か

0・3％となっております。続いて右側の円グラフを見ていただきたいのですが、日本の従業者数の半数超である約69％が中小企業で働いているということがわかります。つまり日本経済というのは中小企業で成り立っているということが、この円グラフと表と比率から確認できます。

本日の講義の途中にご説明しましたが、中小企業は株主と社長がイコールという場合がほとんどです。所有と経営が一致しています。すなわち、会社は株主である社長が所有し、会社の最高意思決定機関である株主総会の決議を行える人が社長であって業務執行責任は社長が負っています。1社1人の社長と仮定すると、419万と8、000人の社長がおり、労働人口で割ると6％の方たちが社長業を生業としています。これらのことから、中小企業の社長が日本経済を回していると言っても私は過言ではないと思っております。

税理士は、このように日本経済の中心にいる中小企業の社長とお付き合いをさせていただく職業であります。そのため、社長から色々な事が聞けます。また、教科書では学べない様々なことや社会経済について実務的に勉強することができます。若輩者ながら私は、①日本経済を回している6％の方達と本音で話せて、②社会経済に関して多方面から様々な学習ができるのが税理士という職業の魅力であると思っております。ただし、税理士になるまでにはたくさんの勉強が必要で、税理士になってからも税法は勿論のこと、民法や会社法等の税法以外の法律や経営学、経済学等の学問的知識の勉強など、色々な知識を習得するためにさらに多くの勉強が必要になってきます。しかもその勉強が終わることはありません。

冒頭で述べたとおり私はまったく勉強ができません。しかし、税理士になることができました。税理士になるために難しい能力は必要なく、「読み」、「書き」、「足し」、「引き」、「掛け」、「割り」、この6つの能力と「やる気」と「根気」を併せれば、どんな人でも税理士になることができると思います。ちなみに私は税理士を目指し始めてから10年の歳月を要しました。ここにいる皆さんならもっと早く税理士になれると思います。この寄附講座を機会に皆さんにも税理士という職業に興味を持っていただければ、大変嬉しく思います。

以上で本日の講義を終了いたします。つたない説明に最後までお付き合いいただき、ありがとうございました。

第6章　土地や株を売るとかかる税金

鈴木茂之

はじめに

皆さん、こんにちは。今日の天気は雨が降ったり止んだりで少しどんよりしていますが、皆さんはお元気ですか？　これから、日本税理士会連合会寄附講座の今日のお話しを始めさせていただきたいと思います。

皆さんは3年生と4年生ですか。となると、入学したときはまだ普通に授業がありましたよね。今の2年生と1年生は、入ったときからリモート講義がほとんど、あるいは大学によっては100％リモート講義ですよね。積極的な学生さんがサークルなどに入っているぐらいで、本当に外に出ない生活をしているとリアルな声を聞くときがあります。特に自宅でリモート講義をパソコンで受けていると、リアルタイムの講義であればその時間はずっとパソコンの前にいなくてはいけないと思いますので、結構なストレスだろうと思います。3年生と4年生の皆さんは、1年生、2年生のときのリアルな大学の雰囲気を知っているだけに、今のこの状況をちょっと辛いなと思っているかもしれませんね。この状況が早く良くなるといいな、早く元に戻ればいいなと思っています。

そのようなこともあって、当初は講義をリモートで行うかもしれないと聞いていましたが、最近は感染状況が落ち着いてきたので、今日は対面にて行うことになりました。よろしくお願いします。

寄附講座を担当するにあたっていただいたタイトルが「土地や株を売るとかかる税金」です。非常に範囲が大きいテーマなので、90分の時間をどのように使ったらいいのかと、かなり悩みました。いつの日か、今日の内容を、そういえばこんなことを話していたなと思い出してもらえれば嬉しく思います。

今日のお話の中で、今日まで、もしくは来週以降の講義において重なるところがあるかもしれませんが、それはご了承ください。

税理士に興味のある人がある程度いらっしゃると聞いていました。もしかしたら税理士の勉強をもう始めている方もいるかもしれません。申し訳ありませんが、今日は、そのような勉強に役に立つお話ではおそらくないと思います。また、少し込み入った部分に入ってしまうかもしれませんが、中身を覚えて欲しいとも思っておりません。強いて言えば、繰り返しになりますが、これから税法とかそういうものに触れる場面にあったときに少しでも思い出してもらうことがあれば一番の喜びです。ですので、気楽に聞いてもらえれば結構です。限られた時間内ではありますが、どうぞよろしくお願いいたします。

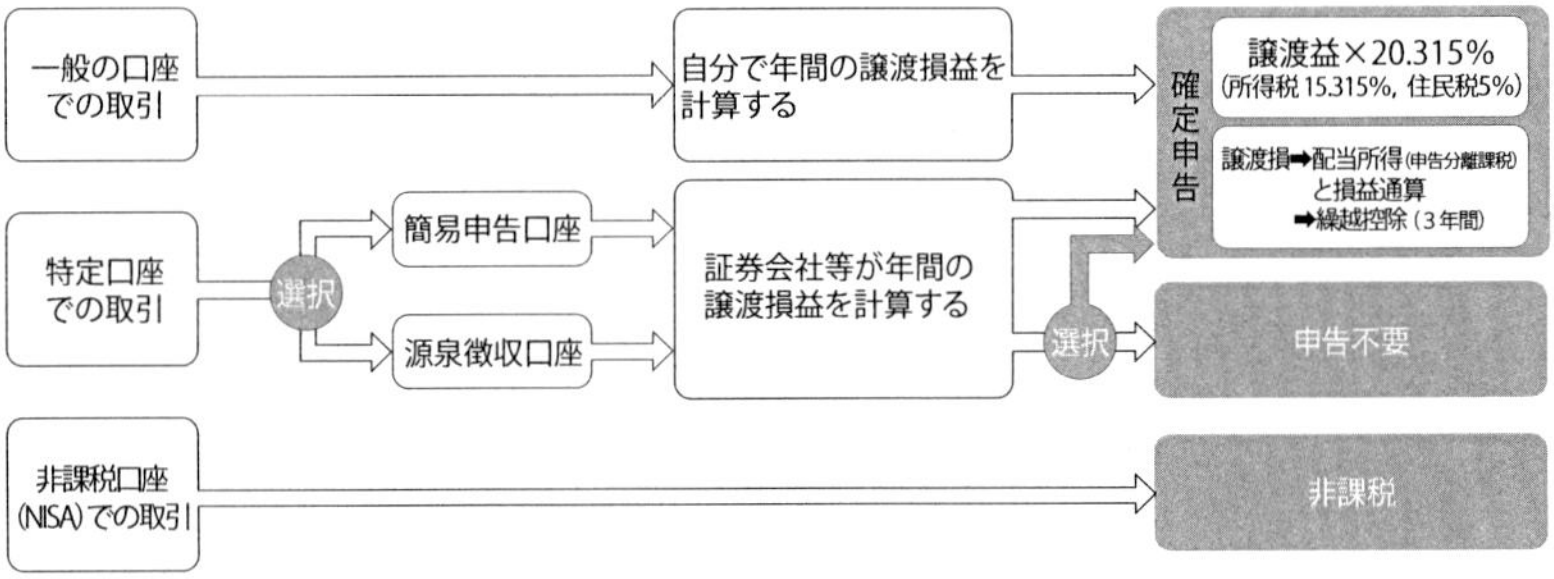

出所：Ｑ＆Ａやさしい税金教室（令和3年度版）日本税理士会連合会　14頁より引用。

1　株の話

(1) 株といってまず思いつくのは・・

株の取引をするには、最初に口座を開設する必要がありますが、いくつか選択肢があります。

まず、その口座を一般の口座にするのか、特定口座というものにするのかですが、株を売買したら、最初は勉強のつもりで自ら計算して申告してみようと思うかもしれません。まあ次の年ぐらいから、やはり証券会社で計算してくれるならそれがいい、となってくるかもしれません（もちろん2年目以降も自分でやってみるという人はいらっしゃると思います）。自分で計算する、すなわち一般口座での株の取引はそれなりに大変だと思います。特定口座での取引というのは、証券会社が利益や損失、手数料を計算してくれますから楽です。

次に、利益や損失を計算したあと、実際に税金をあらかじめ引いてくれるのか（源泉徴収）、それとも、利益とか損失の計算だけはしてあげますから、あとは自分で納付とかをしてくださいねと、という2つの選択肢をどうするか、ということを考える必要があります。個人的には、源泉徴収、つまり先に税金を引いた形で入金してもらったほうがいいと思っていますが、皆さんは、それぞれの特徴を考えて選んでいただければと思います。

ところで、株式や投資信託について、皆さんの関心はどうでしょうか。今の大学3年生、4年生ですと、実際に始めている人はどの程度いるでしょうか。もしかしたら株式投資をしている人がいるかもしれません。個別株の売買ではなくとも、投資信託という商品に対して、例えば毎月5千円とか1万円を積み立てている人がいるかもしれません。

年金等の老後の資金については、私のような団塊ジュニア世代でもやっぱり不安です。自分で貯めたお金だけでやっていけるのか、もしくは給料をもらい続けることができるのか、継続した収入を得ることができるのか、と不安があります。今はNISA、つみたてNISAという制度ができています。ほかにも、表にはありませんが年金に関してiDeCo（イデコ）という制度もあります。これらは、「こういう制度を作りましたので一定程度は自己責任でやってください」と国が我々にメッセージを送っているのではないかと私は考えています。ですので、皆さんそれぞれ特徴を調べて、うまく活用することも考える必要があるかもしれません。

では、株を売ったときの利益をどう計算するのかというと、「いくらで売ったか」から、「いくらで買ったか」、他に手数料も引けるものは引いて、その残り、いわゆる「利益」を計算

2023年まで

	NISA(20歳以上)		ジュニアNISA(20歳以上)
	一般NISA	つみたてNISA	
制度開始	2014年1月から	2018年1月から	2016年4月から
非課税 保有期間	5年間	20年間	5年間 ※ただし，2023年末以降に非課税期間が終了するものについては，20歳まで非課税で保有を継続可能。
年間非課税率	120万円	40万円	80万円
投資可能商品	上場株式・ETF・ 公募株式投信・ REIT等	長期・積立・分散投資に適した一定の投資信託 ※金融庁への届出が必要	一般NISAと同じ
買付方法	通常の買付け・ 積立投資	積立投資（累積投資契約に戻づく買付け）のみ	一般NISAと同じ
払出し制限	なし	なし	あり(18歳まで) ※災害等やむを得ない場合には，非課税での払出し可能。
備考	一般とつみたてNISAは年単位で選択制 2023年1月以降は18歳以上が利用可能		2023年末で終了

2024年から

	NISA(18歳以上)	
	一般NISA	つみたてNISA
制度開始	2024年1月から	2018年1月から
非課税 保有期間	5年間	20年間
年間非課税率	2階部分　120万円 1階部分　20万円	40万円
投資可能商品	2階部分　上場株式・ETF・公募株式投信 1階部分　つみたてNISAと同様	長期・積立・分散投資に適した一定の投資信託 ※金融庁への届出が必要
買付方法	2階部分　通常の買付け・積立投資 1階部分　つみたてNISAと同様	積立投資 (累積投資契約に戻づく買付け)のみ
払出し制限	なし	なし
備考	新しいNISAとつみたてNISAは年単位で選択制	

出所：「金融庁　NISA特設サイト」より引用
https://www.fsa.go.jp/policy/nisa2/about/index.html

します。この「利益」が所得というものです。

この所得に対して、今だったら基本的には普通に証券会社で買う株は20・315％、要するに「利益」の約20％が税金で引かれて、残りにあたるおおよそ80％が手元に入るということです。

(2) 株にはこういうものもある

ところで、今お話ししている内容は、あくまでも証券会社で買える株[1]についてです。実は証券会社で世の中のすべての株を売っているわけではありません。証券会社で買えない株というのも世の中にたくさんあります。

株式会社は日本で何百万社もあるのです。普段のニュース等で記事になっているような、誰でも知っている大きな会社は、ごくごく一部です。ほとんどの会社はいわゆる中小企業とよばれる会社です。その中小企業の株は、証券会社に行っても自由に売ったり買ったりできるというものではありません。株には証券会社で買えるものと買えないものがあるということです。証券会社で買える株は、市場性のある株、いわゆる上場企業の株と言ってもいいと思います。上場企業の株については、その株を買う場合、その会社を「自分のものにしよう」という人はあまりいないのではないでしょうか。少なくとも今日のこの講義では想定していません（よっぽどお金のある人だったら別かもしれませんが・・）。通常は、その株を買って利益を上げよう（または配当をもらおう）と思うから買うわけです。でも、そうではなくて、その会社を自分のものとして所有するために持つ株、つまり証券会社で買えない株というのがあるのです。それが税にとっての大きなテーマになっていて、これから皆さんが税理士の勉強を始めるときに、頭に置いてもらったほうが良いと思います。

(3) 売買のパターンと時価

ところで、株の売買に関して「価値が上がったものを売ったら、買った時より上がった分に対して税金を払ってくださいね」というのが基本的なところです(価値って抽象的なんですけど・・、ここでは企業が行う様々な活動の結果、形成されている価値が株価だと思ってください)。例えば、買ったときの価値が20であっても、今もみんながそれを20の価値としているかどうかはわかりません。その株を30で俺が買うよと、ほかの人は40で買うよと、また別の人が50で買うよとなったら、そのものの価値はもはや20ではないですね。そして世の中でこれは100かなと落ち着いたら、それがその時の時価ということで考えてもらって結構です。次の図をご覧ください。

前提として、20で買った株があります。この株の時価は100だとします。そして、後述の資料を横に見ると、左から順に、時価100の株を、

①「100で売った場合」
②「70で売った場合」
③「30で売った場合」

④「130で売った場合」が書かれています。

今は「いくらで売ったか」に焦点を当てました。このほかに、「誰が誰に売ったか」というのも大事なポイントです。「証券会社では買えない株、例えば誰かが経営している中小企業の株」などの売買を想定するのがいいかもしれません。資料を縦にみてください。売主と買主が書いてあって、

(1)「売主：個人↓買主：個人」
(2)「売主：個人↓買主：法人」
(3)「売主：法人↓買主：個人」
(4)「売主：法人↓買主：法人」の4パターンがあると思います。

(1)「個人↓個人」これは個人同士の売買。(2)「個人↓法人」これは個人が法人に株を売ったとき。(3)「法人↓個人」これは法人が個人に売ったとき。(4)「法人↓法人」これは法人同士のやり取り。

「時価○○のもの」を「いくらで売ったか」というのと、「誰が誰に売ったか」という、この考え方がポイントになってきます。この2つのポイントを一覧表にしたものがこの資料です。一つひとつのパターンにつき触れていきたいところですが、今日は、一番左に焦点を当てて少しお話しできればと思います。

表を見ると、枠で囲んだ一番左のパターン、つまり、①「時価100のものを100で譲渡したとき」のほかは、②、③、④の3つの場合とも、表を縦に見ていくと、仕訳にそれぞ

		① 100で譲渡	② 70で譲渡	③ 30で譲渡	④ 130で譲渡
(1)	売主 個人 ↓	現金 100 株式 20 譲渡益 80	現金 70 株式 20 譲渡益 50	現金 30 株式 20 譲渡益 10	現金 130 株式 20 譲渡益 80 受贈益 30 受贈益に贈与税の課税
	買主 個人	株式 100 現金 100	株式 70 現金 70 時価100－対価70＝30につき，贈与税の課税	株式 30 現金 30 時価100－対価70＝30につき，（贈与税の課税）「みなし贈与」（相続税法7）	株式 130 現金 130 家事費 30 （贈与）
(2)	売主 個人 ↓	現金 100 株式 20 譲渡益 80	現金 70 株式 20 譲渡益 50 所得税法基本通達	現金 30 株式 20 贈与費 70 譲渡益 80 みなし譲渡（所得税法59条・所得税法基本通達59－6）	現金 100 株式 20 譲渡益 50 受贈益 30 賞与益は給与課税
	買主 法人	株式 100 現金 100	株式 100 現金 70 受贈益 30 法人税法22条で時価譲	株式 100 現金 30 受贈益 70	株式 100 現金 30 賞与 30 賞与は通常損金不算入
(3)	売主 法人 ↓	現金 100 株式 20 譲渡益 80	現金 70 株式 20 賞与 30 譲渡益 80 法人税法22条で時価譲	現金 30 株式 20 賞与 70 譲渡益 80	現金 130 株式 20 譲渡益 80 受贈益 30
	買主 個人	株式 100 現金 100	株式 100 現金 70 給与 30	株式 100 現金 30 給与 70	株式 100 現金 130 家事費 30 （寄付）
(4)	売主 法人 ↓	現金 100 株式 20 譲渡益 80	現金 70 株式 20 寄附金 30 譲渡益 80 法人税法22条で時価譲	現金 30 株式 20 寄附金 70 譲渡益 80	現金 130 株式 20 譲渡益 80 受贈益 30
	買主 法人	株式 100 現金 100	株式 100 現金 70 受贈益 30	株式 100 現金 30 受贈益 70	株式 100 現金 130 寄附金 30

出所：牧口晴一・齋藤孝一『非公開株式譲渡の法務・税務（第7版）』
（中央経済社・2021年）180頁―190頁から抜粋・引用して作成した。

れ違いが出ていることが分かると思います。一番左だけ表を縦に見ていっても仕訳が変わっていません。時価どおりで売り買いすると（1）から（4）まで違いがないのでわかりやすいとも言えます。

これはどういうことなのか少し考えてみましょう。皆が100と思っている株を、30で買ったり、30で売ったりしたらどうでしょうか。税は公平性を重要視します。この二者間で納得していたとしても、第三者から見て、公平な取引だろうか。自分は真面目にこうやって、こういうふうに税金を払っているのに、あなたは何かズルいことをしていませんか。そういうのは駄目なんですよね。ということは、時価をいくらに定めるかということが大事になってきます。

見方を変えると、これから何か取引をする場合に、何らかのガイドラインのようなものがあり、予め知っていれば、その取引のその後が一応予想できますので、物事を進めやすくなると考えることもできます。時価以外で売買したときのルールがあれば、当事者が、この取引はこのような取引だということを自分で明瞭にすることができた上で、それでも、「多少税金を払うことになるけどしょうがないよね、やっぱりうちはこうやりたいからこうやるよ」という方針を立てることもできるでしょう。一番左端以外の右の3つのどれかは時価以外で取引しているパターンです。「税金を考えると多少不利になってしまうかもしれないけれど、私はこうやりたいからこうやるよ」と。そういうときは、申し訳ないけど、多く税金を払ってくださいと、一応そういう話になるわけですね。世の中でこれは100でしょう、だったら、やっぱり100で取引すればこうなります。でも、それは別に130で取引したっていいし、30で取引したっていいし、70で取引したっていいのです。ただ、その100と思っているものを100で売り買いしないときのルールがあるということです。だから、その100をいかに見つけるかというか、そこがテーマになると思います。

(4) 大切なことは通達に書いてある

ここから「税法上の時価」というものについて、簡単にご紹介したいと思います。今日は、法人税法関係のみ触れたいと思います。

税金というのは法律です。租税法律主義というのを以前学んだことがあると思いますが、日本国憲法第84条にあります。

日本国憲法　第八十四条　あらたに租税を課し、又は現行の租税を変更するには、法律又は法律の定める条件によることを必要とする。

税金に関する法律で代表的なものとして法人税法や所得税法という法律がありますが、なかなか法律だけで細かいところまで決められない場合があります。私も以前は、細かいことまで一つ一つ法律で決めればいいのにと思っていたこともありましたが、一人ひとりの行動様式を予測して、細かいところまで、こういう場合はこのように課税する、というのを全部条文化するのはやはり無理があるかもしれません。そのため、法律で決まっていないところは、具体的に、こういうときはこういうふうにするのですよと文書化しているのがあります。それが通達です。これは法律ではありませんが、具体的な指針です。これに大事なことが載っているわけです。左記は、法人税基本通達から一部抜粋したものです。

（低廉譲渡等の場合の譲渡の時における有償によるその有価証券の譲渡により通常得べき対価の額）

2－3－4　法人が無償又は低い価額で有価証券を譲渡した場合における法第61条の2第1項第1号《有価証券の譲渡損益の益金算入等》に規定する譲渡の時における有償によるその有価証券の譲渡により通常得べき対価の額の算定に当たっては、4－1－4《市場有価証券等の価額》並びに4－1－5及び4－1－6《市場有価証券等以外の株式の価額》の取扱いを準用する。

（市場有価証券等以外の株式の価額）

4－1－5　市場有価証券等以外の株式について法第25条第3項《資産評定による評価益の益金算入》の規定を適用する場合において、再生計画認可の決定があった時の当該株式の価額は、次の区分に応じ、次による。

（1）　売買実例のあるもの　（略）

（2）公開途上にある株式（カッコ内略）で、公募等が行われるもの（（1）に該当するものを除く。）（略）
（3）売買実例のないものでその株式を発行する法人と事業の種類、規模、収益の状況等が類似する他の法人の株式の価額があるもの（（2）に該当するものを除く。）（略）
（4）（1）から（3）までに該当しないもの（略）におけるその株式の発行法人の事業年度終了の時における1株当たりの純資産価額等を参酌して通常取引されると認められる価額

（市場有価証券等以外の株式の価額の特例）

4－1－6　法人が、市場有価証券等以外の株式（4－1－5の（1）及び（2）に該当するものを除く。）について法第25条第3項《資産評定による評価益の益金算入》の規定を適用する場合において、再生計画認可の決定があった時における当該株式の価額につき「財産評価基本通達」の178から189－7まで《取引相場のない株式の評価》の例によって算定した価額によっているときは、課税上弊害がない限り、次によることを条件としてこれを認める。
（1）（略）
（2）（略）
（3）財産評価基本通達185の本文に定める「1株当たりの純資産価額（相続税評価額

によって計算した金額）」の計算に当たり、同通達186－2により計算した評価差額に対する法人税額等に相当する金額は控除しないこと

さきほど、時価が大事だと話しました。法人税額を算定するうえで必要な時価をどうすればいいのか、ということで、この法人税基本通達を見ています。

法人税基本通達2－3－4において、4－1－5、4－1－6を見てくださいということが書いてあります。[2] 4－1－5（9－1－13）、4－1－6（9－1－14）には、証券取引所で買うことができない株、ここでいうところの、市場有価証券以外の株について書いてあります。市場に出回っていない法人の株の株価がいくらなのかは、一般的にはわかりませんが、4－1－5（9－1－13）を見ますと、時価を決めるときの順番としてまずは、（1）売買実例のあるもの　とされています。しかし、これはなかなかないと思います。通常売り買いしない株ですから。次に（2）公開途上にある株　ですが、これはこれから株式を上場していくという話で、これもレアケースではないでしょうか。（1）にも当てはまらない、（2）にも当てはまらない。その次に（3）似たようなほかの会社の株の価額を参考にしてくださいというもの、それも難しいと思います。そうすると、やっぱり（4）（1）から（3）に該当しないもの　にならざるを得ないと思います。

そこで、次に4－1－6（9－1－14）を見ますと、ここには、「財産評価基本通達」というものを使って計算しているときは、一定の条件を満たせば、その数字を使ってよい、と

いうことが書いてあります。「財産評価基本通達」とは、相続税法に関する「通達」です。つまり、法人税額を算定する上で計算する必要がある株の時価は、相続税法に関係する通達を参照することが想定されているということです。

今日は土地や株を売ったときの税金がテーマです。相続税は皆さんが親族、例えばお父様とかお母様、場合によってはご兄弟、ご親族から、その方が亡くなったときにもらうものに対して税金がどれくらいかかりますよというテーマの税金です。しかし今回はそのような場合を想定したお話ではありません。今日はそうではなくて、あくまでも株を売ったときの話です。

つまり、ある種類の税金を考えるとき、他の税金についても考えなければならない場合、あるいは知っていなければならない場合があるということです。今日は法人税についてだけ触れましたが、本来は所得税も並行して考えるところでもあります。

税理士試験は税法ごとに試験があるので、その受験科目についての勉強をします。実際にはこの場合はどうしたらいいのだろうかと悩むことが、試験問題には前提として書かれているので、問題を解くときには悩まなくて済むということです。実際には、別の税金のことも考える、そういう頭の使い方をしなければいけないときがあるのだな、ということがお話ししたかったところです。ここまでのお話の流れを図示しているページが先程の参考文献にありますので、次頁に引用させていただきます。

株の話はここで終わりです。

法人税法基本通達による「時価」をまとめると、このようになる。

法人税法基本通達4-1-5（9-1-13）（原則的な取扱い）

（一）6か月以内の売買事例による価額

ほとんどない。あっても純然たる第三者との取引でないので適正と言い難い。

（二）公開途上なら公募等の価格を参酌した価額

レアケースで、事実上該当しない。

（三）類似法人の価額

事実上、類似法人のデータはほとんど得られないが、万が一、あったら

（四）純資産価額を参酌して通常取引されると認められる価額

結果的に、次の4-1-6(9-1-14)に託される。

法人税法基本通達4-1-6（9-1-14）（具体的な取扱い）

次の、4つの条件をクリアするなら、財産評価基本通達の「取引相場のない株式の評価」の方法によっても認める。

第一条件
課税上弊害がない限り・・

第二条件
その法人が、その保有する非公開株式の、「中心的な同族株主」である場合には、その非公開株式の時価は、常に、「小会社」として評価する。

第三条件
土地や上場有価証券を有する非公開株式の株式は、その土地や上場有価証券については、譲渡時点の時価で評価しなおす。

第四条件
純資産価額方式で算定する際の評価益に対する法人税額は控除しないで評価する。

牧口晴一・齋藤孝一『非公開株式譲渡の法務・税務（第7版）』（中央経済社・2021年）202頁—203頁から一部修正（通達番号4-1-5を原則的な取扱いに、4-1-6を具体的な取扱いにそれぞれ追加）の上、引用。

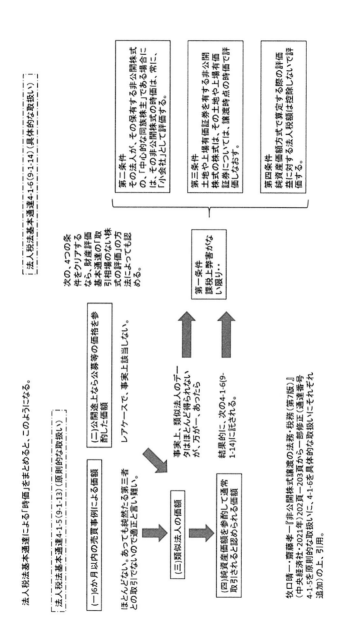

2　土地の話

(1) 土地の値段を考えるときに・・

次は土地の話にいきます。

授業中にスマホを使うことについて、先程小池先生に許可をいただきました。皆さんそれぞれご自身のスマホで検索して欲しいことがあります。株の話は基本的に頭の中での話だったのですが、ここから先は実際に手を動かして見てもらいたいというところです。

株は、市場に出ているものであればいくらなのかはわかりやすいのですが、そうではない株については、いわゆる適正な時価はわかりにくいものです。この株の価値は100でしょう、という計算上求められたものが一応あって、それよりも安い、または高い価格で売買すると、100で取引したときに比べて支払う税金が高くなるかもしれない、ということについて前半にお話ししました。土地も、やはりその「適正な時価」はわかりにくいものです。この土地はいくらですかって言われても、簡単に算定できるところもあるかもしれませんが、そうではないところもあるでしょう。結局、この土地はいくらなのかということがわかりにくい。

次の頁の左から、「地価公示価格」「基準地価」「相続税路線価」「固定資産税評価額」と4種類が書いてあります。

価格の比較

種類	地価公示価格	基準地価	相続税路線価	固定資産税評価額
根拠法令等	地価公示法	国土利用計画法施行令	相続税法	地方税法
目的等	①一般土地取引の指標 ②不動産鑑定士による鑑定評価の基準 ③公共用地取得の基準	①国土利用計画法による土地取得価格算定の基準 ②国土利用計画法による土地取得価格算定の規準	①相続税の課税 ②贈与税の課税	固定資産税の課税
価格時点	1月1日（毎年）	7月1日（毎年）	1月1日（毎年）	1月1日（3年毎評価替え）
法等の求める価格	「正常な価格」	「正常な価格」（地価公示に同じ）	「取材時における時価」	「適正な時価」
時価との割合	100	100	80（地価公示価格の8割）	70（地価公示価格の7割）
算定方法	不動産鑑定士による鑑定評価（不動産鑑定評価基準）	不動産鑑定士による鑑定評価（不動産鑑定評価基準）	財産評価基本通達	固定資産評価規準

出所：「公益社団法人日本不動産鑑定士協会編　『Ｑ＆Ａでわかる地価公示の見方・活かし方』（中央経済社・2019年）」20頁を引用

国土交通省が発表しているのが「地価公示価格」、都道府県が発表しているのが「基準地価」ですが、これらは補完関係にあるといえます。実際に鑑定評価するのは双方とも不動産鑑定士です。

「地価公示価格」は全国あわせて２万６千地点の１平方メートルあたりの土地の価格です。だから、ピンポイントで、この土地の公示価格はいくらかと言われても、なかなか当てはまりません。ちなみに宮城県は５７５地点ということです。

「基準地価」は、都道府県が選んだ基準地の１平方メートルあたりの土地価格です。全国で２万１、４４３地点、宮城県では４０５地点です。「地価公示価格」

よりも広い範囲で選定されているようですが、前に述べたように、この2つは補完関係にあると言えますので、地価を考える場合には一緒に考えることにします。

その隣は「相続税路線価」です。相続税や贈与税を計算するときに基準となる価格で、国税庁が毎年公表しています。これも1平方メートルあたりの価格です。「ここの道路沿いの土地はこれぐらいの評価額です。だから、この評価額を基に計算して相続税や贈与税を計算して払ってくださいね」ということです。尚、すべての土地について「路線価」なる価格が設定されているわけではありません。「倍率評価」など別の基準を使うこともありますが、ここでは割愛します。

この表の最後、一番右側は「固定資産税評価額」です。「固定資産税評価額」は固定資産税や都市計画税を計算する際の基準となる価格です。土地、建物、償却資産（土地及び建物以外の事業の用に供する資産）にかかる税金で、私にも毎年課税明細書が送られてきます。固定資産税評価額は、各市町村長が公表します。それに従って、あなたの土地の「固定資産税評価額」は○○円ですので、この額を基準として固定資産税を計算しましたので、この金額を払ってください、というお知らせがきます。あなたが自分で計算してください、ではなくて、計算したらこの数字になりました、という連絡が来るわけです。原則として他の人の固定資産税評価額を見ることはできません。

この実質3種類の価格に、実際に売り買いする価格を入れると、土地の価格は全部で4種類あるということは覚えておいてもいいと思います。

（2）実際に調べてみよう（事例1）

今日は、皆さんに、スマホを使って土地の価格を調べてもらいたいと思っています。実際にその土地がいくらだというのは、Aという不動産屋さんで扱っているものであれば、その不動産屋さんに聞けば、大体教えてくれるかもしれません。ただ、買う気もないのに聞いたら聞かれる方も困りますよね・・。ということで、今日、あるチラシを持ってきました。普通はこういうチラシは自分が土地を買ったり売ったりすることがなければすぐに処分するかもしれませんが、そこを敢えて、今日は勉強の題材として見てみようと思います。それこそ税理士の試験の問題集に出てくるような感じの形の土地もあったので、参考になるかもしれないと思って持ってきました。

さて、これからスマホの操作をお願いします。某社（授業では具体的に指示しましたが、ここでは某社とします）のホームページを見てください。不動産屋さんは他にも沢山ありますが、今回はこの不動産屋さんで検索したいと思います。某社名で検索してもらってサイトのトップページが出たら、エリアを宮城県名取市で検索してください。すると、チラシ物件の土地の図が出ました。チラシには土地しか載っていませんが、実際には家もあるようです。土地が売れることだけが希望なのかどうかは不明ですが、建物に関しては特に触れていないようです。このページには、この土地について、さらに詳しい事項が掲載されていますが、ここでは価格と面積をメモしてください。1，500万円というところと、土地面積が180平方メートルというところの2つ。そうしたら、グーグルマップでこの土地の所在地

≪名取市内某所≫

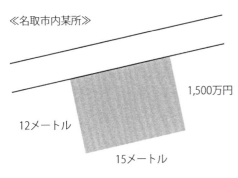

※左図には，必要最低限の情報のみ載せてあります。

を探してみましょう。

いつもポストに入っている情報ですが、見方によっては勉強にも使えそうですね。実際に地図を見ると、ほぼ特定できそうです。よく見ると、私が以前何度か通ったことのある道から1本入ったところの道だということがわかりました。こういう状態で売りに出ている土地があったということは、この地図を見て初めて知りました。

ここから何をしたいかというと、ここの売却希望価格は1、500万円で面積が180平方メートルでしたね。これ、1平方メートルあたりの価格はいくらになりますか。1、500万円÷180平方メートルで8万3、333円。つまり1平方メートルあたり8万3、333円です。これもメモしておいてください。今、ある土地の値段の具体例を、チラシやホームページを使って、自分一人で勝手に調べてみました。

さきほど、土地の値段が4つあるとお話ししました。今割り出したのは、実際に不動産会社さんが設定している売価です（あくまでもチラシにて公表している価格です）。地価公示価格と基準地価については後述します。他に固定資産税価格がありますが、基本的には納税者しか知ることはできません。しかしもう1つの価格である相続税評価額というのは知ることができます。

今のホームページは開いたまま、もう1つ、相続税路線価というのを検索してください。これは国税庁で作っていますから、ホームページでいつでも誰でもどこでも見られます。土地を相続するときや贈与を受けることがあれば、相続税額あるいは贈与税額を計算する基準となる価格です。自分で土地を買ったり売ったりする場合においても、あくまでも目安ではありますが、参考までに調べておいてもいいと思います。

「国税庁　路線価」で検索して、「財産評価基準書」のホームページを開くと、日本地図が出ると思います。次に宮城県をクリックしてください。宮城県が出ましたら、「路線価図」というのをクリックしてください。これで宮城県名取市をクリックしてもらうと、名取市の路線価図の地図番号一覧が表示されます。その中に宮城県名取市某町○丁目というのがありますが、そのうちの○○○○（地図番号）をクリックしてください。○○○○（地図番号）の中に、このチラシ物件の土地の所在地がありました。

次に、道路に書いてある数字が見えますか。「33」と書いてあります。この数字が、相続税を計算するときに使う、この道路沿いにある土地の1平方メートル当たりの価格です。単位が千円ですので、これに1，000をかけると、1平方メートルあたり3万3，000円となります。

いかがでしょうか。不動産会社さんのチラシでは、販売価格が1平方メートルあたり8万3、333円でした。一方、相続税評価額は同じ1平方メートルあたり3万3、000円です。

さきほど、土地の「価格の比較」表のところで、「地価公示価格」と「基準地価」は補完関係であり、土地価格の1つの目安だと言いました。要するに、この2つは、名前は違いますが、ここでは同じものだと思ってください。「時価との割合」という欄がありますが、そこを見ると、この2つは両方とも100になっています。その隣の相続税評価額は80となっていて、その下にカッコ書きで地価公示価格の8割と書いてあります。土地関係の本を見ると、こう書いていることが多いと思います。要するに価格の違いの目安としてはこのぐらいではないですかということです。ついでにその隣の固定資産税評価額は、地価公示価格の70、つまり7割と書いてあります。ただし、実際に不動産屋さんがこの値段で買いませんか、売りますよ、と載せている価格である8万3、333円にあたる価格は、この中にはありません。

ところで、この8万3、333円を高いと見るか安いと見るかは、その人次第としか言いようがありません。欲しいと思えば買うしかないわけです。ただ、そのときの1つの目安としてこういうのがあって、それを調べるのにはこういう方法もある、ということは覚えておいてほしいと思います。自分の中で、何かしらの基準というか、何かしらの目安がないと不安だと思いませんか。ちなみに相続税評価額は1平方メートルあたり3万3、000円ですので、3万3、000円を0・8で割ると4万1、250円になります。

公示価格や基準地価については、調べたい土地がこれらにピンポイントで該当する可能性は高くないでしょう。先程もお話ししましたように公示地価は全国で2万6、000カ所、基準地価は全国で約2万1、000カ所しかありませんので、ピンポイントで該当する所在地の公示価格あるいは基準地価はなかなか見つからないかもしれませんが、少しでも条件の近い場所ということであれば探せると思います。ということで地価公示価格と基準地価をホームページで探したところ、地価公示の中に、割と場所が近いところで約5万円という所在地がありました。実際には場所の近さだけでなくいろいろな条件がほかにもありますし、ここでは、これ以上条件の比較は行いませんので、1つの目安としてご紹介するに留めます。

まとめますと、相続税評価額は3万3、000円。地価公示価格を想定して0・8で割ると4万1、250円。国土交通省発表の地価公示価格で近隣物件を探すと5万円。一方、不動産会社さんの売却価格は8万3、333円となりました。

ただ、念のために繰り返しますが、8万3、333円を高いと見るか安いと見るかはその人次第です。あくまでも1つの目安としてはこういうのがありますよ、ということです。それでもこの土地をどうしても欲しいとなったら取得することになるでしょう。この土地には家屋も建っていたので、処分するならその費用もかかるでしょう。その辺も考えながら見る必要があると思っています。

1つここで例が出ましたので、もう1つ見てみましょう。

出所：国土交通省HP

(3) 実際に調べてみよう（事例2）

今の事例は名取市内の某所でした。もう1つ、仙台市若林区連坊を見てみましょう。ここ（東北学院大学土樋キャンパス）から近い場所です。地下鉄東西線の連坊駅ができて、アパートも増えています。

こちらは別の探し方をします。検索サイトで「土地総合情報システム」を探してください。

これは国土交通省のサイトです。上図の右側に「地価公示・都道府県地価調査」があります。公示地価と基準地価はここからでも調べられますね。左側の上の「不動産取引価格情報検索」には、実際の土地がどれくらいで売れたかという、いくつかの売買実例が載っています。貴重な事例だと思いますので、これを見たいと思います。

では、早速進みます。まず左側の「不動

出所：国土交通省HP

産取引価格情報検索」をクリックしてください。すると、日本地図が表示されるページに移動します。

次に、左下の「3　地域を選ぶ」のところで、「宮城県」「仙台市若林区」「連坊」を入力して、「上記の地図を表示する」をクリックしてください。上図の右側の地図に連坊の地図が表示されましたでしょうか。

表示されたら、「この条件で検索」をクリックしてください。

続きまして、詳細表示の欄の「1」をクリックしてください。見やすい形で詳細がでました。ここは1坪当たり84万円で取引されたことがわかります。ただし、取引された場所をピンポイントで特定されないように配慮がされています。84万円を確認したら、この表の下部の、「周辺の地価公示」をクリックしてください（「周辺の地価調査」は該当なしとなりました）。

取引された土地の周辺の地価公示一覧が出てきま

不動産取引価格情報　土地

Webの見方

所在地		宮城県仙台市若林区連坊
地域		住宅地
最寄駅	名称	連坊
	距離	6分
土地	取引総額	3,600万円
	坪単価	84万円
	面積	140m²
	m²単価	25万円
	間口	8.0m
	形状	長方形
今後の利用目的		住宅
前面道路	幅員	4.0m
	種類	市道
	方位	南西
都市計画		第２種住居地域
建ぺい率		60%
容積率		200%
取引時期		2021年第２四半期
取引の事情等		
周辺の地価公示		表示
周辺の地価調査		表示

×閉じる

出所：国土交通省HP

した。２つあるうちのどちらが距離や条件がより近いのかはわかりませんが、No.1が1平方メートルあたり22万3、000円、No.２が同じく26万2、000円ですので、1坪当たりはそれぞれ73万5、900円、86万4、600円です。

今日の最後に、このNo.１とNo.２の２カ所の路線価を見てみましょう。

ここの画面の「標準地番号」をクリックしてください。まずNo.1から。所在及び地番、または住居表示を確認してください。そして、そこの住居表示をメモし

国土交通省地価公示一覧

調査年	2021年
地域	宮城県仙台市若林区連坊

データ件数：2 件中 1 件目 ～ 2 件目を表示中(1/1 ページ目)

No	標準地番号	所在及び番地	価格(円/m²)	地積(m²)	用途区分、高度地区、防火・準防火	建ぺい率(%),容積率(%)
1	仙台若林-1	宮城県仙台市若林区連坊２丁目７番４	223,000(円/m²)	150(m²)	第二種住居地域、 準防火地域	60(%) 200(%)
2	仙台若林5-7	宮城県仙台市若林区連坊小路６１番５外	262,000(円/m²)	237(m²)	近隣商業地域、 準防火地域	80(%) 300(%)

指定容積率を上回る容積率を使用することを前提に価格を決定した地点は、指定容積率の次に★を表示。

×閉じる

出所：国土交通省HP

て、さきほどの路線価のホームページで路線価図を見てみます。すると、ちょうど地図の境目で少々見にくいですが、どうやら路線価は18万円のようです。No.２は、住居表示はありませんが、「連坊小路61」でおおよそ見当がつきますので、その見当に従って路線価図にあたると、ここは21万円のようです。

公示地価１平方メートル当たり22万３、０００円の土地は、相続税評価額は18万円。22万３、０００円×０・８は17万８、４００円ですので、ほぼ８割になっています。また、同じく公示地価26万２、０００円の土地は相続税評価額21万円。26万２、０００円×０・８は20万９、６００円ですので、こちらもほぼ８割になっていることが確認されたと思います。周辺地域の売買実例が１坪84万円でしたので、１平方メートルあたりだと84万円÷３・３で25万４、５４５円です。公示価格22万３、０００円、あるいは26万２、０００円に近いと言ってもいいのではないでしょうか。

実際に売っている場所をピンポイントで特定はできま

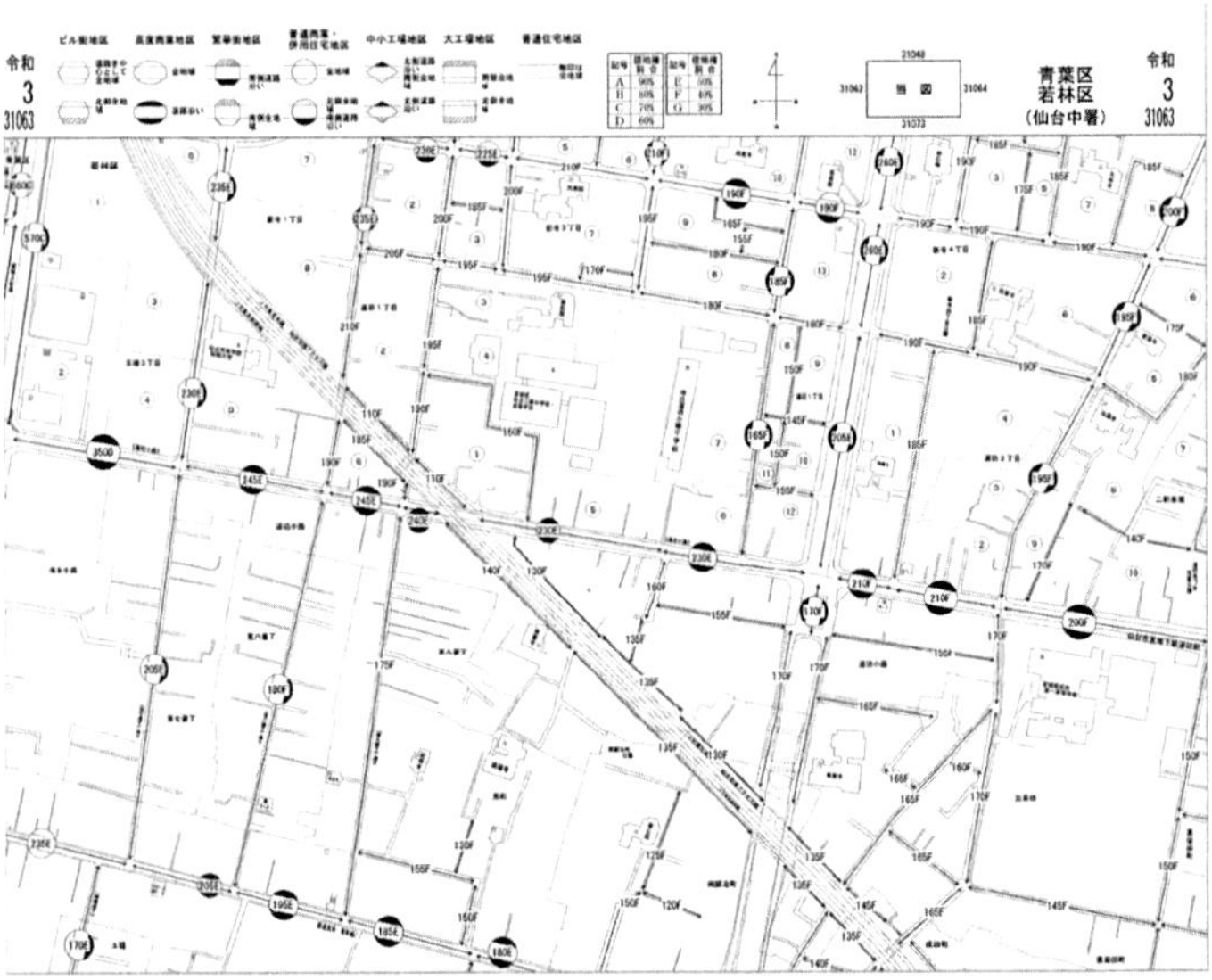

出所：国土交通省HP

せんが、売買実例価格と地価公示価格あるいは基準地価、相続税評価額の価格の関係性は、ここではほぼ当てはまったことがお分かりいただけたのではないかと思います。念のため、次の頁に一覧表を出しておきます。

さいごに

(1) 少し振り返って

株については、一つ一つの言葉を覚えてほしいというのはありません。ただ、場合によってはいろんな法律にまたがって考えなくてはいけないところもあるので、これから何か仕事や勉強するときのためにも、税金関係でこういう話があったなと、頭の片隅に置いておいていただけると嬉しく思います。

種類	取引価格又は売却希望価格	地価公示価格	基準地価	相続税路線価	固定資産税評価額
根拠法令等		地価公示法	国土利用計画法施行令	相続税法	地方税法
時価との割合		100	100	80（地価公示価格の８割）	70（地価公示価格の７割）
名取市内某所	¥83,333	¥50,000 ※近隣以外の条件は検討していません。	—	¥33,000	データなし
仙台市若林区連坊	¥254,545	¥223,000	該当なし	¥180,000	データなし
		¥262,000	該当なし	¥210,000	データなし

土地については、売買を行うとき、あるいは相続、贈与を行うときに、何かの指標が欲しいと思うかもしれません。今日は、その指標のうちの何個かを紹介させてもらいました。すぐに使う可能性は低いかもしれませんが、いつかどこかで役に立つかもしれません。価格がわからないと税金の計算のしようもありませんし、そもそも、売買をするときには、高いのか安いのか、それともまあまあ妥当な線なのかの見当をつけたほうがいいと思います。

(2) 自己紹介の代わりに

そういえばまったく自己紹介をしておりませんでした。と言ってもお話しできることもないので、「税理士の資格を取るまで」についての経験談をお伝えして終わりたいと思います。

今回の日本税理士会連合会寄附講座は、東北学院大学小池和彰教授のご協力により実現しているわけですが、小池先生は大学院での恩師です。業種の違う社会人生活を十数年経験してから大学院入試を受けて合格させていただき、そこで修士論文作成をご指導いただきました。出来の悪い院生でしたが、最後まで面倒を見ていただき、何とか論文を提出させていただくことができました。

また、論文作成の指導をいただいていた一方で、同時に税理士試験も受けました。論文作成と税理士試験は目的に達するためのアプローチは多少異なりましたが、両方を経験できたことは本当に良かったと感じております。これから税理士になりたいと考えていらっしゃる方には、大学院に進まれることも、良き選択肢の1つであると大いにお勧めしておきたいと思います。

では、そろそろ時間となりました。これで今日のお話を終わります。拙い内容でしたが、最後までお聞きくださいましてありがとうございました。

【注】

（1）本稿では、市場性のある株のことを、証券会社で買える株という表現としました。厳密さよりもわかりやすさを優先したことをお断りします。

（2）従来は法人税基本通達9－1－13、9－1－14が該当するところであったが、その後、通達2－3－4により、4－1－5、4－1－6が該当するところと変更されました。参考までに、9－1－13、9－1－14も本文中に併記しています。

第7章　起業と税金

大谷津　敏

はじめに

税理士の大谷津と申します。事業を始める際に何が必要で、どのような税金があるのか。事業をするには、経営が上手くいかなければいけません。継続するためには経営が上手くいかないと必ず事業も上手くいきません。そのような方向性で皆さんと一緒に考えたいと思います。

何の業種がいいか考えましたが、ラーメン屋さんで考えていきたいと思います。そのため、よくラーメンが出てきます。最終的にラーメン屋さんの事業計画を皆様と一緒に考えていきたいと考えております。

最初に、自己紹介させて頂きます。１９９０年、東北学院大学経済学部商学科を卒業しております。皆さんよりも30年位前に卒業しております。当時はこの教室は無かったですし、随分変わったなと拝見させて頂きました。１９９０年に㈱日本交通公社、現在の㈱ＪＴＢに入社しました。それから４年間修学旅行関係の仕事をした後に、仙台市内の税理士事務所に勤めました。２０１３年開業、２０１７年に税理士法人としてスタートしております。

職業選択の中でいろいろ考えると、まず自分は物を作ることが苦手であることから、自分には何が出来るかと考えました。サービス業は、その役務提供を自分の力で作ることが出来ます。また、自分の好きなものを作ることが出来ると思い、旅行会社を選択しました。

その後、ご縁があって税理士事務所に勤務し、今の事務所を開業いたしました。自分でものを作って、それを提供したいという気持ちが強かったからです。そうすると、自分の作ったものであれば、ある程度好きなものが作れる。ただ、自分は物が作れないので、サービスなら提供出来ると思いました。今でもサービス業を営んでおります。

旅行会社時代に経験したことですが、同じ食事をお客様10人に提供します。そうすると、感想が皆さん全部違います。すごく良かった人もいれば、８割良かった人もいれば、嫌だった人もいます。個人個人の価値観がありますので、どのような価値をつけてお客様に喜んでもらえるかとアンテナを張って学習していくというところが、旅行会社で仕事をした際の醍醐味だったかなと思います。それは今でも同じです。社長さんは大勢いらっしゃいますが、社長さんが１００人いたら、１００人考え方が違います。どういう考え方をしているか、何をしたいのかということをリサーチして、その社長に合った役務提供が出来ればと思い仕事をしております。

税理士を目指した理由は申し上げた通りですが、皆さん位の年齢のとき、沢山やりたいことがありました。ただ、やりたいことで出来ることがあれば、それは仕事に繋げられると思いました。やりたいことの中で出来ることがあれば、その範囲で仕事を探して、仕事をすると自分で決めました。では何が出来るかを考えたら、先ほどの役務提供、サービス、自分で商品を作ってお客様に提供するということをやっていきたいなと思い､税理士を選びました。

税理士の良いところは、クライアントとベクトルが一緒です。同じ方向を向いて仕事が出来るというところです。クライアントは、業績がすごく良くなって欲しいと思っています。我々もなって欲しいです。業績が良くなれば、クライアントの方も、我々も喜びます。ベクトルが一緒で、この仕事にやりがいを感じております。そのような思いで仕事をしております。

1 事業計画

では、事業計画について説明して参ります。ここで事業を始めるということで考えて頂くと、最初は夢と希望を持って始めます。例えば、古民家カフェを始めたい等の話をよく聞きます。事業を始める方は、夢を持っています。では、その夢を実現するために我々は何が出来るのか。例えば、おいしいコーヒーやケーキを作ることは出来ません。出来ることは、財務面、金銭的な面でサポートをすることです。その夢を叶えるため、どう考えていくかという方向で、お考え頂ければと思います。

事業を始めるに当たって、会社と個人事業があります。これを簡単に図にしてみました。

会社と個人事業

＊ 起業する

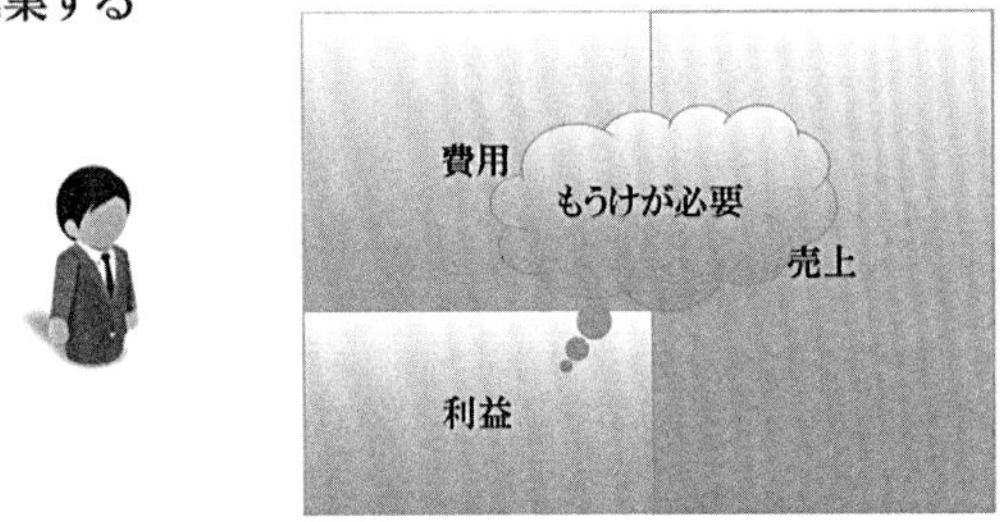

まず両方とも共通ですが、事業をするには当たり前ですが売上が必要です。売上が無いとボランティアになります。ある程度資金に余裕のある方であればよろしいのですが、事業を始めるには絶対に売上が必要です。

それから、当たり前ですが、費用がかかります。そう考えると利益が必要になります。簿記を学習すると「儲け」を計算します。事業をするには必ず「儲け」が必要です。その「儲け」をどうやって得るかということを考えていきたいと思います。

ラーメン屋さんを開業するとします。事業の形態が2つあり、個人事業と会社です。協同組合とかその他いろいろがありますが、大きく分けて個人事業と会社という考え方が出来ると思います。

違いを簡単に説明していきます。ラーメン屋さんを始めます。渾身の1杯のラーメンをお客

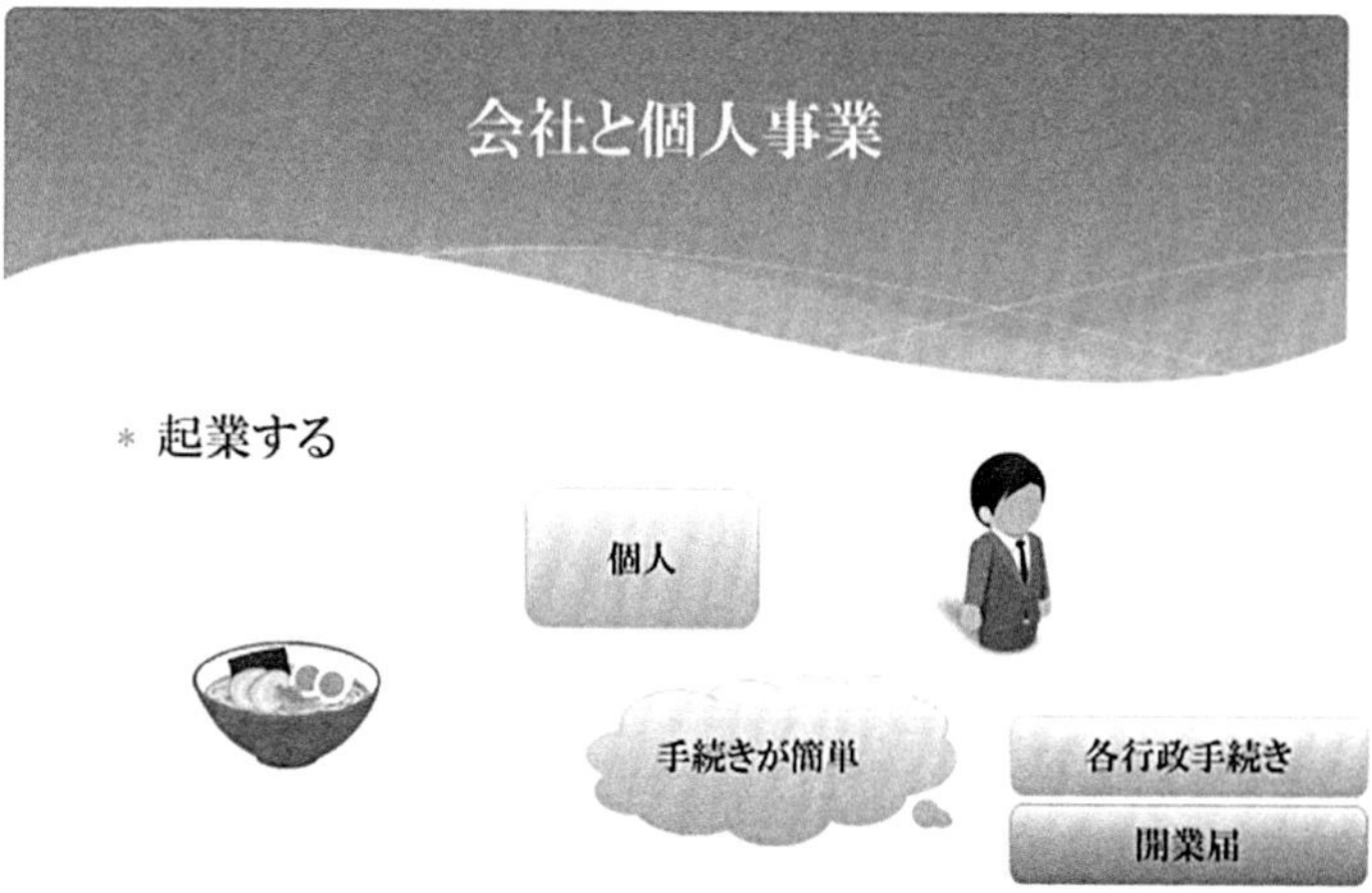

様に提供します。そのために個人で事業を始めました。まず各行政手続が必要です。例えば保健所等の許可手続等が必要です。業種によっては資格が必要であったり、あと何らかの会の認可が必要であったりします。業種によっても違いますが、各種行政手続は業種によって変わります。次に、税務署に開業届を出します。個人で事業を始めることは、会社と比べてとても簡単です。

　では、会社ではどうでしょう。簿記で学習した会社の設立の仕訳等が出てきます。最初に定款を作る必要があります。司法書士さんにお願いすれば全部作って頂けます。定款は会社のルールです。あとは簿記で学習したとは思いますが、資本金の払込みが必要です。最近ですと、通帳に残高があれば設立が出来るようですが、昔は別段預金へ資本金の払込みをしないと会社が設立できませんでした。あとは設立登記

会社と個人事業

＊ 起業する

です。会社を設立するには、法務局で登記する必要があります。その他、行政手続が必要です。先程のお話と同じですが、ラーメン屋さんであれば保健所等の許可等が必要ですし、様々な行政手続が必要です。その他、税務署と自治体に開業しましたという届出を提出する必要があります。登録免許税等、多額の費用が発生しますので、会社を設立するには、手続が非常に多くなります。結構大変ですが定款作成や資本金の払込み、設立登記、各種行政手続、開業届は全部自分で出来ます。

ただ、登録免許税や会社の実印を製作等、どうしてもかかる費用があります。私も会社を設立しましたが、全部自分で手続きしました。何度も法務局へ行き来し、何度も書類を修正して会社を設立しました。一応私でも出来るので、もし機会があればご自身で設立されたら勉強になると思います。

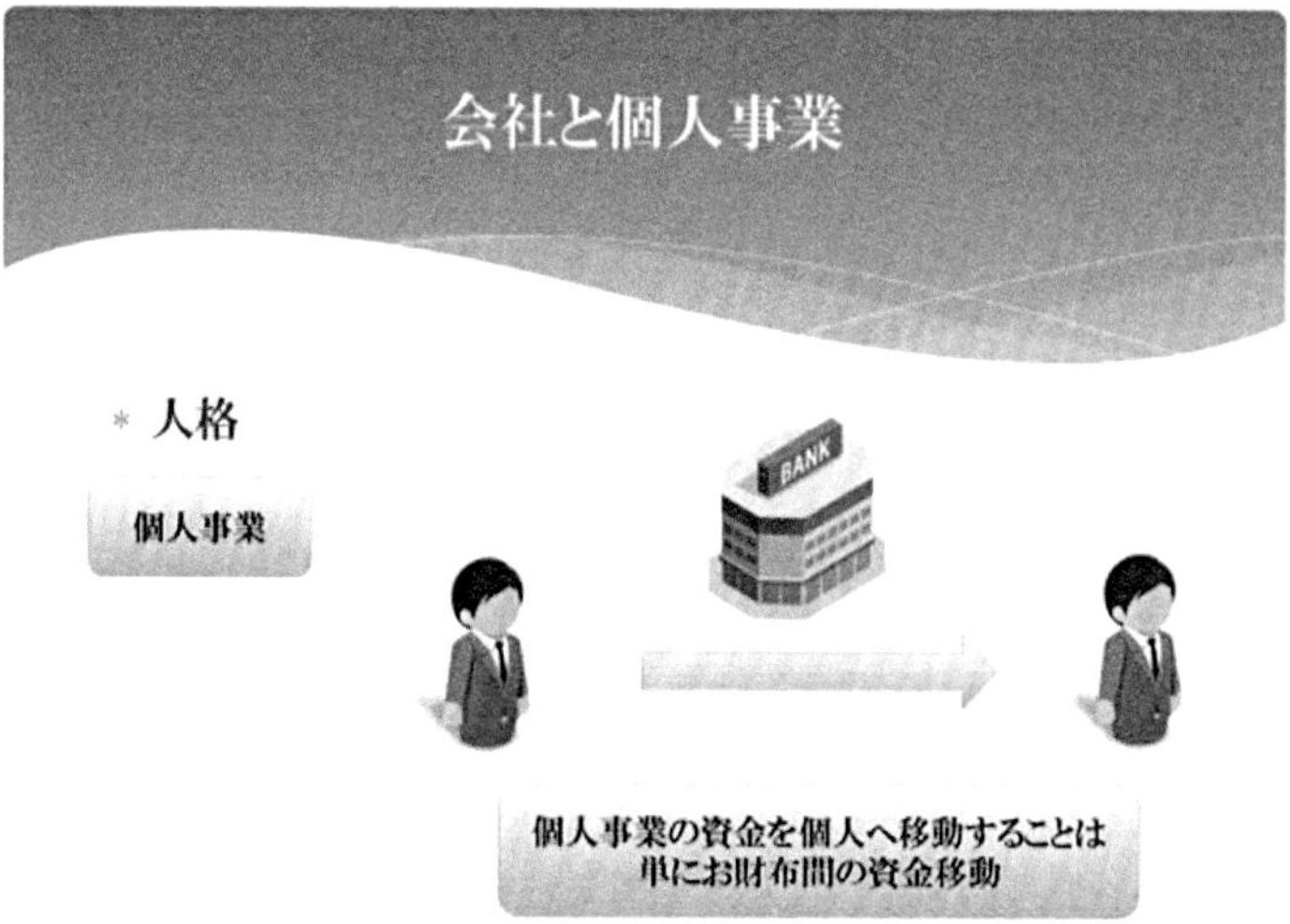

あと個人事業との違いですが、事業年度を決める必要があります。ご存じかと思いますけれども、個人事業は全て暦年です。1月から12月までの数字をまとめて儲けを計算します。税務上必ずやらなければいけないことですので、暦年に合わせて儲けを算出すればよいかと思います。確定申告は必ず1月から12月までの儲けを計算して、翌年3月15日までに税務署へ申告しなければなりません。これは税務上必須の話ですので、僕は4月から3月までを集計したいと儲けを計算するのは自由です。ただし、確定申告は必ずしなければなりませんので、1月から12月を1つの区切りとして自分の儲けを算出するというのも1つだと思います。個人は必ず12月末が事業の最終日ということで計算をします。その数字から税金を計算して確定申告をすることになります。

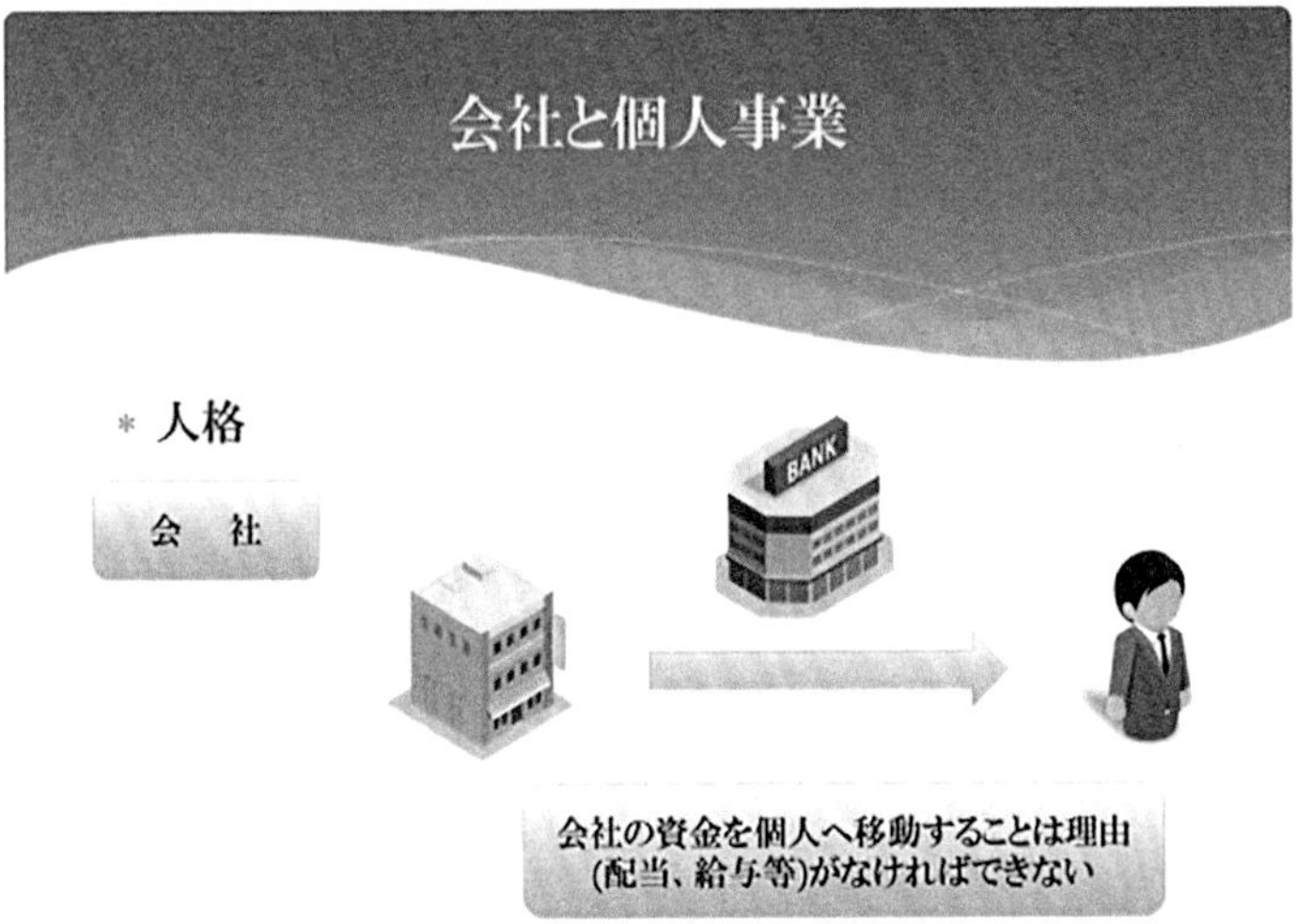
会社と個人事業
＊ 人格
会　社
BANK
会社の資金を個人へ移動することは理由
(配当、給与等)がなければできない

次は会社です。会社法を授業で学習されましたでしょうか。会社の事業年度はいつからいつまででしょう。あまり良い質問ではありませんが、いつでも大丈夫です。例えば3月15日が事業年度終了の日でも結構です。ただ1つ、1年を超えてはいけないという決まりがありますが、1年を超えなければ自由に設定できます。ですから、6月決算で、1月から6月の6カ月で計算することも可能です。やはり4月開始の3月末事業年度終了と決めている会社が多いと思います。なぜ事業年度を自由に設定出来るかというと、定款へ会計年度を記載します。自分の会社はいつからいつまでが事業年度ですと記載します。ですから、会社は3月決算というイメージがあるかと思いますが、私の事務所の顧問先は毎月決算があります。1月、2月、3月、4月、5月、6月、7月、8月、様々な理由があり、毎月

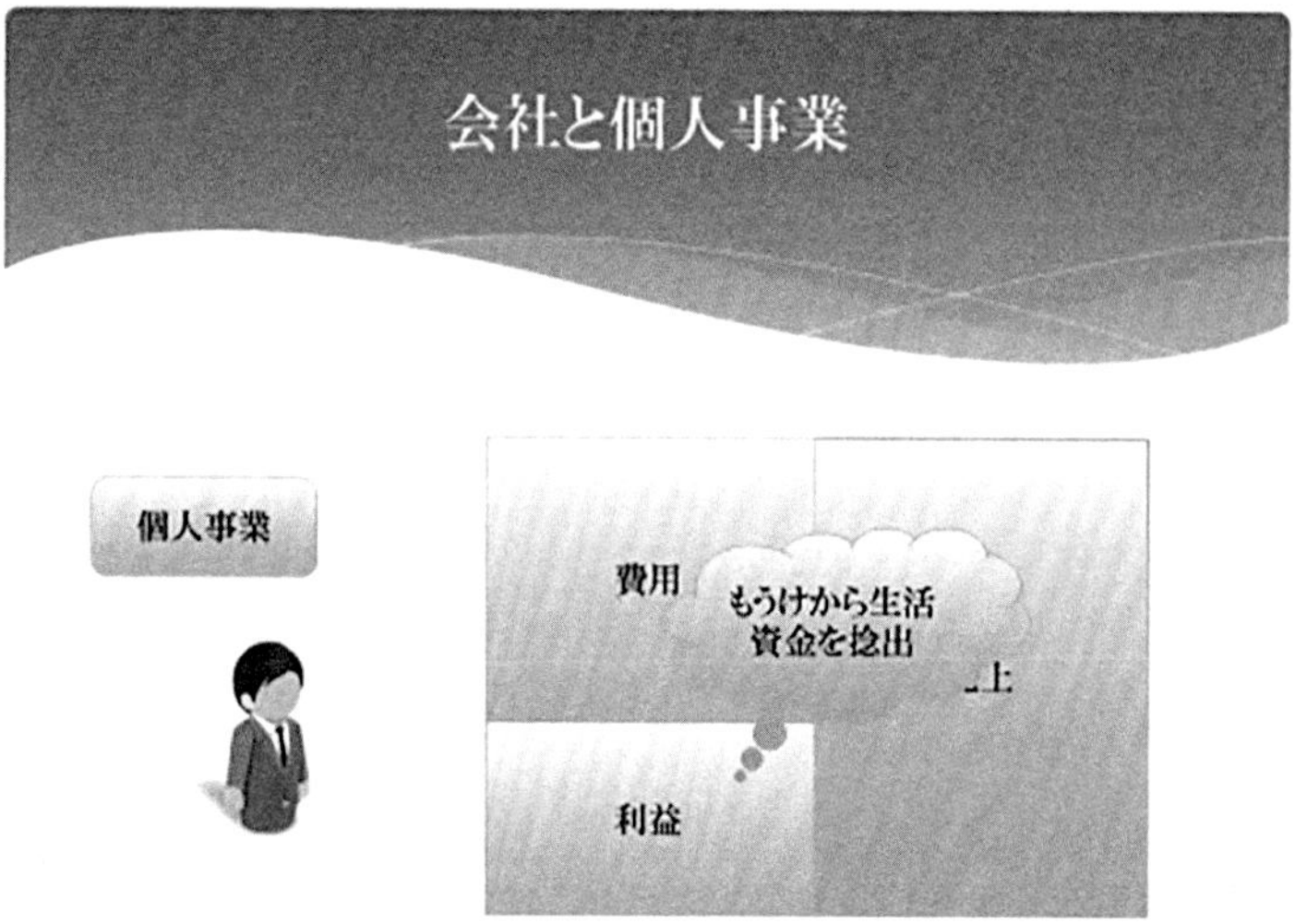

どこかの会社の決算があります。3月にこだわらず、様々な事業年度で設定できます。

次に個人事業と会社の資金について、比較をします。個人事業を始めます。当たり前ですが、自分が事業をするので事業を行うのは自分自身です。しかし、会社を設立した場合、代表や株主、オーナー、役員等の関係がありますが、会社自体は別人格です。

例えば、個人事業の場合、事業用の通帳とプライベートで使っている通帳があると想定します。お店の売上は全部事業用の通帳へ入金していました。売上代金をプライベートの通帳に資金移動しました。個人事業の資金をプライベート用の通帳へ移動することは、単にお財布の移動です。要はどちらもその個人の所有なので、資金移動してもAという財布からBの財布に移すだけですので、まったく問題ありません。

ただ、会社ですと、少々状況が変わります。会社に入金された売上げのお金を代表取締役の口座に移動しました。会社の資金を個人へ移動することは、理由がなければ出来ません。要は他人のお金なので、代表者であってもオーナーであっても勝手にお金を個人通帳へ移動することは出来ません。給与や配当など、正当な理由がなければ資金を移動することは出来ません。会社はまったく他人と考える。ここが会社と個人事業の決定的な違いです。

その他、会社と個人事業との違いですが、利益面でも変わります。後でラーメン屋さんの事業計画を皆さんで考えますので、その際にお考え頂ければと思います。個人事業では、売上から、費用を差引くと利益が発生します。この利益から生活費を捻出しますので、利益が確保出来ないと、その事業は難しいと思い

事業に係る税金

＊ 事業に関係する税金

所得税	個人事業主のもうけ
法人税	会社の利益
住民税	個人事業と会社の利益
事業税	個人事業と会社の利益

事業年度終了後2月以内

ます。利益から生活費を捻出するのが個人です。

会社は少々生活費の構成が変わります。売上から費用を差引き利益が生じる。これはまったく個人事業と一緒です。ただ、会社は別人格ですので、会社から勝手に生活資金を移動することは出来ません。生活費は、会社から給料を貰って捻出します。そうすると、簿記で学習したと思いますが、給与は費用です。損益計算書の勘定科目で費用科目に該当します。費用が増加しますので、その分利益が圧縮されますが、給与を捻出出来なければ生活が出来ませんので、給与の確保は必須です。

2　事業に係る税金

続いて、事業に係る税金を考えたいと思い

償却資産税	所有している事業用資産
事業所税	建物の面積が一定以上の場合
登録免許税	会社が新規で登記、登記内容を変更

ます。利益にかかる税金をいくつかご紹介いたします。まずは、先ほどの利益に対して税金がかかります。会社の利益にかかる税金は、法人税です。個人事業ですと所得税がかかりますが、法人税はかかりません。会社は一部を除いてほとんど所得税はかかりません。少額ですが、受取利息と受取配当金に源泉所得税がかかりますが、ほとんどの会社は法人税、個人事業は所得税と考えて良いと思います。

その他住民税があります。この住民税は、個人事業と会社の利益に課税されます。住民税は、利益に関係なくかかる税金もありますが、基本的に利益に対してかかると考えて頂いて良いと思います。

他に事業税があります。個人事業と会社の利益に対して事業税がかかります。所得税、法人税、住民税、事業税は申告納税方式です。申告して自分の税金が決まる方式です。事業

事業に係る税金

＊ 事業に関係する税金

消費税	顧客から預かった消費税
軽油税	顧客から預かった軽油税
源泉所得税	従業員の給与から控除
住民税	従業員の給与から控除

他の者からの預り

をすると、こんなに多くの種類の税金がかかります。所得税と住民税は、給与所得でもかかりますが、法人税や事業税は事業をしていないとかからない税金です。

　事業をしているからかかる税金で、利益には関係ない税金があります。１つが、償却資産税です。自動車税と固定資産税がかからない事業用資産に対して税金がかかります。所有している事業用資産の帳簿価額に対して１・４％の税金がかかります。

　２つ目に、事業所税という税金があります。一定の床面積を使用して事業をしている事業者に対して、事業所税がかかってきます。

　３つ目に、登録免許税があります。個人で家を建てたり、贈与があったりすると、登記を変えるための登録免許税がかかります。また、会社を設立登記したり、登記の内容を変更したり等、登録免許税がかかります。

以上が、普段接する機会の少ない税金ですが、事業を営んでいるからこそかかる税金です。

あと次からは、非常に大切な税金が出てきます。他の人から預かって納める税金がありま す。預かるって理解しづらいですが、有名な税金は消費税です。消費税を負担する人という のは最終消費者です。先程コンビニで、お茶を買い１２０円支払いました。１２０円の中に は、消費税８％が含まれています。消費税を負担するのは最終消費者の私です。ただ、私は 税務署にお茶の消費税を納めたことはないです。でも消費税は負担しています。では、誰が 納めているかというと、事業者が消費者の代わりに納めます。ですから、先程コンビニで私 が払った８％の消費税は、そのコンビニを経営している方が税務署へ納付しています。これ は、間接税という種類の税金です。

最後に触れますが、間もなくインボイス制度が開始しますので、消費税は避けられないと 思います。あと、軽油税も同じです。ガソリンスタンドを始める方がいらっしゃれば、軽油 税も同様に税務署へ納める必要があります。

その他、源泉所得税があります。皆さんは、アルバイトをしたことがありますか。そうす ると、一定金額以上になると、所得税が給与から差引かれます。源泉所得税は、事業者の税 金ではなく、従業員が負担する所得税です。それを会社で預かり、従業員の代わりに会社が 税務署に納めます。同じく、個人住民税も会社がその従業員の方の住民税を預かって、それ を各市町村に納めます。

これらの税金は重要だという話をいたしましたが、これらの税金は預かり金です。ですか

事業に係る税金

所得税

役員報酬

所得税の速算表

会　社

課税される所得金額	税率	控除額
195万円以下	5%	0円
195万円を超え　330万円以下	10%	97,500円
330万円を超え　695万円以下	20%	427,500円
695万円を超え　900万円以下	23%	636,000円
900万円を超え　1,800万円以下	33%	1,536,000円
1,800万円超	40%	2,796,000円

ら、皆さんから預かったお金なので、万が一納付が漏れたり滞納すると、厳しい処分があります。他の人から預かっている税金なので、非常に重要な税金です。

事業を始めると沢山の税金との関わりが出てきます。事業をやっている間は、これらの税金とずっと付き合っていかなければなりません。

先程所得税と法人税というお話をしました。個人事業では、儲けから生活費を捻出すると先ほどお話しいたしました。ですから、利益は絶対に必要です。しかし、この利益から所得税が引かれます。住民税も引かれますが、そうすると、利益から所得税を引いた金額が使えるお金になります。本当は、社会保険料等もありますが、煩雑になりますので所得税だけで考えます。

では、これと同じように会社の場合だったらどうでしょうか。役員報酬から生活費を捻出します。役員報酬は損益計算書の借方科目に該当

事業に係る税金

法人税

No.5759　法人税の税率

[令和4年4月1日現在法令等]

法人税の税率は，次表の法人の区分に応じ，それぞれ次表のとおりとされています。

<table>
<tr><th colspan="4" rowspan="2">区分</th><th colspan="3">適用関係（開始事業年度）</th></tr>
<tr><th>平28.4.1以後</th><th>平30.4.1以後</th><th>平31.4.1以後</th></tr>
<tr><td rowspan="4">普通法人</td><td rowspan="3">資本金１億円以下の法人など（注１）</td><td rowspan="2">年800万円以下の部分</td><td>下記以外の法人</td><td rowspan="2">15%</td><td rowspan="2">15%</td><td>15%</td></tr>
<tr><td>適用除外事業者（注2）</td><td>19%（注3）</td></tr>
<tr><td colspan="2">年800万円超の部分</td><td>23.40%</td><td>23.20%</td><td>23.20%</td></tr>
<tr><td colspan="3">上記以外の普通法人</td><td>23.40%</td><td>23.20%</td><td>23.20%</td></tr>
</table>

会　社

しますので費用科目です。費用が増加すると利益が圧縮されます。その後に法人税がかかります。ところが、役員報酬にも所得税がかかります。利益が圧縮されて法人税は少なくなりますが、役員報酬に対しては所得税がかかります。

　国税庁のホームページに掲載されている所得税の税率表です。１９５万円以下、これは概算控除後の金額ですが、今回それを考慮しないで進めて参ります。１９５万円だと５％ですが、10％、20％、23％、33％、40％とどんどん税率が上がっていきます。皆さん授業で学習済みかと思いますが、日本は超過累進税率を採用し、所得が増えると税率が増えていきます。

　次に法人税の税率です。法人税は、資本金で会社の大小を判断することが多いです。資本金1億円以下の場合には、８００万円までは15％。超えたら23・2％です。先程お話ししましたが、役員報酬に対して所得税がかかります。まず個

事業に係る税金

消費税

令和5年10月1日～

消費税の仕入税額控除の方式として 適格請求書等保存方式が導入されます

平成30年4月
国税庁
(令和2年6月改訂)

令和5年10月1日から、複数税率に対応した消費税の仕入税額控除の方式として適格請求書等保存方式（いわゆるインボイス制度）が導入されます。適格請求書等保存方式の下では、税務署長に申請して登録を受けた課税事業者である「適格請求書発行事業者」が交付する「適格請求書」（いわゆるインボイス）等の保存が仕入税額控除の要件となります。

令和元年10月1日から令和5年9月30日までの間の仕入税額控除の方式は、区分記載請求書等保存方式です。区分記載請求書等保存方式の内容については、パンフレット「よくわかる消費税軽減税率制度（令和元年7月）」をご参照ください。

1 適格請求書とは

適格請求書とは、「売手が、買手に対し正確な適用税率や消費税額等を伝えるための手段」であり、一定の事項が記載された請求書や納品書その他これらに類する書類をいいます。

※ 請求書や納品書、領収書、レシート等、その書類の名称は問いません。

2 適格請求書発行事業者登録制度

○ 適格請求書を交付できるのは、適格請求書発行事業者に限られます。

○ 適格請求書発行事業者となるためには、税務署長に「適格請求書発行事業者の登録申請書」（以下「登録申請書」といいます。）を提出し、登録を受ける必要があります。なお、課税事業者でなければ登録を受けることはできません。

※ 適格請求書発行事業者は、基準期間の課税売上高が1,000万円以下となった場合であっても免税事業者にはならず、消費税及び地方消費税の申告義務が生じますのでご注意ください。

3 適格請求書発行事業者の義務等（売手側の留意点）

適格請求書発行事業者には、適格請求書を交付することが困難な一定の場合（下記(2)参照）を除き、取引の相手方（課税事業者に限ります。）の求めに応じて、適格請求書を交付する義務及び交付した適格請求書の写しを保存する義務が課されます。

※ 不特定多数の者に対して販売等を行う小売業、飲食店業、タクシー業等については、記載事項を簡易なものとした「適格簡易請求書」を交付することができます。

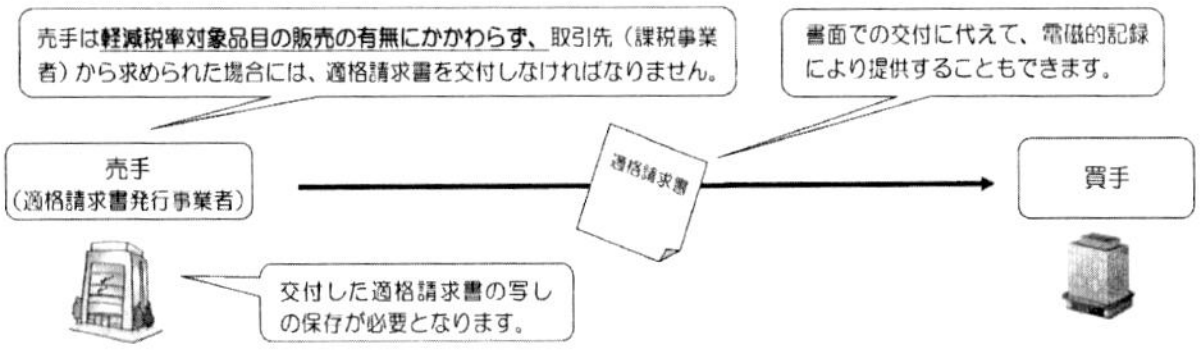

売手は軽減税率対象品目の販売の有無にかかわらず、取引先（課税事業者）から求められた場合には、適格請求書を交付しなければなりません。
書面での交付に代えて、電磁的記録により提供することもできます。
売手
（適格請求書発行事業者）
適格請求書
買手
交付した適格請求書の写しの保存が必要となります。

人でしたら所得税だけですが、会社だと法人税と所得税と2つの税金が生じます。

次に、インボイスについて簡単にご案内します。平成30年の国税庁の資料ですが、令和5年10月1日から、インボイス制度が始まります。消費税は預かった消費税から払った消費税を差引いて納める制度ですが、適格請求書発行事業者以外から仕入れたものは、仕入税額控除を認めないという制度です。適格請求書発行事業者になるためには課税事業者でなければなりません。1千万円以下の免税事業者は、適格請求書発行事業者になれません。これから事業を始める場合は、消費税を必ず念頭に置いて考えなければなりません。

3 課題

それでは課題に進んで参りたいと思います。来期、会社の利益が1、000万円になると予想された場合、役員報酬をいくらにすれば、所得税と法人税の合計が少なくなりますか。資本金は1億円で、低い税率を使ってください。給与所得控除、社会保険料控除、住民税は考えなくて結構です。単に利益や役員報酬に税率を乗じてください。

売上げが5、000万円、経費は4、000万円でした。利益は、来期1、000万円になりそうだと予想します。例えば、役員報酬をゼロにして、法人税を支払おうとすると、1、000万円に対する法人税は800万円以下が15%、超えた分が23・2%、足すと166万8、000円です。また、1、000万円利益が出るのであれば、役員報酬を1、

課題(1)

- 会社の利益が10,000,000円になりそう。役員報酬をいくらにすれば所得税と法人税の合計が少なくなるでしょうか。
- 資本金は、1億円以下です。
- 給与所得控除、社会保険料、住民税は考慮不要。単純に利益、収入に税率を乗じて計算してください。

000万円にしたとします。そうすると法人税はかかりません。役員報酬にかかる所得税を計算すると、176万4、000円です。これだけ見ると、法人税のほうが低くなります。では、役員報酬をいくらにしたらトータルの税金が少なくなるかを考えて下さい。ポイントは税率です。一番低いパーセンテージから組合せを考えてください。

事業計画を立て来期の社長の給料を決める際、このような決め方をします。トータルの納税を少なくすると、使えるお金が増えてきます。利益から税金を引いた残りが使えるお金になりますので、なるべく税金を下げた方が使えるお金は増えます。会社も一緒です。会社も資金が多いと経営手段の選択肢が増えます。実務上は、社会保険料等も考慮しますので、とても煩雑になります。

では、答えを考えていきます。このときポイ

課題(1)

利益 10,000,000円

所得税の速算表

課税される所得金額	税率	控除額
195万円以下	5%	0円
195万円を超え　330万円以下	10%	97,500円
330万円を超え　695万円以下	20%	427,500円
695万円を超え　900万円以下	23%	636,000円
900万円を超え　1,800万円以下	33%	1,536,000円
1,800万円超	40%	2,796,000円

No.5759　法人税の税率

区分		適用関係（開始事業年度）
		平28.4.1以後
年800万円以下の部分	下記以外の法人	15%
	適用除外事業者	
年800万円超の部分		23.2%

ントになるのが税率です。所得税が5%、10%、20%、23%、33%、40%、法人税が15%、23・2%です。この法人税と所得税の税率を比較します。中小企業なので低い税率が15%です。所得税では15%を切るのは5%と10%、2つです。３３３万円までの給料にすると10%の税率です。超えてしまうと20%かかりますので、役員報酬を３３０万円に設定します。残りの当期利益ですが、８００万円までは15%ですので、一番少ない税金が１２３万7、５００円となります。この設定が一番良いかは別です。役員報酬をもっと上げたほうが良いのではという考え方もありますが、解答はこのようになります。考え方だけ、ご理解頂ければと思います。どの税率で設定するかということも少し考えて、事業計画を考える必要があるということで、一応ご案内だけさせて頂きました。

経営は、資金が必要です。ラーメン屋さんの

資本の調達

＊ 事業に必要な資金

合計7,500,000円

材料仕入	1,000,000円
消耗品	2,000,000円
家賃、敷金	3,000,000円
厨房設備	1,000,000円
人件費	500,000円

事業を始めるため、資金面で考えました。ラーメン屋さんを始めるには材料が必要です。自宅ではお店は出来ないので、お店を借りて家賃を払わなければいけない。あと敷金も必要です。その他、厨房設備の資金や人を雇えば人件費も必要です。材料仕入れ１００万円、消耗品２００万円、家賃３００万円、厨房設備１００万円、人件費50万円、事業を始めるために７５０万円位必要だと想定します。最近敷金サービスとか、敷金礼金なしとかありますが、事業用の家賃だと敷金が家賃の６カ月から10カ月分必要です。ですから、10万円の家賃で借りると、仲介手数料を入れて１００万円必要です。

では、この７５０万円の資金をどのように集めていくかを検討します。自己資金を１５０万円、頑張って貯めました。でも、残念ながらまだ６００万円足りません。投資してくれる人がいませんでした。となると、やはり金融機関か

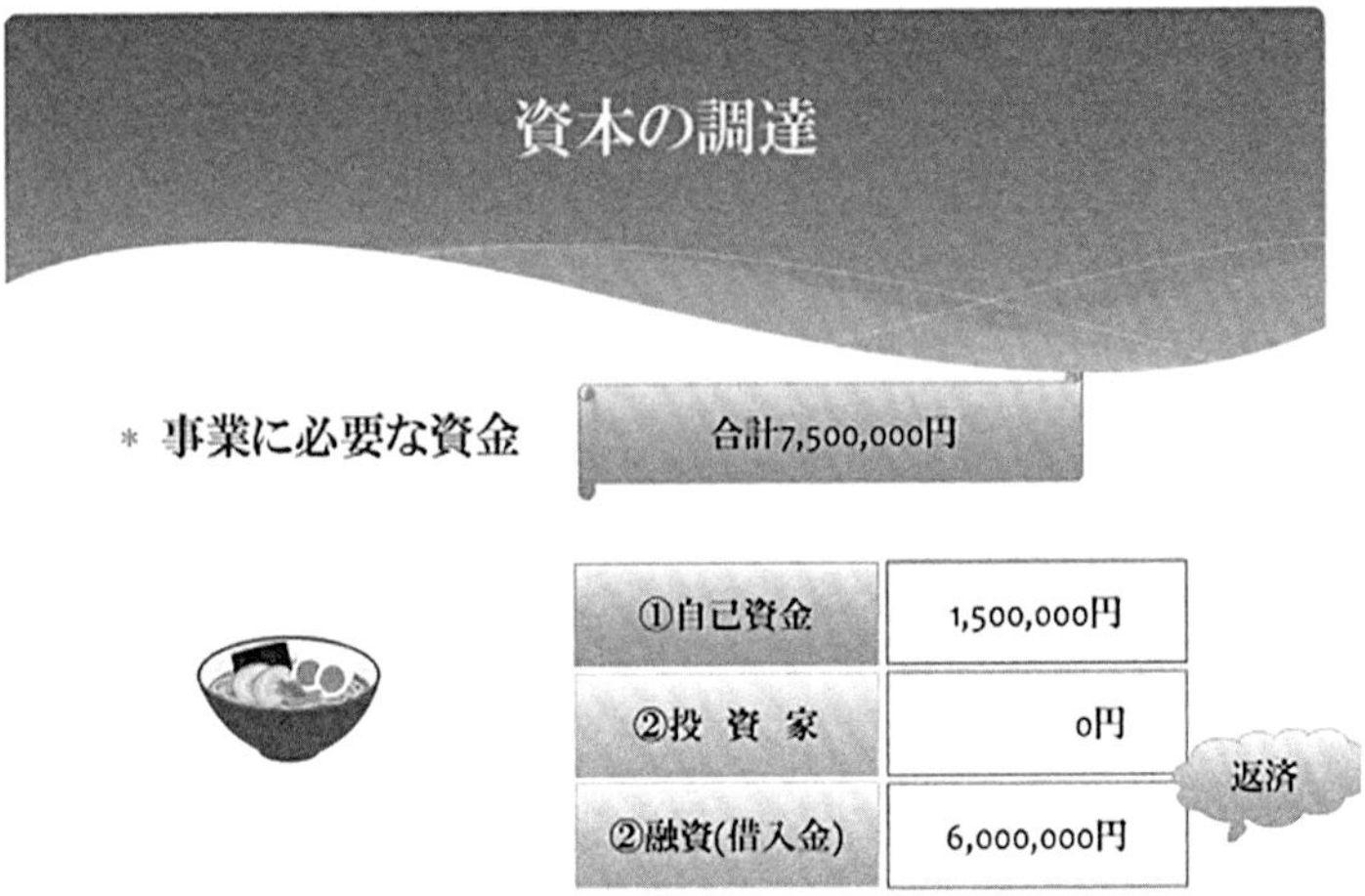

ら借入れをすることになります。これが一般的な手段になるかと思います。自己資金はある程度持って、足りない分は金融機関から借りる。このような資金調達手段が多いと思います。

　ただ、借入れですので、いずれ返済しなければなりません。この形を組み替えていきます。自己資金を下に持ってきます。投資家をスライドさせます。融資を上に持ってきます。そうすると、皆さん授業で学習したかも知れませんが、ここが自己資本です。自己資本に対して上の部分が他人資本です。合わせて総資本です。これら資本の２つの考え方を紹介したいと思います。

　総資本を自己資本と他人資本に分けました。投資と融資という言い方に替えることもできます。自己資本は、自己株式があり、まったく返還がないわけではありませんが、原則資金返還なしです。また、出資者に配当を出さなければ

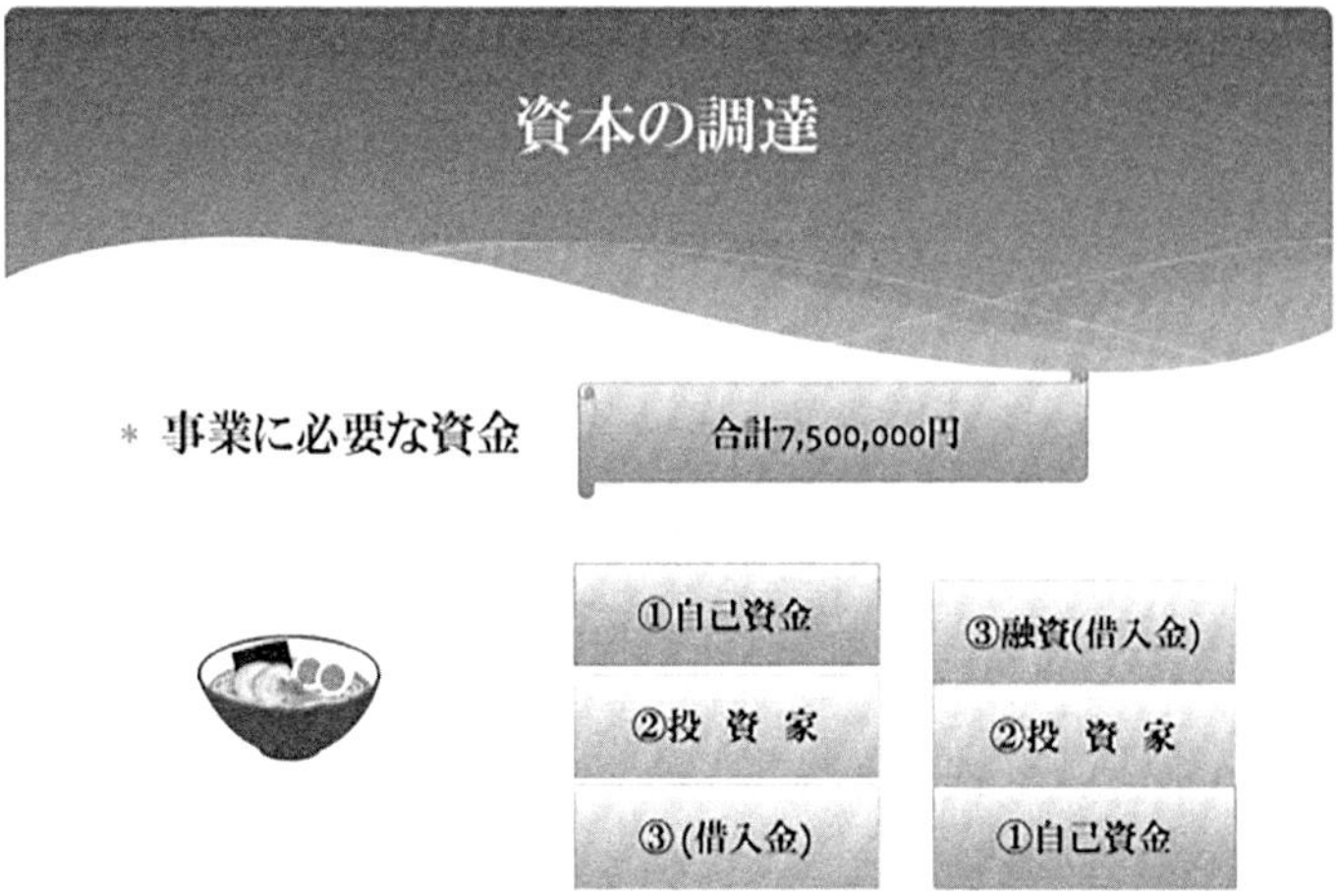

なりません。しかし、他人資本は一定の期間に必ず資金を返還する必要があります。また、その資金に付随して利息の支払いが生じます。

また、損金性の問題があります。配当金は経費になりませんが、支払利息は損金で経費です。営業利益、受取利息、支払利息ですので損金になり経費です。それから当期利益から法人税等を払い当期純利益から配当を出します。法人税等が上にありますので、経費になりません。

その他、自己資本では株主との関係は永遠に続きますが、他人資本の場合には返済してしまえば、債権者とのお付き合いは終了します。双方メリットとデメリットがあります。

仮に、資金1、000万円、年1%、10年払い、年に1回だけ払うという条件で融資を受けました。借入れ時の仕訳ですが、現金預金が増加し、借入金が増加します。

では、返済する際の仕訳です。借方借入金

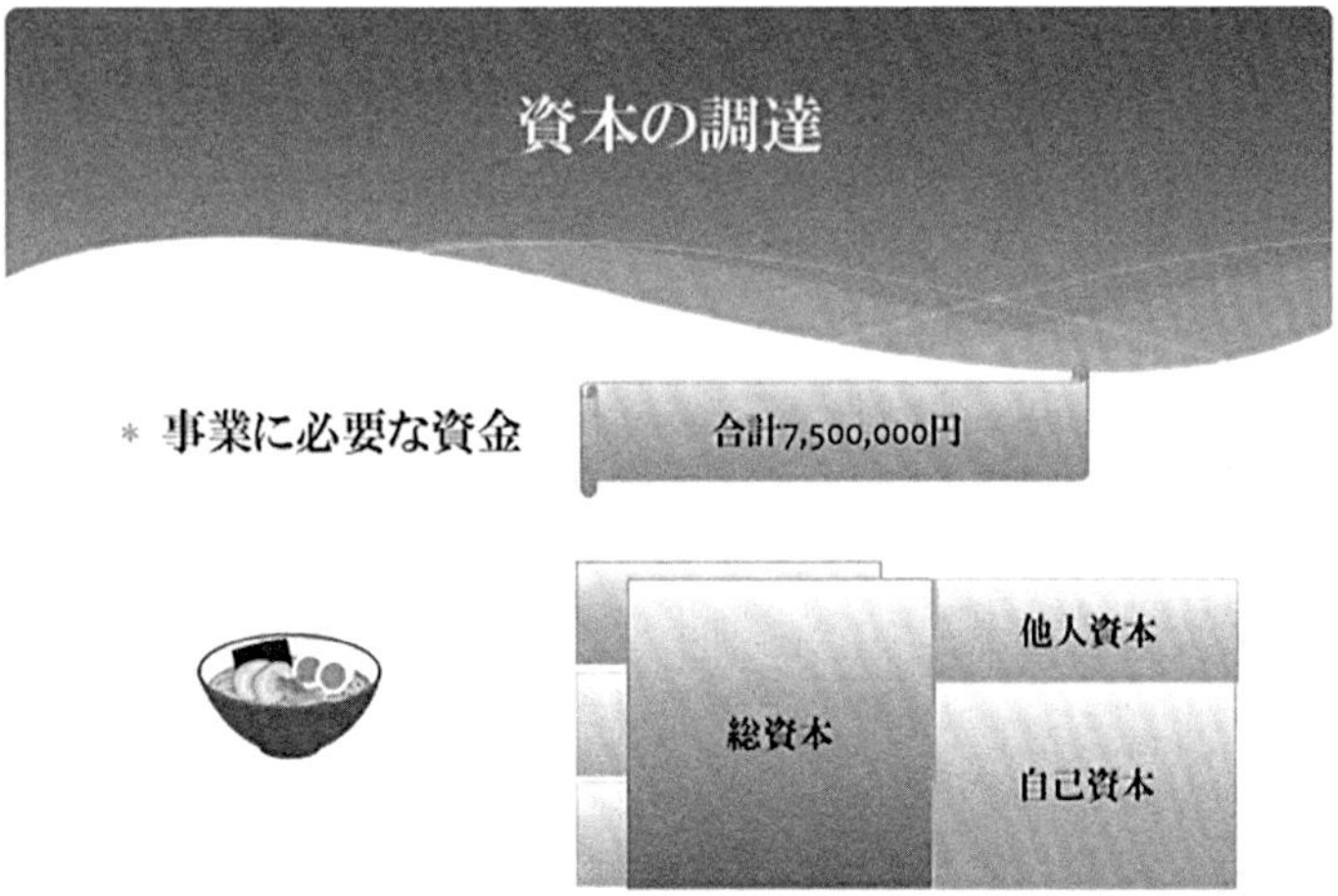

１００万円、貸方現金預金１１０万円で10万円多いです。差額は支払利息です。

ここで１つポイントですが、まず借入金は、Ｂ／Ｓ科目です。現金預金もＢ／Ｓ科目です。支払利息だけがＰ／Ｌの科目です。支払利息はＰ／Ｌに計上されていますが、借入金の返済は計上されません。当たり前ですが、Ｂ／Ｓ科目だからＰ／Ｌには出てきません。借入金を返済するには、当期利益から元金を返済します。利益がないと借入金の返済ができなくなります。当期利益から法人税等を差引いた残りの資金から返済することになります。減価償却等も考慮しますので、それだけではありませんが、税引き後の利益から返済することを考えればと思います。

続いて、資金繰りですが、資金繰りは非常に重要です。利益を出すのも重要ですが、利益があっても資金繰りが悪化し、会社を継続出来ない例も沢山あります。

資本の調達

勘定科目	金　額
営業利益	10,000,000
受取利息	10,000
支払利息	1,000,000
税引前当期純利益	9,010,000
法人税等	2,700,000
当期純利益	6,310,000
前期繰越利益剰余金	2,000,000
利益剰余金の配当額	1,000,000
繰越利益剰余金	7,310,000

令和2年1月1日から12月31日までのキャッシュフロー計算書です。当期利益から営業活動、財務活動、投資活動を引いて、現金及び現金同等物が算出されます。ポイントは、日々の資金繰りです。それでは、日々の資金繰りを具体的に考えていきます。

これは皆さんのお小遣いだと思ってください。例えば、11月1日にお財布の中に10万円入っていました。11月10日に家賃6万円を払いました。残り4万円です。11月20日、スマホ代等を支払いました。3万円引かれました。残高があと1万円になりました。11月30日にアルバイト代8万円が入金になり、残高は9万円になりました。

ここで感じて頂きたいのですが、先程のB／Sですと、月末の残高が記載されます。ただ、月末では9万円の残高ですが、20日には1万円の残高になります。

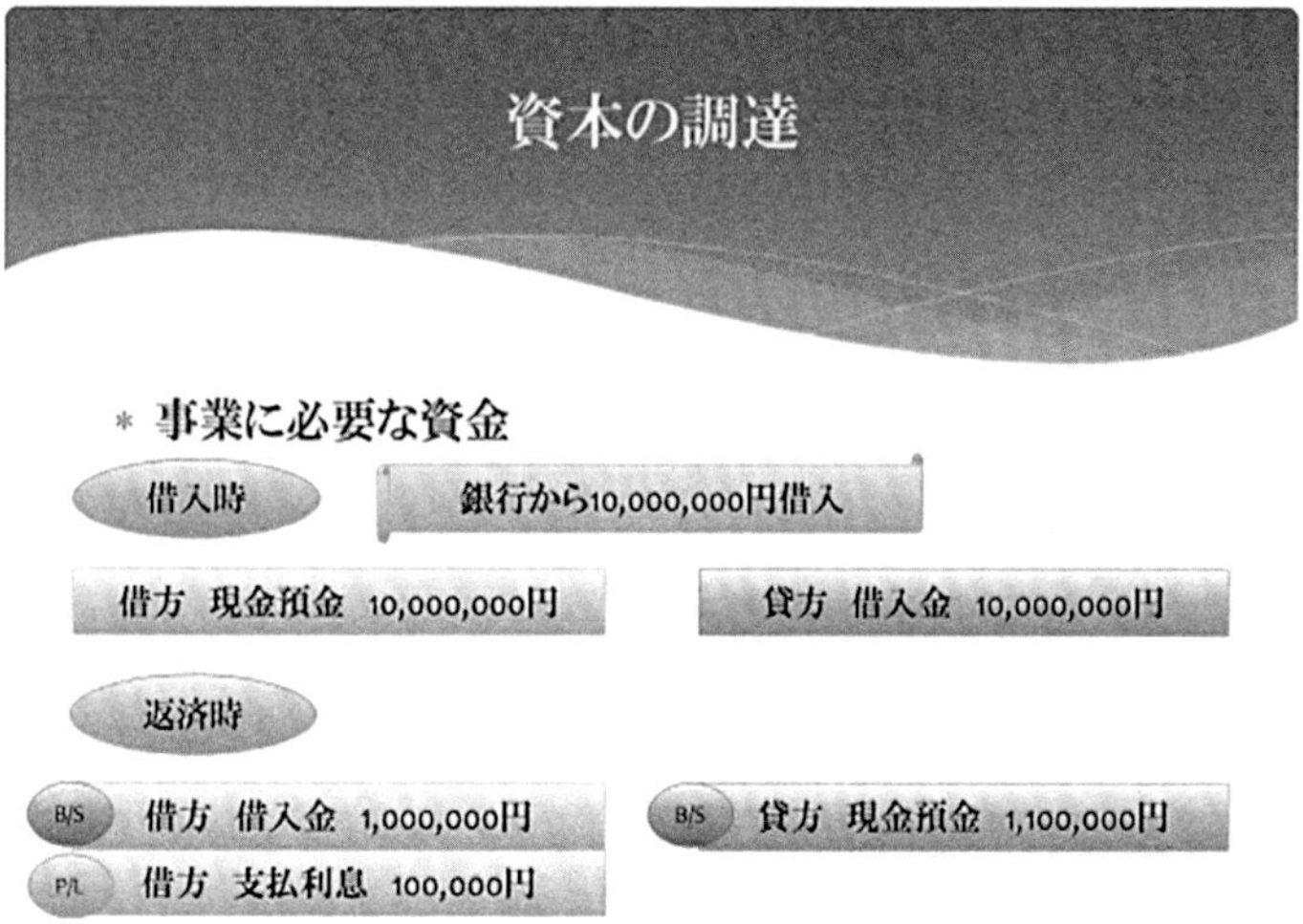

ですので、来月の家賃は変わらず６万円、残り３万円になります。カードの支払いが３万であれば残高が０円になります。これが資金繰りで非常に重要です。

　会社の場合、月初に３、０００万円手元にありました。また同じように、末日締めの10日払いになっている給料１、０００万円を払いました。残高が２、０００万円になります。11月20日に買掛金１、５００万円を支払いました。残高が５００万円になります。やっと末日に売掛金２、０００万円が入金され、残高が２、５００万円となりました。Ｂ／Ｓでは月末に２、５００万円の残高がある会社です。しかし、10日前には５００万円しか残高がないことになります。

　では、これが仮に翌月12月10日に２、０００万円の給料を支払い、残高が５００万円になったとしたら、12月20日の買掛金１、

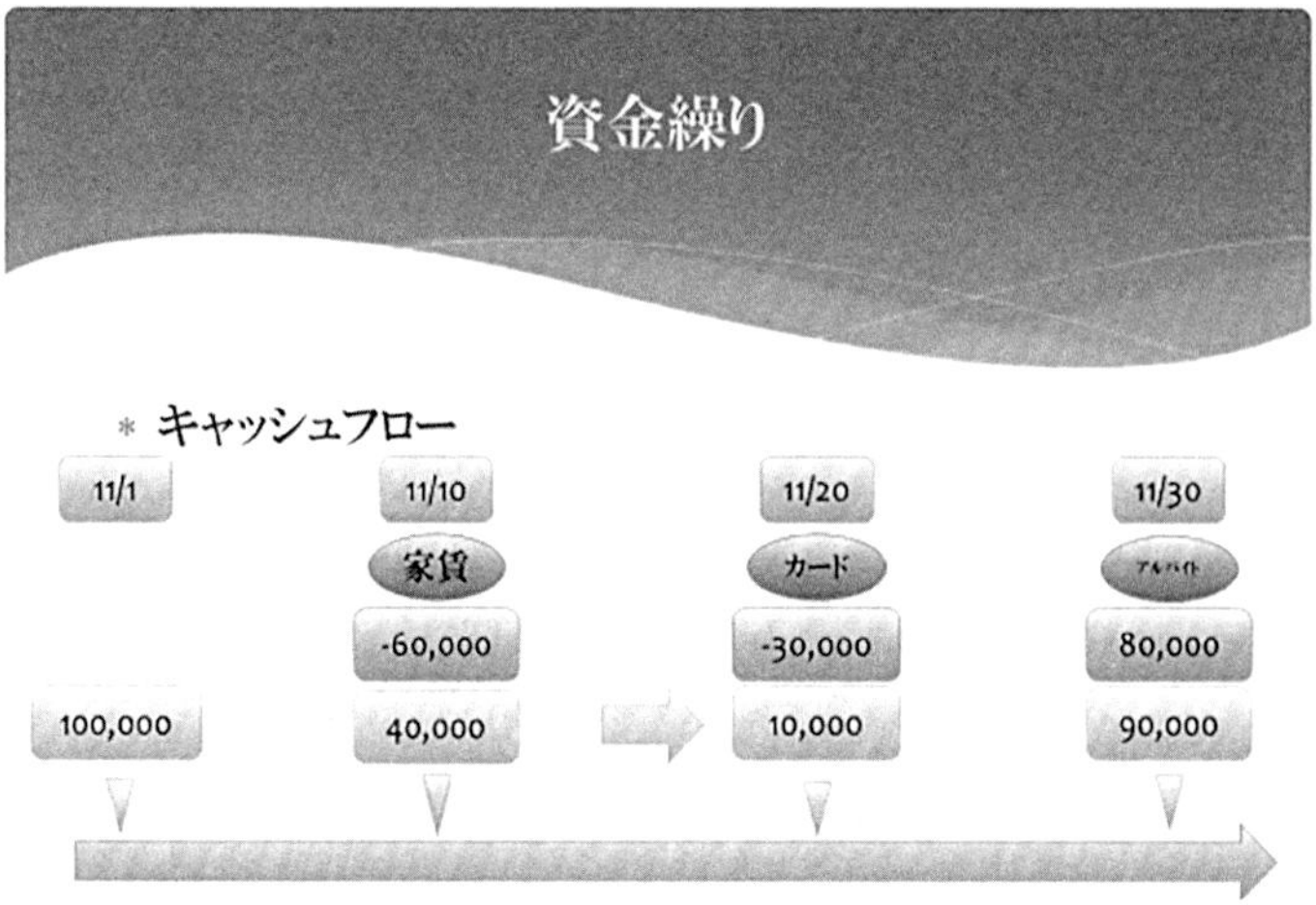

５００万円が支払えなくなります。
　その12月20日の前に資金調達が出来ないと、ここで倒産してしまう可能性がありますので、日々の資金繰りが非常に大切です。実際に、売掛金が末日に入金され、給料を10日に支払っている会社があります。もちろん、給与は未払計上しますが、多額の現預金がB／Sに計上されます。
　次は、経営計画を立てます。先程のラーメン屋さんです。事業計画は、その事業がどのような数字で運営されるかを計画します。事業を開始した場合、どのような計画を立てていくかをイメージしてください。もちろんこだわりのスープや、かわいいデザート等も非常に大切ですが、数字を考えていきたいと思います。
　売上は、１、０００万円位欲しい。それでは原価は30％、販管費５００万円、税金は60万円だと１４０万円位利益が出る。一般的には、事

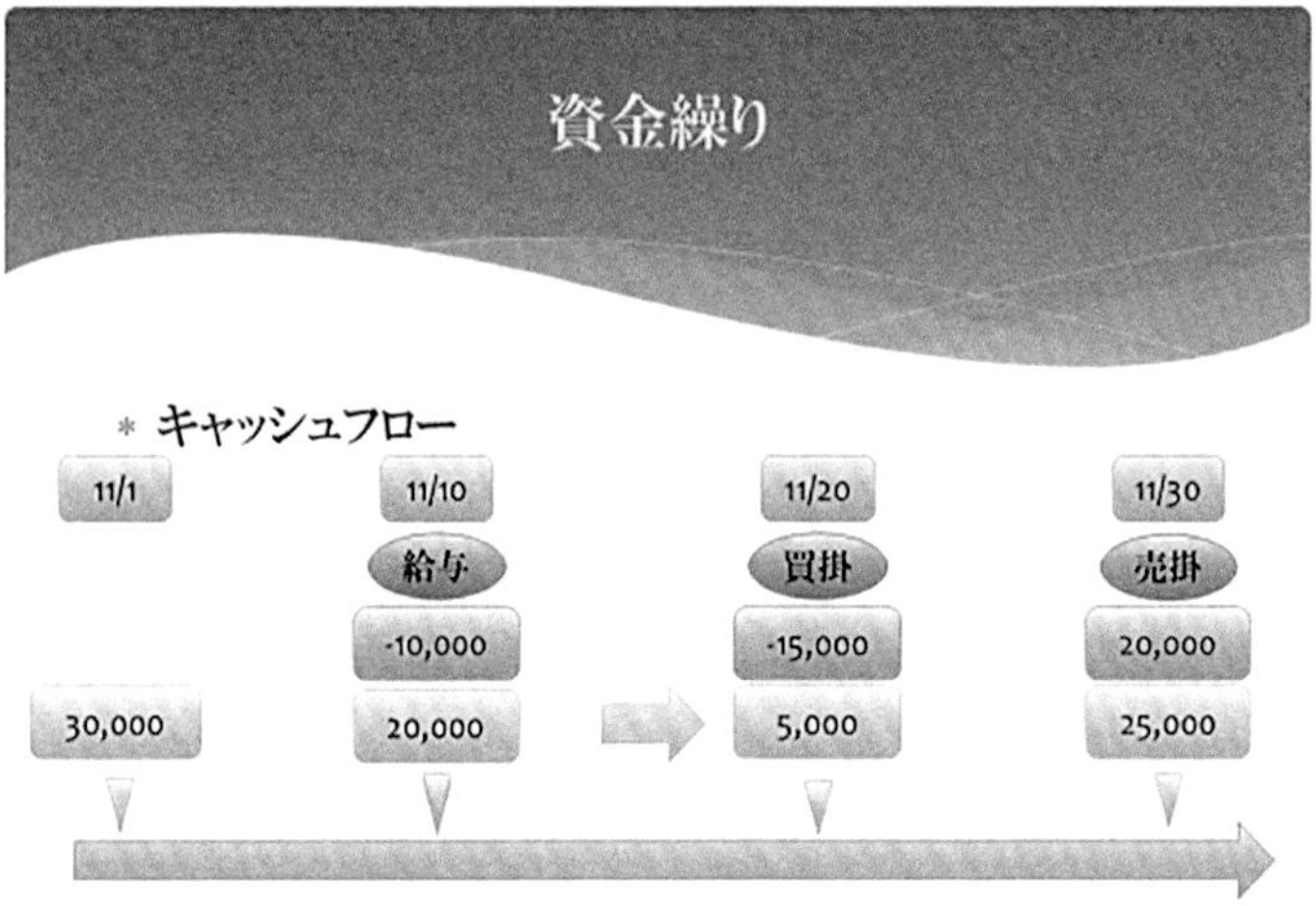

業計画の表の上から計算します。しかし、計算は逆に下から計算します。

売上がいくら位になるかは、わからないです。販管費や原価は、おおよその見通しがあるのかもしれませんが、売上は難しいです。ただ、わからないと言っていると事業計画は出来ませんので、下から計算します。

最初は生活費の算定をします。自分が生活するには、いくら必要なのか。仮に家賃10万円、食費3万円、通信費1万円、交際費とかその他費用6万円で合計20万円。自分が1カ月生活するには20万円が必要と設定します。事業計画ですので、端数や計算式が合わない箇所がありますが、わかりやすく丸い数字にしていますのでご理解頂ければと思います。

そうすると、毎月手取りで20万円が必要になります。これは税金を引いた残りから支払っていますので、手取りで20万円必要です。では、

事業計画

＊ 事業計画の作成

売上	10,000,000円
原価	3,000,000円
販管費	5,000,000円
税金	600,000円
利益	1,400,000円

手取りで20万円もらうための、役員報酬を決めます。20万円手取りでもらうには、総支給額がいくらかを逆算します。そうすると、社会保険料が約４万円控除されます。その他所得税ですが約10％、住民税も約10％ですので、毎月の総支給額が30万円ないと、手取りで20万円の生活が出来ないという計算になります。総額毎月30万円で役員報酬の金額が確定します。

　生活費はなかなか下げられないものです。いろいろ節約しても、限界があります。今の大体標準生活費で構わないと思います。そうすると30万円×12月＝３６０万円が年収です。毎月手取り20万円の生活をするには、年間３６０万円の役員報酬がないと生活ができません。

　事業計画に戻ります。そうすると、役員報酬は30万円に確定しました。次に、家賃30万円、水道光熱費20万円、その他70万円で合計１５０万円です。そうすると、１５０万円の

事業計画

＊ 生活費の算定

毎月手取りで200,000円必要

家賃	100,000円
食費	30,000円
通信費	10,000円
その他	60,000円
合計	200,000円

固定費が必要です。売上げがなくても毎月１５０万円かかります。

固定費が１５０万円かかる理由は、ご理解頂けましたでしょうか。生活費手取り20万円から始まり、そこから計算すると毎月１５０万円必要です。次に材料費です。原価率がおおよそ３割、大体60万円とします。逆算すると売上高が２１０万円になります。１カ月の必達売上高が２１０万円です。これで基本の経営計画はできました。売上が２１０万円を超えないと利益は出ないことになります。

次に、計算期間を日に変えてみましょう。１カ月25日で計算すると、必達売上高８万４、０００円です。１日８万４、０００円の売り上げがないと、手取20万円の生活は出来ません。

今度は、平均単価を決めます。例えば５００円で計算すると、１日当たり１６８人必要になります。席数は仮に30席とすると、一日５・６

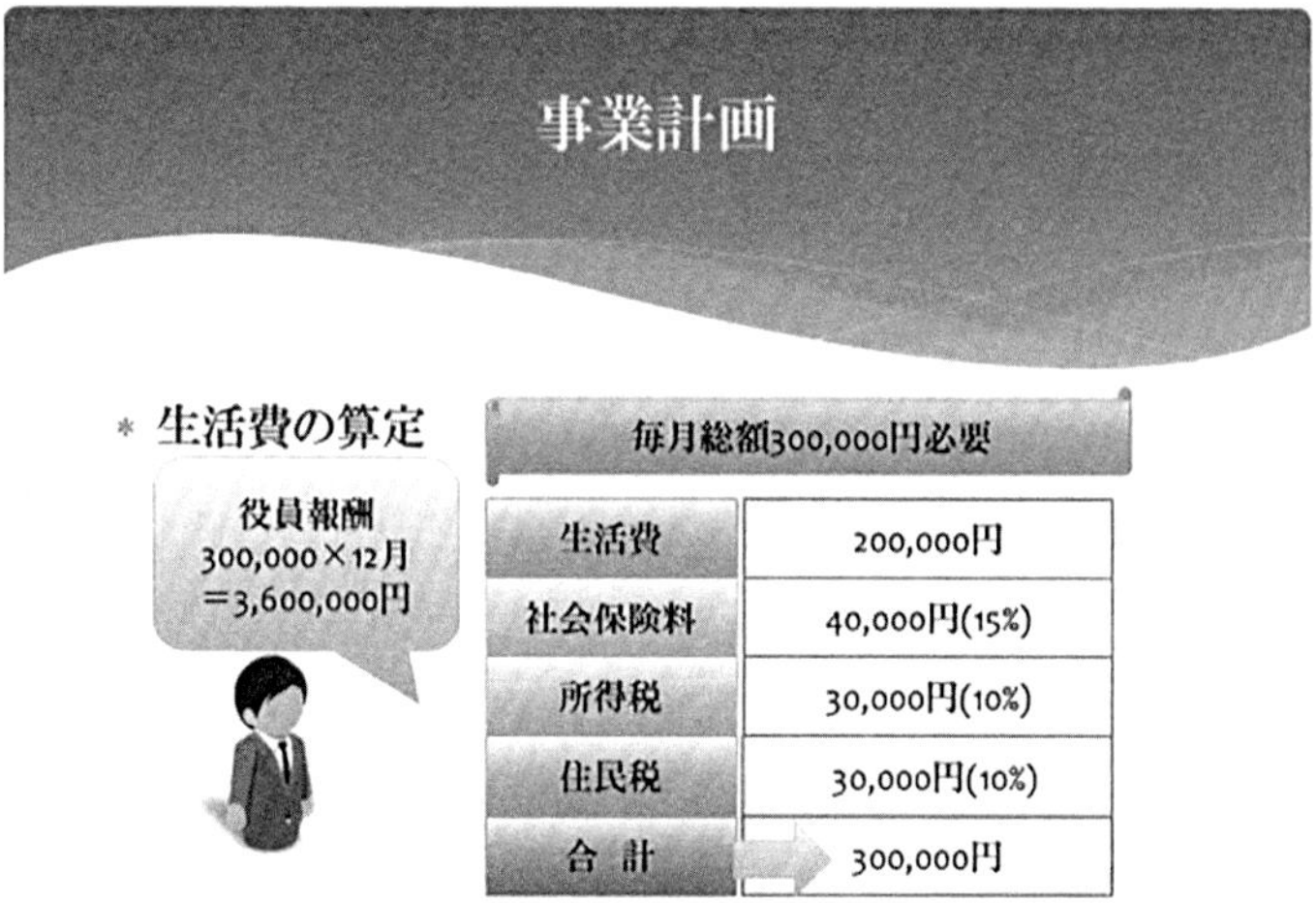

役員報酬

毎月総額300,000円必要	
生活費	200,000円
社会保険料	40,000円(15%)
所得税	30,000円(10%)
住民税	30,000円(10%)
合　計	300,000円

回転です。５００円が平均単価であれば、満席の状態が５・６回転しないと、１６８人のお客さんは入りません。１６８人のお客さんが入らなければ、１日８万４、０００円の売上は、ないということになります。毎日満席の状態が５・６回転、１時間に21名、営業時間が８時間として計算すると実行が難しくなります。雨が降っても、台風が来ても１時間に21名です。計画の見直しが必要です。

　スタートに戻りますが、生活費は毎月手取り20万円が必要で、税金や社会保険料についてですが、変えるのは難しいです。次に固定費１５０万円ですが、少し家賃の安いお店に変更し、家賃20万円、その他経費を60万円に下げ、固定費１３０万円に設定します。そうすると、毎月売上がなくても固定費１３０万円が必要になります。材料仕入れについて、強気で40％に設定し、逆に考えます。そうすると、結果的

事業計画

＊ 固定費の算定

毎月売り上げがなくても1,500,000円必要

役員報酬	300,000円
家　賃	300,000円
水道光熱費	200,000円
その他	700,000円
固定費	1,500,000円

に売上は２１０万円のままで変わらず１日も一緒なので、８万４、０００円の売上が必要です。原価を40％にしたので、平均単価を上げたらどうでしょうか。仮に１、０００円としますと、金額が倍になりましたので１日当たりの必要な人数は、84名と半分になります。家賃を少し安いお店にしましたので、客席数が５名少なくなったと仮定します。そうしますと、回転数が１日３・36回になり、１時間に10・５名、10分間に２名弱という計画になります。多々問題がありますが、先ほどよりも計画が実行可能になりました。

　次に、１カ月20万円で25席以上あるお店を探しましょう。最初にお店を探すと危険です。私はここでお店をやると決めている方も結構多いのですが、計算をして座席が何席必要なのか、家賃はいくらかを確認する必要があります。今度は税金とまったく関係のない話になるのです

事業計画

＊ 必要売上の算定

販管費	1,500,000円
材料仕入	600,000円(30%)
売上高	2,100,000円

1ヵ月の必須売上高2,100,000円！

1日（25日計算）の必須売上高84,000円！

＊ 必要売上の算定

1日（25日計算）の必須売上高84,000円！

平均単[illegible]	[illegible]円
1日当たり[illegible]	[illegible]168人
座席数[illegible]	[illegible]人
回転数	[illegible].6回

毎日満席が5.6回転

1時間に21名(8時間)

＊ 固定費の算定

毎月売り上げがなくても1,300,000円必要

販管費	300,000円
家　賃	200,000円
水道光熱費	200,000円
その他	600,000円
販管費	1,300,000円

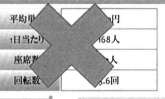

が、単価を1、000円にしました。では、どのような商品で構成しようかという問題が生じます。例えば、ラーメン650円、トッピングを付け、飯類等々いろいろなことを考える必要があります。ここで申上げたいのは、1つのもので1、000円にする必要はなく、トータルで1人1、000円になれば良いのかと思います。

それでは経営計画が出来ましたので、これで実行しようと思いますが、少々寂しい感じがしますので、必ず「夢」を事業計画に入れてください。夢がないと継続しない可能性があります。自分は、この事業で世の中の役に立ちたい、こういうものをお客様に届けたいなどです。数字だけでも駄目ですし、夢だけでも駄目です。ただ、必ず夢を事業計画に入れるというのが必要だと思っております。

最後に、課題ですが、利益を50万円計上するには、税金をいくら支払って、原価をいくらに設定して、売上げはいくら必要でしょうか。それをベースに、単価1、000円で何人で何回転というのを計算してください。

事業計画

見直し

1カ月200,000円、座席数最低25席確保

＊ 必要売上の算定

1日（25日計算）の必須売上高84,000円！

平均単価	1,000円
1日当たり	84人
座席数	25人
回転数	3.36回

毎日満席が3.36回転

1時間に10.5名(8時間)

＊ 事業計画の作成

売　上	①　　　?円
原　価(40%)	②　　　?円
販管費	1,300,000円
税　金(30%)	③　　　?円
利　益	500,000円

＊ 必要売上の算定

平均単価	1,000円
1日当たり	④ ?人
座席数	25人
回転数	⑤ ?回

第8章　死んだら相続税―民法に民事信託を加えて―
～高齢化社会の相続、死んでからでは遅すぎる～

丹野　彰

はじめに

皆さんこんにちは。税理士の丹野彰と申します。

寄附講座は、今回で5回目になります。第1回目では「相続税法概論」、第3回目では「中小零細企業における組織再編税制」について講義の機会を与えていただきました。今回は第1回目と同じ相続税ですが、テーマを簡潔に『死んだら相続税』としました。

厚生労働省発表の令和2年簡易生命表によると、日本人の平均寿命は男「81・64年」、女「87・74年」となり高齢化社会を迎え、相続財産の承継は民法を拠り所にした遺産分割だけではうまく対応しきれない課題が生じています。そこで、民法による遺産分割に併せて一般にはあまり周知されていない民事信託を研究テーマに加えることにします。

相続税法には「死んだ」時の財産の移転に課税される相続税と、「生きている」時の財産の移転に課税される贈与税（相続税の補完税）が規定されています。相続税の課税価格の合計額が「遺産に係る基礎控除」を超えた場合には「死んだ日」から10カ月以内に相続税の申告書を提出しなければなりません。

これが『死んだら相続税』といわれる所以です。

相続税額が確定するまでには、2つの段階を経ることになります。まず遺産を相続人に移転するための手続きが必要となります。遺言書の有無によって分割方針は異なりますが、相続人は民法の規定に従って遺産分割協議を終了し、これに民事信託による遺贈とみなされた財産を加えた財産が相続人のものとなります。取り越し苦労かもしれませんが、被相続人は、自分が亡くなった後、相続人間の揉め事が起こらないように望むはずです。

ここまでは税理士の専門外の問題と言えます。

次の段階が税理士の出番です。税理士の役割は遺産分割が終了することをひたすら待ちながら、その間、相続財産について相続税法と財産評価基本通達を駆使し、相続開始時の時価である課税価格を算出して適正に相続税を確定することにあります。相続人はその相続税を納めることにより相続財産の承継は終了します。

第1回目の相続税法概論では、民法を拠り所に遺言書あるいは遺産分割の結果を受けて相続税の手続きを説明しました。

今回は、人が「死んだら」相続人の相続税が確定するまでの根拠法令である民法及び信託法（民事信託）並びに相続税法との関連について説明することにします。

1　我が国の相続税法の特色

(1) 遺産税と遺産取得税

我が国の相続税は明治38年に創設され、遺産の総額に課税する遺産税の体系を用いていました。その後昭和25年のシャウプ税制以来、遺産取得税の体系に移行して現在に至っています。これは遺産がどのように分割されても、相続税額の総額は相続人が法定相続分で相続したと仮定した場合の税額の合計額と等しくなるように、純粋な遺産取得税の体系を修正しています。

(2) 相続税の申告と納付

相続税は、相続や遺贈によって取得した財産及び相続時精算課税の適用を受けて贈与により取得した財産の価額の合計額から債務（借入金等と葬式費用）を控除し、相続開始前3年以内の贈与財産の価額を加算した金額が「遺産に係る基礎控除額」（3千万円＋6百万円×法定相続人の数）を超える場合に、その超える部分（課税遺産総額）に対して課税され、「相続の開始があったことを知った日の翌日から10ヶ月以内」に相続税の申告・納税が必要となります。

（3）遺産分割と未分割

相続税の計算は遺産分割の終了を前提として規定されています。遺産分割は相続税法の規定にはなく、民法の規定にあります。遺産が未分割（遺産分割が整わないまま）で相続税の申告期限を迎えた場合には、次の特例の適用を受けることは出来ません。

相続税法の特例には「配偶者に係る相続税額の軽減」及び「小規模宅地等の特例」があり、多額の税負担が軽減されます。相続税の申告期限までに未分割である場合には、これらの特例の適用を受けないで、とりあえず相続税を納めることになります。この特例のうち「配偶者にかかる相続税額の軽減」を使えば相続税の負担は半分で済み、遺産が1億6千万円以下で配偶者が相続財産の全部を取得すれば相続税は零となります。また「小規模宅地等の特例」のうち居住用宅地等の評価額では330㎡まで8割もの評価減の適用を受けられます。

未分割で期限内申告書を提出する場合には、「申告期限後3年以内の分割見込書」を提出しておかなければ特例の適用を受けることが出来ないので注意が必要です。

その後、遺産分割が確定し、特例を受けることにより、過大に納付した税額を「更正の請求」をして、当初納めた相続税の還付を受けることになります。「期限内申告」、「見込書の提出」、「遺産分割の終了」、「更正の請求」の手間を避けるためには、申告期限内までに遺産分割が終了することです。相続税法は、相続人に対し、申告期限までに遺産分割が終了されることを促している（遺産分割を早める）ものと考えられます。

(4) 高齢化社会を見据えた民法と相続税法の改正

民法は約40年振りに改正されました。特徴的なのは、高齢化社会を見据えて「配偶者居住権」が新設され、令和2年4月1日から施行される点です。「取り越し苦労」とは思いますが、夫婦の一方が亡くなった場合でも、配偶者が死亡するまでは、自宅に無償で住む権利を民法で定めたもので「黙示の使用貸借」と言われています。これに伴い、相続税法では令和2年4月1日からの相続について遺産分割あるいは民事信託により配偶者居住権が設定された場合には、相続財産である居住用土地・建物の評価は配偶者居住権控除後の金額となり、「配偶者居住権」は配偶者の相続財産に計上されることになります。また、民法改正で死亡時に拘束されていた預金等については、葬式費用や生活費等に限り引き出せることになりました。

2 民法の規定による遺言書の作成と遺産分割協議等

(1) 遺言書の作成と効力

親(被相続人)が遺言書を作成するときは、遺産の多寡にかかわらず、子供たち(相続人)には自分が亡くなった後も仲違いしないことを望みます。そこで、祭祀承継者となる次世代には主たる財産を分け与え、また他の相続人には遺留分を侵さないよう配慮して遺言書を書くでしょう。また、長年連れ添った妻には、自分が死んだ後にひもじい思いをさせないように、住む場所を確保し、老後の生活に支障がないよう期待して遺言書を書きます。いくら配慮した遺言書でも相続人全員が納得する遺言書は作れません。ただし、遺言書を作っても相続人全員が同意すれば、遺言書に拘束されない遺産分割協議をすることが出来ます。

（2）遺産分割協議

被相続人が亡くなり葬儀・法事の務めを終え、四十九日ないし百箇日の法要あたりで遺産分割協議が始まります。遺産分割協議は、相続人や受遺者が相続財産を自分のものにするための協議です。遺言書がないときは、民法相続編を拠り所に各相続人の合意を探ることになります。遺産分割は、相続人のうち1人でも合意しないとき（争族）は長期戦を覚悟しなければなりません。遺産分割に期限はないのです。

「争族」が始まったら各相続人は、弁護士に依頼し、家庭裁判所に調停を申し立て、和解等がされるまでじっくり話し合いが行われます。

（3）民法規定による相続と相続税の問題点

人が死んだらその人に属する預貯金は、原則として拘束され払戻しをすることはできません。被相続人が作成した遺言に従って遺産を承継される場合を除き、民法の規定により相続人全員の同意がない限り、被相続人の遺産を取得することが出来ません。また、相続税法に規定する特例の適用も受けられません。

相続人同士の折り合いがつかない場合には、民法相続編のお出ましとなるのですが、相続人がそれぞれ弁護士に依頼をして民事調停となるのです。遺産分割調停は早くても3年から5年、中には10年もかかると言われています。多額の弁護士費用を支払い、かつ調停が成立しても親族間の確執は残ったままというケースは少なくありません。

遺産が未分割である限り、相続税法の特例を受けられずに期限内申告で過大に納付した相続税の還付（更正の請求）を受けることはできません。財産を残す人（被相続人）は、配偶者や子供たちが仲良く暮らすことを望んでいます。民法の規定による相続では、残念ながら遺言者（被相続人）の意向が通るのはここまでです。

3　信託法（民事信託）と相続税

ここまでは民法を基軸とした遺産分割の手続きを述べてきました。次に信託法により、契約によって相続人に財産を移転させる方法について説明します。

（1）民事信託

① 信託法の改正（民事信託）

信託法は平成18年に改正され平成19年9月より施行されました。信託とは、ある人を信じて託すことで、自分が所有する特定の財産を、信頼できる人に託して財産の名義をその人に移転し、信託契約で定めた目的に従って管理、運用、承継する契約で、その運用益は自分あるいは特定の人に給付したりすることができる制度です。信託には3人の登場人物が現れます。1人目は「委託者」です。委託者とは、信託行為を行う者をいいます。2人目は「受託者」です。受託者とは信託目的に従って信託財産を管理・処分する義務と権限がある者をいいます。3人目は「受益者」です。受益者とは、信託の受益権を有するものを言います。

信託には、受託者を信託会社に託する商事信託と、受託者を主に家族内の1人とする民事信託があります。ここでは、民事信託に範囲を限定して説明します。民事信託は委託者が一存で作成することが出来ます。一方、民事信託を終了したいときは、受託者と受益者の合意により、いつでも終了できます。信託終了時には新たな課税関係が生じないように、受益者と信託の残余財産（信託契約終了時の財産）の取得者は同じにしておく必要があります。

② 民事信託の制度説明

民事信託とは、委託者が、受託者との契約（信託契約）により、その財産の一部を「信託財産」として自己の財産から切り離し、信託契約に定めた目的に従い、受益者による管理処分等をさせることとです。信託契約に従い、信託財産から得られる給付を受益権といい、受益権を有する者を受益者といいます。

信託財産は委託者が信託した時点で、委託者の財産ではなくなります。形式的には受託者の名義になり、受託者が管理・処分を行いますが、実質的には信託という隔離された世界で誰のものでもない財産として扱われます。これを導管論（パススルー）と言います。

つまり、信託財産は所有者（委託者）の財産ではなくなるので、委託者が死亡した場合に行う遺産分割協議の対象財産とはならず、信託を設定した後に委託者が作成する遺言の対象となる財産からも外れます。信託財産から給付された金銭は、信託財産という枠から飛び出して受益者固有の財産となります。なお、受託者が受益権の全部を固有財産で有する状態が1年間継続したときは信託が終了します（1年ルール）。

民事信託では前記3人の登場人物の契約によりあらゆるケースが予想され、相続対策、認知症・障害者対策、事業承継など広範囲な信託が想定されます。

③　信託事例

イ　認知症対策（生前）

認知症対策として民事信託を使うことにより、父が委託者兼受益者となり長男を受託者とし、父親が生きている間は、認知症になっても安心して自分のために資産管理ができます。同様に母を受益者とすることにより、自分たちが「生きるため」の信託財産の確保として民事信託を使うことも出来ます。

ロ　受益者連続型信託（生前・死亡・その後）

2世代以上の相続対策となる受益者連続型信託は、委託者（父）が所有する不動産を信託し、信託の受託者（後継ぎ長男）とします。そして当初の受益者は委託者（父）とし、その後、委託者が死亡したときは受益者を配偶者とし、さらに配偶者が死亡したときは次の受益者を子とするというように、契約作成時から受益者本人の死亡までは相続税の対象になりませんが、受益者の死亡により受益権が相続税の対象となります。さらに、その行き先をずっと先まで相続人を指定するものです。これを利用すれば受益者の死亡により順次、次の者が受益権を取得することが可能となります。信託は信託開始から30年経過後の新たな受益者が死亡すれば終了します。これを「30年ルール」と言います。

民法規定の説明で、遺言者の意思が通るのは遺言者の死亡までと説明しましたが、信託の委託者が亡くなった後も、信託が解除されるまで遺言者の意思が伸長される効果があります。

(2) 信託不動産の登記と信託受託者の事務

信託により信託財産の名義は受託者に移ります。不動産を信託したら信託登記（法務局）は必ずすべきでしょう。法務局が発行する全部事項証明書により自らの権利を第三者に対抗することが出来ます。また、受託者は所轄税務署に対し、信託の設定時に信託の効力発生・受益者等の変更・信託の終了・権利内容の変更等の生じたことを、事由の生じた日の属する月の翌月末日までに提出しなければなりません。提出する書類は信託の計算書、収益受益権の評価明細書、信託の計算書合計表等です。その後、毎年信託帳簿（貸借対照表、損益計算書）を記載し、信託の計算書の提出時期である翌年1月末までに所轄税務署に提出しなければなりません。書類の提出期限までに税務署に提出せず、これらの書類に偽りの記載又は記録をして税務署に提出した者は「1年以内の懲役又は50万円以下の罰金」が課せられる罰則規定が設けられています。これは、信託契約により相続財産から除外されることで、税務署において相続財産の把握が困難となるため、厳しい罰則が規定されたのでしょう。

(3) 民事信託と相続税

信託をすると、信託財産の所有権は委託者から受託者に移ります。しかし、税務上は受託者が財産を所有しているとは考えず受託者はあくまで「預り人」であり、実質的に財産を所有しているのは受益者であると考えます。信託の効力が生じた場合において、適正な対価を負担せずに信託の受益者等となる者があるときは、信託の効力が生じたときにおいて、信託の受益者となる者は、信託に関する権利を信託の委託者から贈与（委託者の死亡に起因して信託の効力が生じた場合には、遺贈）により取得したものとみなして相続税が課税されます。

4 実務経験談

(1) 後継ぎ遺贈型の受益者連続型信託

① 受益者連続型信託の内容

信託の委託者である父親（被相続人）が死亡しました。相続人は母親と長男及び長女です。この信託は受託者を長男とし、生きているときは委託者を受益者に、委託者が死亡したときは全ての信託財産の受益者を母親にすることとされていました。この信託は後継ぎ遺贈型受益者連続型信託といいます。
また、信託とは別に、長女と長男には遺留分相当額の預金を与える遺言書を作成していました。この家族の長女は精神的な障害があり、父が亡くなった際に遺産分割協議が整わない恐れがあり、遺産分割は、相続人全員の同意がないと成立しないことを予測しての民事信託であったようです。民事信託の作成により特定された信託財産について、相続財産の所有権は受託者に移ります。

② 登記事項証明書
作成された民事信託に基づいて、相続財産のうち不動産については、登記事項証明書に次の内容が記載されます。信託登記により自らの権利を第三者に対抗することが出来ます。

イ 権利部（甲区）（所有権に関する事項）
A 登記の目的 所有権移転
B 権利者その他の事項
a．原因 令和×年×月×日 信託
b．受託者 長男の氏名

ロ 信託目録
A 委託者に関する事項 委託者である父の氏名

B　受託者に関する事項　受託者である長男の氏名
C　受益者に関する事項　受益者である母の氏名
D　信託条項
a．信託の目的
b．信託財産の管理方法
c．信託終了の事由
d．その他の条項

不動産等の登記事項証明書には、上記内容が記載されて所有権移転手続きが終了します。父親の死亡後に母親から何度も「私の相続分は半分だと思いますがどの財産ですか」という質問を受けました。信託契約の内容をよく説明しましたが、それでも「私の相続分はどうなったのですか」と繰り返し質問されました。民事信託は理解が難しいようです。

③　民事信託に係る相続税申告

この信託は、アパートなど不動産活用を目的とした民事信託です。委託者が生きているときは委託者を第1受益者とし、信託利益を自分のために使い（所得税）、委託者の死亡により配偶者を第2受益者としています。第1受益者の死亡により第2受益者である妻が信託財産を遺贈とみなして相続税申告書を提出しました。

相続税の課税価格に算入される信託受益権は、信託財産の時価から信託財産に係る債務（アパートの借入金等）を控除した金額となります。元本受益権（アパート）は、信託受益権から収益受益権（アパートの運用益）を控除した金額としました。

収益受益権は、課税時期の現況において推算した受益者が将来受けるべき利益の価額ごとに、課税時期からそれぞれの受益の時期までの期間に応ずる複利年金現価率を乗じて計算した金額としました。

(2) 調停成立と時効に係る更正の請求

① 調停の成立

母親が亡くなりました。相続人は長男と長女の2人です。母親は公正証書遺言を作成していました。遺言書には遺産の大半を長男（祭祀承継者）に承継させ、長女が受ける財産は少額でした。相続税の申告期限前に、長女は相続財産について家庭裁判所に調停を申し立てています。そのため、相続税の申告書はとりあえず公正証書遺言記載の通り、兄弟が相続財産を取得したものとして相続税の申告をしました。

遺言書に記載されている財産には父親や母親からもらった財産や父親から子供に分けた財産も混在していました。長男は長女に父親と母親の遺産について両人の代償金を支払うことで調停が成立しました。

成立した調停に基づき遺産分割協議書が作成され、父親と母親2人を被相続人とし、多くもらった長男は長女に両親から受けた相続財産に係る代償金を支払うこととなったのです。

この手続きは調停成立まで3年かかりました。

② 時効と更正の請求

この案件では、母親が亡くなる10年以上前に父親が亡くなっています。その際、相続税の申告をしていませんでした。

相続税の時効は原則5年、悪質な場合は7年であり父親の相続についての相続税の時効は過ぎていますので税務署では相続財産の調査すらできません。ただし、父親から母親がもらった財産は時効とはなりません。

母親には所得がありましたので、父親から受けた財産と母親が稼いだ財産の合計が母親の相続財産となります。相続税の申告は、両親の財産のうち母親の財産を特定しなければなりません。また、父親の財産を除外し、母親の財産のうち長男と長女が受けた財産と、長男が長女に支払った代償金のうち母親の遺産に係る代償金も分離しなければなりません。

そこで調停調書を解明して相続税の更正の請求書を作成しました。その結果、更正の請求が認められ、このケースでも更正の請求書提出後、税務調査もなく2カ月を経過して要求通り相続税の還付を受けました。

おわりに

人が「死んで」相続税がかかる場合について説明をしてきました。人の死亡による財産権の移転は相続税を納めて終了します。具体的な相続税の負担は、各相続人が相続又は遺贈により取得した財産に応じて相続税を支払うことになります。相続は、一般に「終活」と言われる被相続人一生の清算です。

今後、「人生100年時代」といわれる高齢化社会を迎えています。自分や配偶者が近い将来生ずる介護や認知症の課題もあります。そこでは生きているうちに「死ぬ前の準備」をする必要に迫られます。子供のいない夫婦では、自分が「死んだ」あと、配偶者の生活を守る必要（相互遺言）もあります。相続は、被相続人が先祖から受けた財産と、一生かけて稼いだ蓄積を祭祀承継者あるいは次の世代に財産を渡す手続きでもあります。また、死んだ後に課税される相続税の納税資金の確保もあるでしょう。

旧来は「争族」となり相続人同士の確執が残ることを避けるために、遺言書の必要性が強調されていました。これは民法のみを基調とする遺産分割となります。わが国では血の繋がりを重視し「家」を維持するという伝統的な意識があるのかもしれませんが、これらは時代とともに変化していくでしょう。

相続税法では信託法の改正を受けて、平成18年12月に税制が整備され、平成19年度税制改正で新信託法に伴う信託税制が制定されました。しかし、創設後、十数年経過していますが民事信託を専門とする組織を除き、活用するケースは増加しておりません。

「死ぬ前の準備」には、遺言書の作成と信託法による民事信託の活用があります。民事信託の活用は、税理士の立場から言えば、税法以前の取扱いなので受け身といえます。ただし民事信託のメリットを積極的に理解する税理士の努力は必要でしょう。

民事信託を活用すれば、民事信託の対象となる財産は遺産分割をすべき財産から除外されます。遺留分を配慮した民事信託により遺言も遺産分割もいらないのです。

民事信託は委託者（財産を残す人）の独断で決められるので、財産を受ける人から見れば硬直化と指摘されるでしょう。民事信託に移行することに違和感を感じるならば、民法の規定に加えて収益物件など特定の財産を限定し遺言と信託を組み合わせたらどうでしょうか。

税法的に言えば、民事信託を利用することで相続税法の取扱いは変わるものでなく、遺贈とみなされ相続税が課税されます。要するに、遺言について不満を持つ相続人の問題は、信託によって解消され、少なくとも相続人同士の軋轢は回避されます。高齢化社会の今だからこそ「死ぬ前の準備」をして相続を迎えることが大切であると思われます。その結果、相続税の事務手続きも穏やかに完了するでしょう。このように税理士の仕事は、税法を使いこなして税金の計算をするだけでなく、財産権の移転について民法や信託法を駆使し、弁護士や司法書士などの協力を得て税務代理人として社会の要請に応えることにあります。

この講義を受けた皆さんの中で税理士の仕事に興味を持ち1人でも多く税理士が輩出され

ることを希望してこの講義を終わりにします。

ご清聴ありがとうございました。


【参考文献】


金子宏『租税法〔第23版〕』（平成31年2月28日、弘文堂）。

民事信託『実務ハンドブック〔初版3刷〕』（平成30年11月1日、日本法令）。

関根稔『相続の話をしよう』（令和2年12月21日初版、財経詳報社）。

山田吉隆『家族信託と税金のはなし〔再販発行〕』（令和2年6月26日、大蔵財務協会）。

笹島修平『家族信託を活用した新しい相続・贈与のすすめ〔初版〕』（令和2年11月16日、大蔵財務協会）。

第9章　パンデミック下の税理士

辻堂敦盛

はじめに

こんにちは、税理士の辻堂敦盛です。今日はよろしくお願いします。

始めに、私の自己紹介をさせて頂きます。私は、宮城県出身で宮城県の高校を卒業しました。高校の時から踊りを25歳まで続けておりました。踊りをしていた間は、ちょっといいこともあったり、東京都で開催された大会で入賞したりしました。しかし、このままでは食べていけないと思い、仙台に戻り税理士の勉強を始めました。税理士試験の勉強を始めてみたら、とても難しく大変困りましたが、最後まで勉強を頑張り、そして、東北学院大学の大学院にお世話になり、税理士の資格を取得し、現在に至ります。自己紹介は以上です。

それでは、講義を始めていきます。本日のテーマは、「パンデミック下での税理士」です。その全体像は、次の頁の5項目に分かれております。皆さんに何を説明したらいいのか少し迷ったのですが、具体的に私が実務で行ったことだけをまとめました。

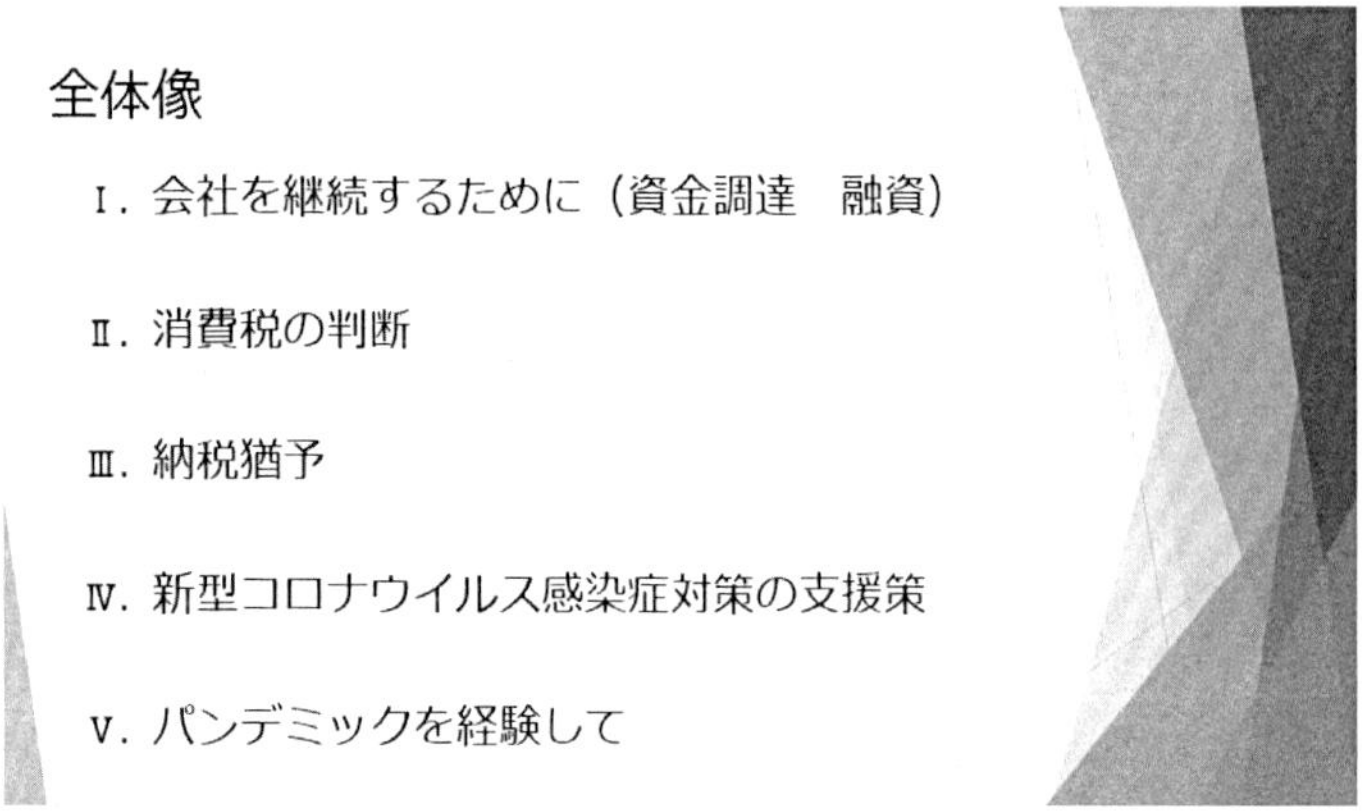

1　会社を継続するために（資金調達　融資）

それでは、初めに「会社を継続するために（資金調達　融資）」から始めたいと思います。

まず、コロナ禍の当初、先行きが全く見えなかったため、私達の顧問先はとても不安に思っていました。そして、私達も実際にコロナとは何だろう、今後何がどうなるのかも分からないという感じでした。取り敢えずどうしたらいいのかなと思いながら進めていた状況です。

初めに皆様に理解して頂きたいことですが、「会社ってどうなったら継続できなくなるの？（倒産するの？）」、「赤字だと倒産するの？」、について考えてみて下さい。結論だけ言いますが、「お金が無くなって、どうしようもなくなったら、継続できなくなり、倒産します」。様々な方法があると思いますが、会社は、簡単に考えるとお金が無くなると倒産するのではないかということです。裏を返すと、赤字でもお金が無くならなければ倒産しません。事業は、継続できると思います。仮に、私が事業で100万円の赤字を発生させた場合でも、私がすごい大金持ちだとしたら、会社に1億円のお金を入れれば、会社は倒産しません。しかし、大半の人達は、違いますのでそういう状態にはなりません。それでは、どうすれば良いかとなります。新型コロナウイルス感染症が蔓延する緊急事態では、この先どうなるのか誰も予測ができない状況でした。ということは、将来が不安であったため、ひとまず借入れにより、資金の確保、資金調達が必要だということです。

コロナ禍の始まりがどういう状況かと言いますと、2019年12月に中国の武漢で発生したと言われています。これは皆さんもご存じのとおりで、原因不明の肺炎の集団感染が発生しました。日本での感染が報告されたのは、いつかと言いますと、日経の記事によると2020年1月に神奈川県在住の30代の男性が最初に感染したと言われています。そして、現在、新型コロナウイルス感染症が確認されてから2年が経過しました。この間、一時デルタ株などが出てきましたが、一旦落ち着いたと思ったら、最近またニュースでオミクロン株と言われる変異株が報道され、おそらくさらに強力であると推測されるウイルスであり、終息の見通しがつかない状況です。

そして、ここでまた資金調達の話に戻ります。資金調達の代表的な手法は、銀行からの借入れです。本講義では、資金調達の手法として銀行の借入れだけを説明しますが、資金調達の手法は他にも様々なものがあります。私が今回のコロナの資金調達で経験したのは、運転資金等の金融機関からの借入れのみだったので、説明を割愛しますが、他の資金調達方法として、例えば「出資してもらう」、「ファクタリングで売掛金等の債権を売却する」、「社長個人から借入を行う」等、様々な手法があります。

次に、借入の種類ですが、大きく2つに区分されます。

1つ目は、運転資金です。今回のコロナ禍では、大半の会社がまず運転資金として資金調達を行いました。運転資金とは、単純に会社が事業を続けていく上で必要となる資金を言います。2つ目は、設備資金です。設備資金とは、会社が固定資産（建物、機械、車両など）を取得するときに必要となる資金を言います。

そして、繰り返しになりますが、コロナ禍では、主に運転資金として資金調達が行われました。コロナ禍により経済が極めて不安定な時に、設備資金を調達して不動産等を購入しようと考える経営者の方々は、殆どいません。

この運転資金ですが、事業を継続していくために通常必要な資金です。それでは、この運転資金をいくら調達すればいいのかについて説明していきます。

これは、例えば学生さんでアルバイトをしていて給料を貰っているだけだとなかなか理解しづらいのですが、殆どの日本の企業では、仕入や売上等の取引を行った時に、現金で決済することも稀にありますが、掛取引というのが通常行われています。掛取引とは、信用取引と呼ばれています。とても簡単な説明ですが、「今日仕入れました。でもお金は後から払います」、「今日売りました。でも後からお金を頂きます」という取引です。

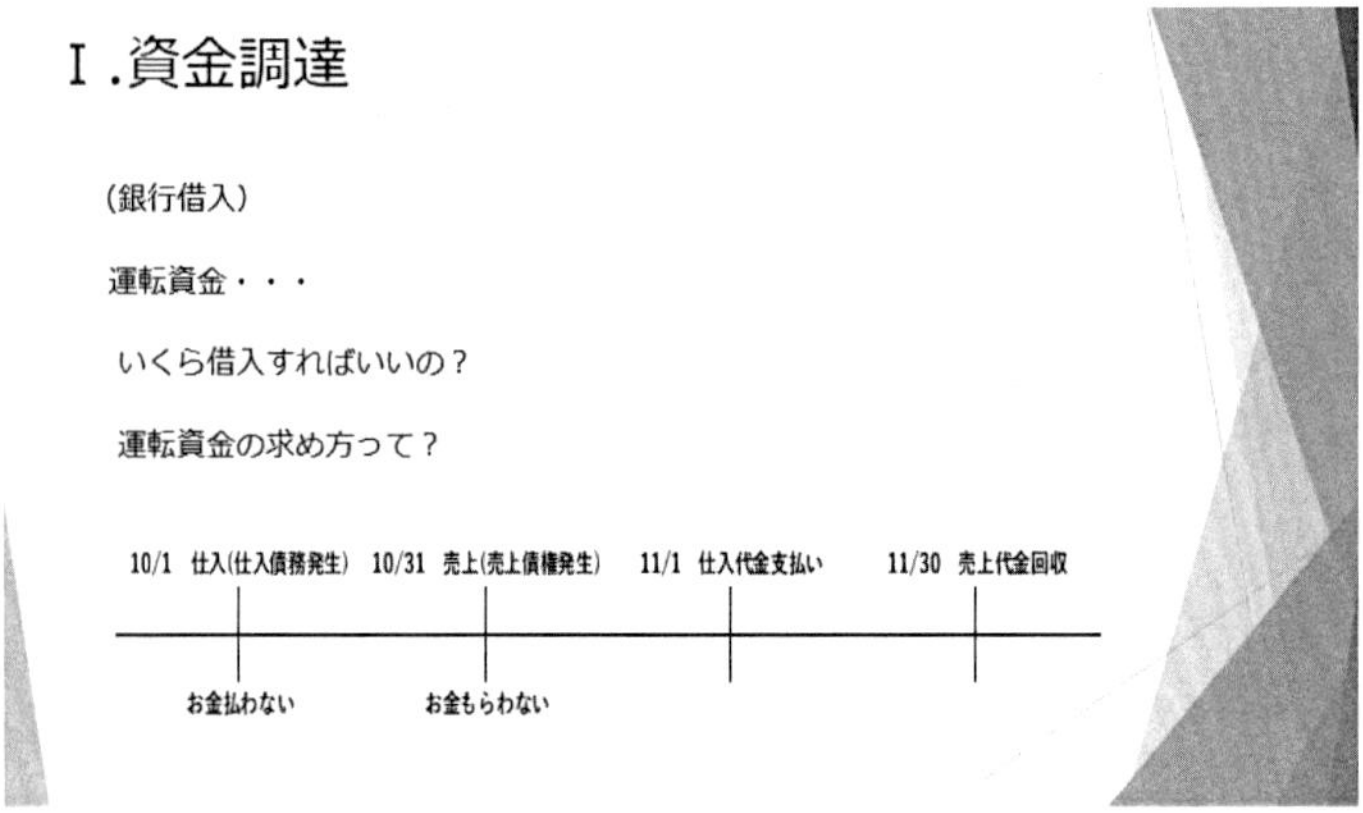
Ⅰ.資金調達
(銀行借入)
運転資金・・・
いくら借入すればいいの？
運転資金の求め方って？
10/1 仕入(仕入債務発生)
10/31 売上(売上債権発生)
11/1 仕入代金支払い
11/30 売上代金回収
お金払わない
お金もらわない

少し詳しく説明しますので、上記の図を見てください。

例えば、10月1日に商品を仕入れました。同時に仕入債務が発生します。仕入債務というと難しいですが、簡単に言いますとお金を支払う義務が発生したということです。簿記の勉強をされた学生さんは、ご存じかもしれませんが、例えば買掛金や支払手形のような支払義務です。仕入を行った時点では、お金を支払いません。次に、10月31日に商品を売上げました。同時に売上債権が発生します。今度はお金をもらう債権が発生します。例えば、売掛金や受取手形等です。売上をした時点では、お金を貰いません。

続きまして、11月1日は、仕入債務の支払期日です。10月1日に商品の仕入を行い、1カ月後に支払期限が到来しお金を支払います。実際に商品を仕入れた時とお金を支払う時には、このようにタイムラグが生じます。そして、11月30日には、商品の売上代金回収期限が到来しお金を貰います。

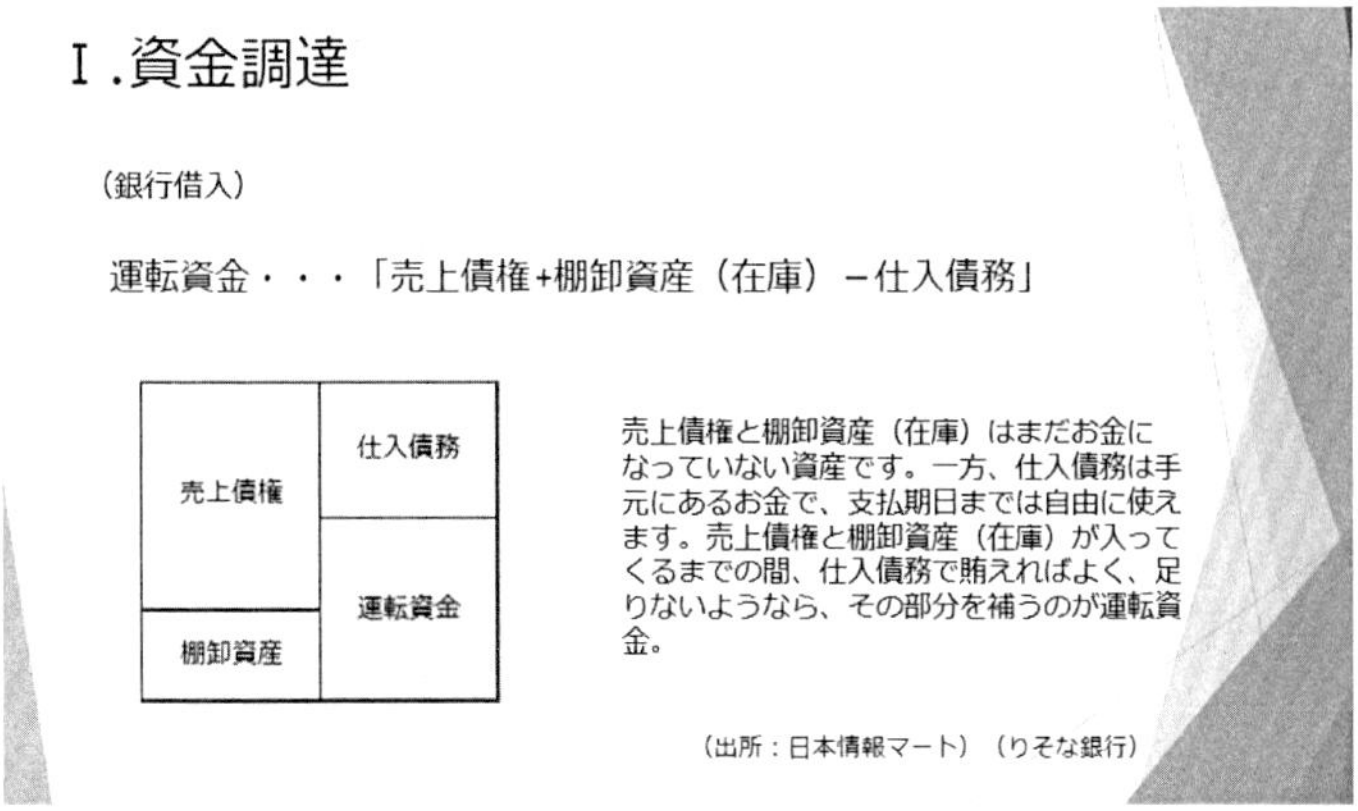
Ⅰ.資金調達
（銀行借入）
運転資金・・・「売上債権+棚卸資産（在庫）－仕入債務」
売上債権
棚卸資産
仕入債務
運転資金
売上債権と棚卸資産（在庫）はまだお金になっていない資産です。一方、仕入債務は手元にあるお金で、支払期日までは自由に使えます。売上債権と棚卸資産（在庫）が入ってくるまでの間、仕入債務で賄えればよく、足りないようなら、その部分を補うのが運転資金。
（出所：日本情報マート）（りそな銀行）

上記記載にあるような取引は、基本的に信用取引、掛取引と言われます。このような取引があるから運転資金という資金が必要になると考えてください。

上図は、一般的な運転資金の求め方です。各会社によって運転資金の求め方は、異なりますが、一番オーソドックスな求め方を説明します。

まずは、算式を見て下さい。運転資金の金額は、「売上債権」に「棚卸資産」を加算して、「仕入債務」を差し引いて求めます。「売上債権」とは、商品を売上げたがまだお金を貰っていない債権を言います。次に「棚卸資産」とは、商品を仕入れたがまだ売れておらず手元に残っている在庫です。最後に「仕入債務」とは、繰り返しですが、商品を仕入れたがまだ支払を行っていない債務です。支払義務みたいなものです。

算式で説明しても少し分かりづらいと思うので、ボックス図で説明します。「売上債権」と「棚卸資産」は、ボックスの左側です。左側は、資産となりプラスの財産となります。右側の「仕入債務」は、マイナスの財産です。「売上債権」と「棚卸資産」は、まだ現金化されていない資産です。これに対して、「仕入債務」は、現金による支払いを行っていないことから、手許現金が支払期日まで自由に使えます。

つまり、売上債権と棚卸資産（在庫）に対する現金が入金されるまでの間、この支払わなくていい仕入債務で賄える場合、運転資金は必要ありません。しかし、仕入債務で賄えないような部分が生じる場合には、運転資金として資金調達しなければ、回らなくなるということです。少し難しいかもしれませんが、会社の行っているすべての取引が同時に発生していないのでこのような状況が起こります。

例えば、住宅メーカーが土地を購入し、その土地に建物を建築して売却する場合を考えてみてください。建物の建築には、2、3カ月の工期が必要となります。土地の購入代金は、土地の売り主に先に支払います。その後、建築業者や大工さんにも建築代金を支払いました。しかし、建物が完成しても、売却されるまで3カ月の期間を要します。この場合には、土地の購入費用2、000万円、建築業者への建築費用2、000万円を先行して支払いますが、売上代金5、000万円が入金されるまでに現金は賄えません。このような時には、事前に運転資金として4、000万円を調達しておかなければ事業が回りません。そんな感じです。

以上が一般的な運転資金の算定方法です。

しかし、このコロナ禍では、今後、売上が発生するのか誰もわからない状況になりました。もちろん、売上の予測が不可能な状態で、仕入をして在庫を抱えて良いのか。誰もわからない。

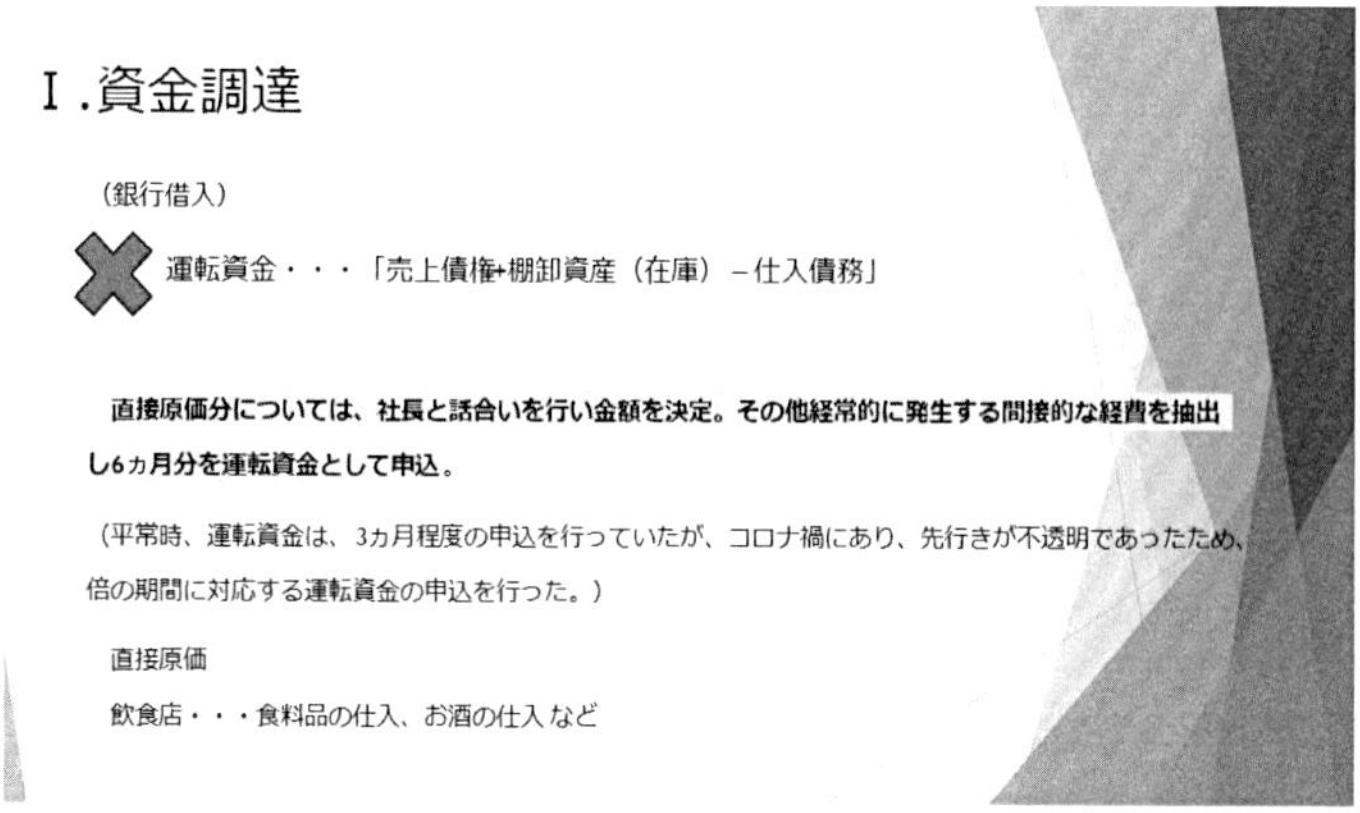
Ⅰ.資金調達
（銀行借入）
運転資金・・・「売上債権+棚卸資産（在庫）－仕入債務」
直接原価分については、社長と話合いを行い金額を決定。その他経常的に発生する間接的な経費を抽出し6ヵ月分を運転資金として申込。
（平常時、運転資金は、3ヵ月程度の申込を行っていたが、コロナ禍にあり、先行きが不透明であったため、倍の期間に対応する運転資金の申込を行った。）
直接原価
飲食店・・・食料品の仕入、お酒の仕入 など

ということは、先ほど説明した「棚卸資産」「仕入債務」の金額がいくらなのか、誰もわからない状況に陥りました。つまり、先程の理論的な運転資金の算式に当てはめることができなくなりました。

そこで、私は考えました。それでは、コロナ禍の状況下で実際に私が何を行ったかについてこれから説明します。上の図を見て下さい。

まずは、コロナ禍で先程の算式が使えなくなりました。「バツ」をつけております。

その算式の下を読んでいきます。「直接原価分については、社長と話合いを行い金額を決定。その他経常的に発生する間接的な経費を抽出し6ヵ月分を運転資金として申込。」を行いました。まず「直接原価分」とは、材料等の仕入を指します。そして、コロナ禍では発生しないだろうという費用については、前年の同月比の半分以下にして設定しました。そして、その他の経常的に発生する間接的な経費を抽出して、6カ月分を運転資金として申し込みました。

そして、「その他経常的に発生する間接的な経費」というのは、例えば、役員報酬やアルバイト代等の給料があります。また、経常的に出る経費として水道光熱費、携帯電話の通信費等、さらに、地代家賃、駐車料等が掛かります。その他、ちょっとしたお茶代や飲食代、交通費等これらの費用を私が抽出して、6カ月分を運転資金として申し込みました。図には、平常時における私の対応も記載しました。平常時、運転資金は3カ月程度の申し込みを行っていましたが、コロナ禍にあり、先行きが不透明であったため、倍の期間に対応する運転資金を申し込んでおりました。先程説明した直接原価の算定について、例えば飲食店において、「食料品の仕入」や「お酒の仕入」などというのは、社長と話し合って去年の半分とかほぼゼロで運転資金の金額を計算しました。

ここからは、資金調達の実際の制度についての話になります。皆さんももしかしたらテレビとかで、日本政策金融公庫、コロナ融資、ゼロ金利で利息が掛かりません等と聞いたことがある人もいると思いますが、そのことを説明します。

では、具体的にどういう制度かと言いますと、次の頁の図を見て下さい。制度なので面白いところはありませんが、まず融資限度額が定められております。中小企業事業は6億円、国民生活事業は8,000万円です。8,000万円がどのくらいの金額かですが、高いのか安いのかも皆さんわからないと思いますが、私が担当しているお客さんで限度額の8,000万円を調達する場合は、まずありません。そして、8,000万円の審査が通るお客さんも殆どいません。とりあえず、このような融資の制度ができましたということです。

Ⅰ.資金調達

融資限度額	中小企業事業6億円，国民生活事業8,000万円
貸付期間	設備20年以内，運転15年以内（うち据置期間5年以内）
金利	基準金利から3年間は△0.9%の金利優遇
融資対象	新型コロナウィルス感染症の影響を受けて一時的な業況悪化を来たし，一定の要件を満たす者

なお，上記融資対象の一定の要件とは，下記のとおりである。

①最近1カ月の売上高が前年又は前々年の同期と比較して75%以上減少した者
②業歴3カ月以上1年1カ月未満の場合，又は店舗増加や合併，業種の転換など売上増加に直結する設備投資や雇用等の拡大を行なっている企業（ベンチャー・スタートアップ企業を含む）等，前年（前々年）動機と単純に比較できない場合等は，最近1カ月の売上高が，次の（a）～（c）いずれかと比較して△5%以上減少している者 （a）過去3カ月（最近1カ月を含む。）の平均売上高 （b）令和元年12月の売上高 （c）令和元年10月～12月の売上高平均額

次に、貸付期間については、設備資金が20年以内、運転資金が15年以内となります。「設備」というのは、繰り返しになりますが、機械や不動産、車両等を購入する場合の借入金です。「運転」とは、先程説明した通常の運転資金に充当するために必要な資金です。そして、括弧書きの文言が結構重要で、「うち据置期間が5年以内」とあります。この据置期間とは、運転資金を貸付期間15年で調達し、最初の5年間について元本の返済を据置くこと、つまり、最初の5年間は返済しなくていいですよという制度です。調達した資金をすぐに返済したら資金が尽きてしまうことを防止する制度です。私は、基本的に最長で資金調達を行い、5年間据置きしてもらいました。平常時であれば、5年間元本を据置けば利息が発生して負担が大変です。しかし、この制度のいいところは次の「金利」です。

基準金利から3年間はマイナス0・9%の金利優遇です。まず、この制度に該当すると金利が無条件で0・9%低くなります。金利0・9%では、さほど低くないと思いますが、取りあえず0・9％低くしてくれました。

そして、「融資対象」ですが、「新型コロナウイルス感染症の影響を受けて一時的な業績悪化となった、一定の要件を満たす者」です。私達の税理士法人では、この「一定の要件」に該当するか否かを探すのが仕事となりました。そして、この「一定の要件」とは、①最近1カ月の売上高が前年又は前々年の同期と比較して5％以上減少した者です。例えば、本日は11月なので11月の売上が100万円とします。前年又は前々年の11月の売上が200万円の場合には、「一定の要件」である5％以上減少した者に該当します。この「一定の要件」に該当することから、運転資金として貸付期間が最長15年、金利が0・9％低く資金調達が可能となります。

さらに、図に記載しておりませんが、個人事業の場合には、金利が0・9％低くなるだけではなく、5％減少していれば3年間の利息の補助を受けることが出来ます。つまり、3年間は、無利息で資金を調達することが出来ます。また、中小企業のうち、小規模事業者の場合には、15％減少していれば3年間無利息となります。小規模事業者に該当しない場合でも、20％以上減少すれば無利息となります。私は、将来の不安定な経済状況下において、まずは、当該制度を利用して手許資金を確保することを勧めていました。

この制度のもう1つの利点は、既存の債務の借換えが出来るということです。次の頁の図を見て下さい。

具体的にご説明します。現在、金利2％の借入金3、000万円がある場合です。コロナ

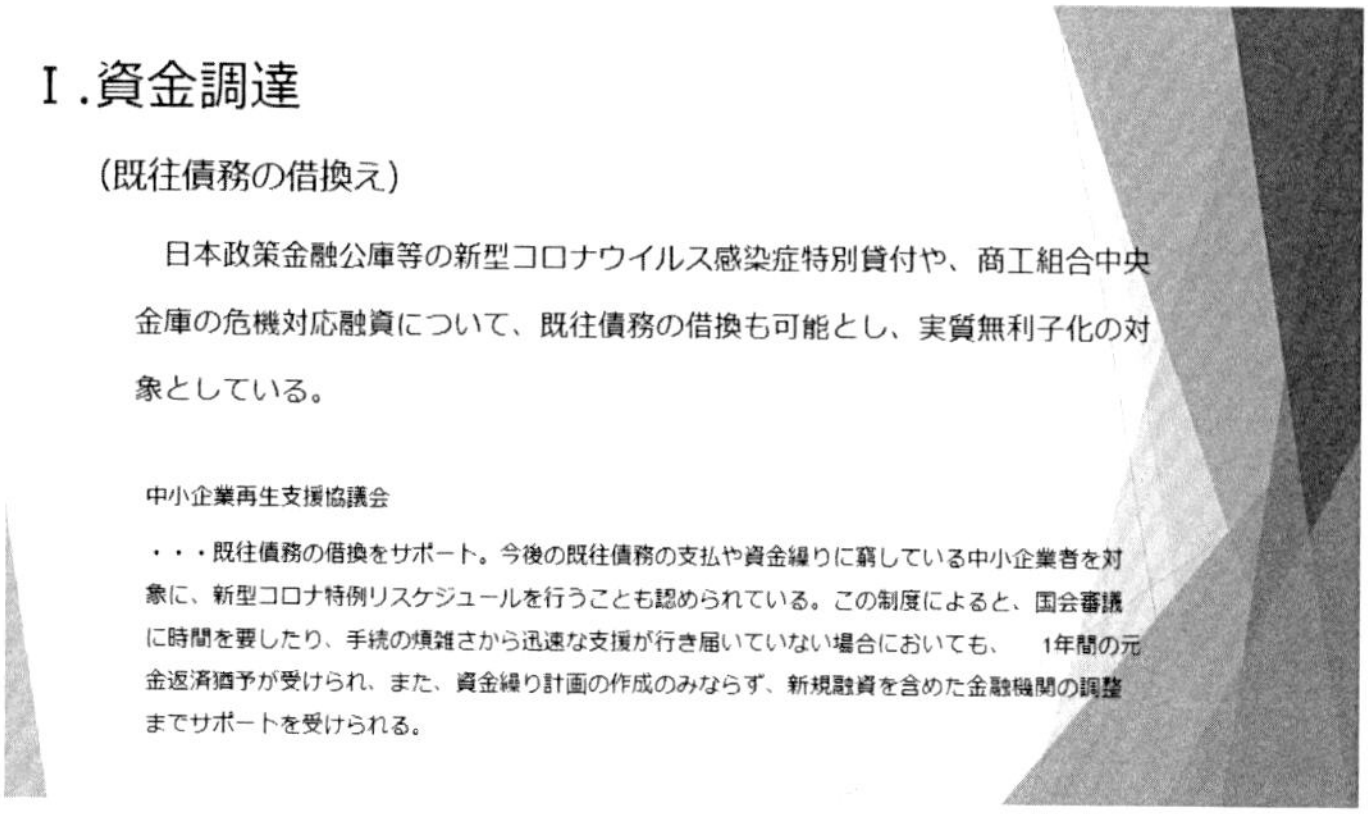
Ⅰ.資金調達
（既往債務の借換え）
日本政策金融公庫等の新型コロナウイルス感染症特別貸付や、商工組合中央金庫の危機対応融資について、既往債務の借換も可能とし、実質無利子化の対象としている。
中小企業再生支援協議会
・・・既往債務の借換をサポート。今後の既往債務の支払や資金繰りに窮している中小企業者を対象に、新型コロナ特例リスケジュールを行うことも認められている。この制度によると、国会審議に時間を要したり、手続の煩雑さから迅速な支援が行き届いていない場合においても、 1年間の元金返済猶予が受けられ、また、資金繰り計画の作成のみならず、新規融資を含めた金融機関の調整までサポートを受けられる。

の影響により「一定の要件」に該当した場合には、この融資制度を活用し、5、000万円を資金調達し3、000万円を借換えし、新しい資金として2、000万円を調達します。そして、新規調達の5、000万円の借入金については、実質無利息となります。この制度により、このようなことが出来ました。この制度は、一時期テレビ等で頻繁に放映されていました。

それでは、図の下側、中小企業再生支援協議会のところを説明します。中小企業再生支援協議会の役割は、既存の債務の借換えをサポートすることです。今後の既往債務の支払や資金繰りに窮している中小企業者を対象に、新型コロナ特例リスケジュールを行うことも認められております。ここでいうリスケジュールとは、資金調達当初の、5年の返済期間を8年や10年に変更するというものです。当初の契約の一括返済を要しないということです。この制度によると、国会審議に時間を要したり、手続の煩雑さから迅速な支援が行き届いていない場合においても、1年間の元金返済猶予が受けられ、また、資金繰り計画の作成のみならず、新規融資を含めた金融機関の調整までサポートを受けられます。

簡単に言うとすごくよかったですという話ですね。

2 消費税の判断

次に、「消費税の判断」について説明します。税理士法人としては、これも結構大変でした。コロナによる特例となりますので、見落しのないように細心の注意を払い仕事をしました。

まずは、消費税の納税義務者とは、どのようなものかについて説明します。個人事業主の場合には、2年前の課税売上高が1、000万円を超えている人です。例えば、2年前の課税売上高が2、000万円の場合には、今年の売上高が100万円の場合でも消費税の納税義務があります。よく間違える方が多いのですが、判定する基準は、今年の売上高ではなくて2年前の売上高で判断します。法人の場合には、前々事業年度の売上高、簡単に言いますと2年前の課税売上高が1、000万円を超える法人が消費税の納税義務者となります。

しかし、2年前の課税売上高が1、000万円を超えていない場合であっても、消費税の納税義務者になることが出来る制度があります。つまり、納税義務の無い者が選択により納税義務者になることです。この制度が「課税事業者の選択」という制度です。この制度を選択するためには、「課税事業者選択届出書」を課税期間開始日の前日までに提出する必要が

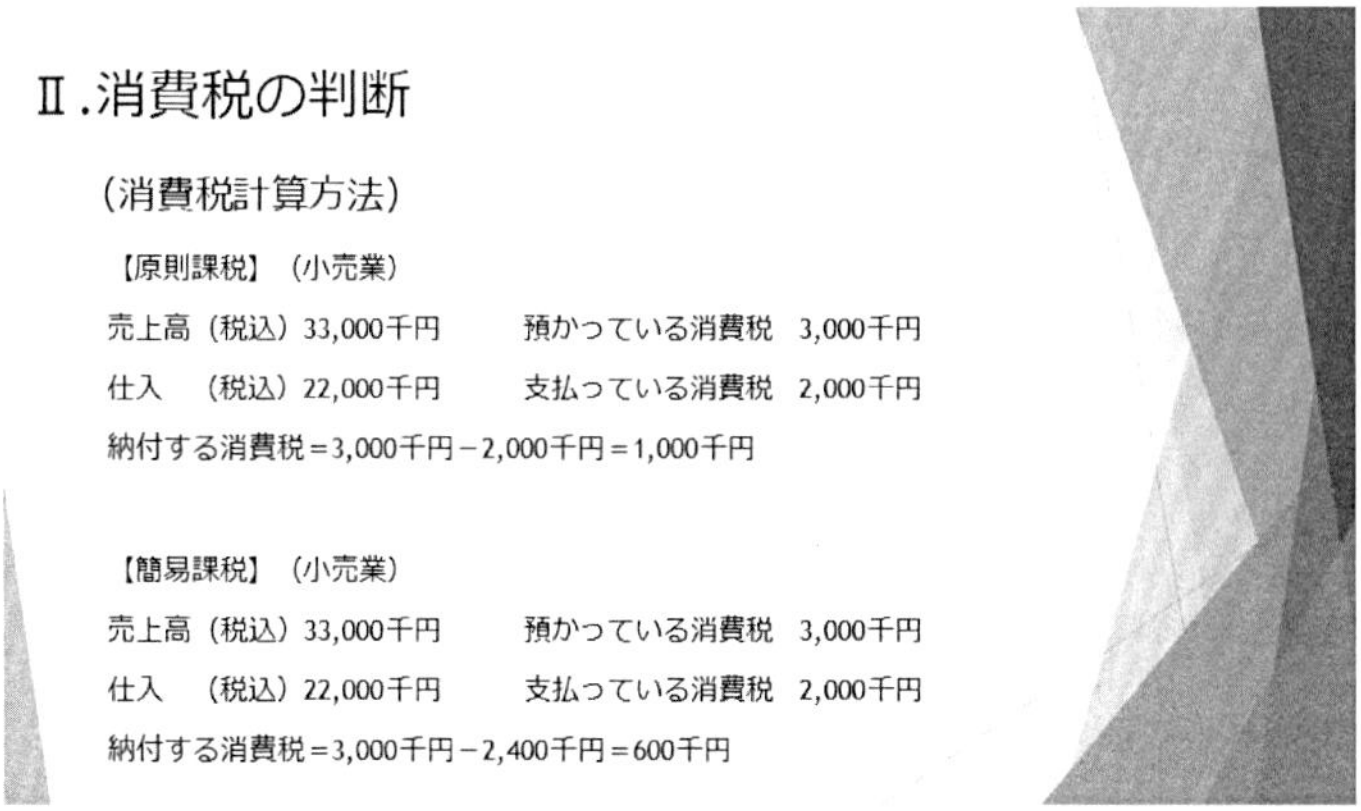
Ⅱ.消費税の判断
（消費税計算方法）
【原則課税】（小売業）
売上高（税込）33,000千円　預かっている消費税　3,000千円
仕入　（税込）22,000千円　支払っている消費税　2,000千円
納付する消費税＝3,000千円－2,000千円＝1,000千円
【簡易課税】（小売業）
売上高（税込）33,000千円　預かっている消費税　3,000千円
仕入　（税込）22,000千円　支払っている消費税　2,000千円
納付する消費税＝3,000千円－2,400千円＝600千円

あります。消費税の免税事業者があえて納税義務者を選択することは、頭おかしいんじゃないかと思われる方もいると思います。

そういうこともあると思うので、少し、消費税の基本的な仕組みについて説明します。上の図をご覧下さい。

最初に、「原則課税」という制度について、具体的な事例を用いて説明します。

まずは、小売業を行っている事業者の税込売上高が３、３００万円とします。そうしますと、消費税率が10%であるため、税込売上高に含まれている消費税は、３００万円となります。この３００万円は、事業者が預かっている消費税の金額となります。

次に、税込仕入が２、２００万円とします。こちらも消費税率が10%であるため、２、２００万円のうち消費税の金額は、２００万円となります。この２００万円は、事業者が事前に預けている消費税の金額となります。この事業者が、消費税の納税を行う場合には、預かっている消費税300万円から預けている消費税200万円を差し引いた残額である100万円を国に申告納税します。このような仕組みになっています。

先程、消費税の納税義務が無いのに納税義務者になる選択が可能となる制度を説明しました。何故その選択を行うかについての理由を説明します。図には、記載しておりませんが、同じ事例を用いて説明します。

前記の同じ小売業者が、当期に多額な設備投資を行った場合を考えて下さい。仮に、本社ビルや新工場を建築する、高額な工事用機械を購入する等々で、税込2億2、000万円の設備投資を行いました。そうしますと、前記小売業者の預けている消費税が2、000万円追加されます。消費税の納税を行う場合には、預かっている消費税300万円から預けている消費税2、200万円（200万円＋2、000万円＝2、200万円）を差し引いて△1、900万円の還付申告となります。つまり、預かった消費税の金額より預けている消費税の金額が多額の場合には、税金が払い戻されることになります。

したがって、翌年度に多額な設備投資等が事前に確定しており、預かる消費税より預ける消費税が多額である場合には、納税義務の無い者があえて納税義務者を選択し、預けすぎた消費税額を払い戻してもらう（還付してもらう）ことが出来ます。

このような場合でなければ、誰も納税義務者を選択しません。そして、このような消費税の還付を受ける場合には、その事業年度が始まる前の日までに「課税事業者選択届出書」を提出しなければなりません。事業年度の途中で気が付いて提出してもできません。後出しは、一切やめて下さいという制度です。皆さん、還付されるのは、有利です。ただし、後出しは、やめて下さいという制度です。

次に、図の「簡易課税」について説明します。この簡易課税は、取引規模が一定規模以下の事業者が選択できる制度です。こちらも、先程の「原則課税」と同じ事例を用いて説明します。

売上高は、先程と同額で税込3、300万円です。預かっている消費税は、300万円です。仕入も、先程と同額で税込2、200万円です。預けている消費税は、200万円です。預かっている消費税額が100万円多い状態です。ここまでは、取引の事実なので何ら変わりません。

ただし、簡易課税の場合には、消費税の計算方法が変わり、実際に納付する消費税の金額が変わります。計算方法に関する詳細な説明は、時間の都合上割愛しますが、小売業の場合には、消費税の納税額は60万円となります。原則課税の場合では100万円の納税額なのに、簡易課税の場合では60万円となります。このように、実際に申告納税する消費税の金額は、事業者の選択する方法により異なります。この事例の場合には、簡易課税を選択した場合が有利となります。

それでは、どのような手続きを行うかについて説明します。この簡易課税の方法を選択する場合には、簡易課税を選択する事業年度が始まる前までに「消費税簡易課税制度選択届出書」を提出しなければなりません。そして、事業年度の途中で提出することは出来ません。

後出しは、やめて下さいということです。

先程の課税事業者を選択する場合と同じです。課税事業者を選択する場合、簡易課税を選択する場合には、直接納税額に影響することから、適用する事業年度が始まる前までに届出書を提出しなければなりません。届出の提出期限が法律で厳しく定められております。これが一番基本的な考え方です。

しかし、今回のコロナ禍において、この届出の期限に関する特例ができました。それでは、この特例について説明していきます。

原則的には、事業年度の始まる前に提出しなければなりません。後出しはやめて下さいということです。ただし、災害や今回のコロナウイルスが蔓延している場合には、一定の要件を満たすことにより、申告書の提出期限等までに届出を提出することで届出の効果を得ることが可能となりました。簡単に説明しますと、一定の要件を満たした場合には、「届出の後出しを認めます」ということです。それでは、「一定の要件」とは、どのような要件なのかということです。税理士法人としては、この「一定の要件」に該当するか否か判断し、消費税の計算方法の有利不利の判定をすることが非常に重要な仕事となりました。

まず1つ目は、課税事業者を選択するのか（やめるのか）です。納税義務のない者が課税事業者を選択するか、それとも、消費税の納税義務者でない者が納税義務を選択している場合にこの選択をやめるかの有利不利の判断です。その要件というのは、前年の同じ時期の売上高が概ね50％以上減少している場合です。この要件に該当した場合には、後出しによる届出も認めますという特例です。

次に2つ目は、簡易課税の選択です。こちらの要件は、感染拡大により通常とは異なる突発的な支払いの増加等があり、当初考えていた経済行為とは違う行為が自分の会社で起きたときです。この要件に該当する場合には、届出の後出しを認めますという特例です。

3 納税猶予

続きまして、「納税猶予」について説明します。平常時において「納税猶予」を活用することは、殆どありません。「納税猶予」とは、字の如く納税を猶予することです。税金は、納付期限について結構厳しく定められております。例えば、所得税の源泉所得税の場合、1日遅れた場合には、本税に対して10％加算税を賦課します等、厳しい規定が設けられております。しかし、今回のコロナへの対応として、「納税猶予」という制度が認められました。

次は、「納税の猶予等の期限延長」について説明します。これは、「令和2年4月30日に、「新型コロナウイルス感染症等の影響に対応するための国税関係法律の臨時特例に関する法律（令和2年法律第25号）」（以下「新型コロナ税特法」という。）及び「同施行令（令和2年政令第160号）」（以下「新型コロナ税特令」という。）が成立し、同日に公布・施行されました。そして、新型コロナ税特法の第3条に、納税の猶予の特例が設けられ、新型コロ

Ⅲ.納税猶予

新型コロナウイルスの感染拡大に伴う納税猶予の特例	
一　　般	特　　例
○一定の期間（原則 1年）において、 大幅な赤字が発生した場合に納税を猶予	○令和2年2月1日以後における一定の期間 （1か月以上）において、収入に相当の減少 ※ があった場合について 1年間納税を猶予 ※　前年同期比概ね 20%以上の減
○一時の納税ができないと認められる場合に適用	○一時の納税が困難と認められる場合に適用
・向こう1か月の事業資金を考慮	・少なくとも向こう半年間の事業資金を考慮するなど 納税者の置かれた状況に配慮し適切に対応
・収支や財産状況を示す書類の提出が必要。 提出が困難な場合は口頭説明も可（柔軟な運用）	・左記柔軟な運用を継続
○原則として担保の提供が必要	○担保は不要
○延滞税は軽減（年 1.6%）	○延滞税は免除

ナウイルス感染症及びその蔓延防止のための措置の影響によって、相当な収入の減少があったことその他これに類する事実がある場合には、国税通則法第46条第1項に規定する震災、風水害、落雷、火災その他これに類する災害により納税者がその財産につき相当な損失を受けた場合に該当するものとみなして、納税猶予の規定を適用する旨が定められた。」というものです。長い説明でしたが、具体的な内容は、上記の表をご覧下さい。

納税猶予の特例には、「一般」と「特例」があります。私は、この規定のうち「特例」をよく活用しました。「一時の納税が困難と認められる場合に適用」する場合です。具体的には、「少なくとも向こう半年間の事業資金を考慮するなど、納税者の置かれた状況に配慮し適切に対応」と規定しております。

抽象的に規定されていますが、具体的には、向こう半年間（6カ月分）の運転資金の金額を計算し、その金額を超えている場合、納税して下さいというものです。ただし、6カ月分の資金が確保できていない場合には、当該規定に基づき納税猶予を認めますというものです。このような規定が設けられることは非常に珍しいことです。そして、6カ月という期間は、かなり長い期間ですので、とても優遇された特例だと思いました。さらに、担保は不要（通常の場合には、担保を提供したりします）、延滞税は免除となっております。これは、平常時ではあり得ない特例です。

しかし、この特例制度を活用した納税者の中には、その翌年に2年分を一括でそして多額な納税をしなければならない納税者もおりました。私は、一括で2年分の納税を行うことについて結果的にどうだったのかなと思いました。それでも、この納税猶予の特例は、緊急避難として、一時的な資金繰りの悪化を回避することができ、とても良い制度だと思います。

4 新型コロナウイルス感染症対策の支援策

次は、「新型コロナウイルス感染症対策の支援策」です。こちらは、税務とまったく関係ありません。皆さんが聞いたことのある制度について、簡単に説明します。

(1) 持続化給付金

まず支援策で一番有名なのは、「持続化給付金」です。給付対象者とは、資本金10億円未満、常時使用する従業員の数が2，000人以下の事業者が対象となります。そして、2019

年以前から事業を行っており、今後も事業を継続する意思がある者で、2020年1月以降、新型コロナウイルス感染症拡大の影響により、前年同月比で事業収入が50％以上減少した者です。税理士法人では、この事業収入が50％以上減少したかどうかの判断について確認を行いました。

そして、給付額は、直前の事業年度の年間事業収入から、対象月の月間事業収入に12を乗じて得た金額を差し引いた金額となります。給付額の上限は、法人の場合は200万円、個人の場合は100万円となります。

(2) 家賃支援給付金

「家賃支援給付金」についてご説明します。家賃支援給付金も先程の持続化給付金と同じような性質の給付金です。

家賃支援給付金とは、2020年5月の緊急事態宣言の延長等により、売上の減少に直面する事業者の事業継続を下支えするため、地代家賃（賃料）の負担を軽減する給付金を支給する制度を言います。そして、給付対象者は、資本金10億円未満の中堅企業、中小企業、小規模事業者となります。

給付額は、支払賃料などが①75万円以下の場合と②75万円超の場合に区分されます。①75万円以下の場合には、「支払賃料など×給付率2／3×6カ月分」となります。例えば、支払賃料が70万円の場合には、「70万円×2／3×6カ月」となります。②75万円超の場合には、「75万円以下の支払賃料などに相当する給付金（50万円）＋支払賃料などのうち、75万円を超える金額×1／3（ただし、100万円（月額）が上限）×6カ月分」となります。仙台の物件に75万円超の支払家賃が殆どありませんので、私が実際の手続で関与したのは、①の75万円以下の場合です。

(3) 中小企業等が所有する償却資産及び事業用家屋に係る固定資産税及び都市計画税の軽減措置

最後の支援策は、固定資産税に対する減免措置です。この制度は、売上高の減少率に応じて減免対象資産の固定資産税を減免するという措置です。

減免の対象資産は、「設備等の償却資産及び事業用家屋に対する固定資産税」および「事業用家屋に対する都市計画税」です。

そして、減免率については、売上高の対前年同期比減少率が「30％以上50％未満」の場合には「1／2」、「50％以上」の場合には「全額」となります。前年と比較し、売上が半分以上減少した場合には、全額免除しますということです。

5 パンデミックを経験して

では、パンデミックを経験して設けられた税金や制度のうち、私が実際に行ったことをご

Ⅴ.パンデミックを経験して

2013年7月にオックスフォード大学のマイケルオズボーン教授が発表した

「雇用の未来」という論文において近い将来なくなるであろうとされた上位10種です。

1	テレマーケター
2	不動産登記の審査・調査
3	手縫いの仕立屋
4	数理技術者(コンピュータを使ったデータの収集・加工・分析)
5	保険業者
6	時計修理工
7	貨物取扱人
8	税務申告書作成者
9	フィルム写真の現像技術者
10	銀行の新規口座開設担当者

説明しました。パンデミックを経験してどういうことを感じたかというのを簡単に発表します。

上記の図は、税理士会の会報で引用したものです。皆さんもどこかで聞いたことがあるかもしれませんが、２０１３年7月にオックスフォード大学のマイケルオズボーン教授が発表した「雇用の未来」という論文において近い将来なくなるであろうとされた職業の上位10種です。皆さん、これから就職する上で色々なことを考えていると思いますが、生きていく上で職業選択は、非常に重要になってきます。

それでは、表の上から見ていきます。例えば「テレマーケター」、これは近い将来なくなるであろうということです。次に、「不動産登記の審査・調査」、これもなくなります。「手縫いの仕立屋」、今はあまりわかりませんが、「保険業者」等、様々な職業が列挙されております。そして、上から8番目、「税務申告書作成者」、私達がこれに該当します。一時期話題になりました。税理士、公認会計士はもう要らない。弁護士だって要らなくなる。その時に、私は、やばいなと思い、今後どうしたらいいんだろうと思いました。

私が最終的に皆様にお伝えしたかったことです。制度とかは別にどちらでもよいのですが、今回のコロナを経験して思ったことは、環境の変化により、当たり前のことが突然当たり前でなくなります。

良い意味、悪い意味ではなく、例えば飲食店では、突然売上が下がりました。これはどうしようもないことだと思います。その他にも、コロナ前の学校の授業では、リモート授業など絶対にあり得ませんでした。しかし、今では、当たり前になりました。ＪＡＬやＡＮＡ等の航空会社は、２０１８年において入りたいランキング1位、2位、3位でした。しかし、今は、就職したい人は殆どおりません。そのため、時代が変われば必要なものがまったく変わり、今まで正しいと思っていたことも正しくなくなってしまう時代になったと思います。

では、最終的に何が必要ですかというと、個人で生きていくための何かしらのスキルが必要であるということです。これは、何かというと、私もわからなくて考えていますが、今も答えが出ていません。今、何とか生きていけているのでいいかなと思いますが、皆さんは学生で時間があるため余計悩むと思いますが、何かしら自分がこれだと思う道を突き進んでスキルを得てもらえればと思います。

今回の授業は、税理士試験の受験者数が減少していることから、税理士会が税理士試験受験者を増加させようというキャンペーンではないのですが、広報活動の一環を兼ねておりま

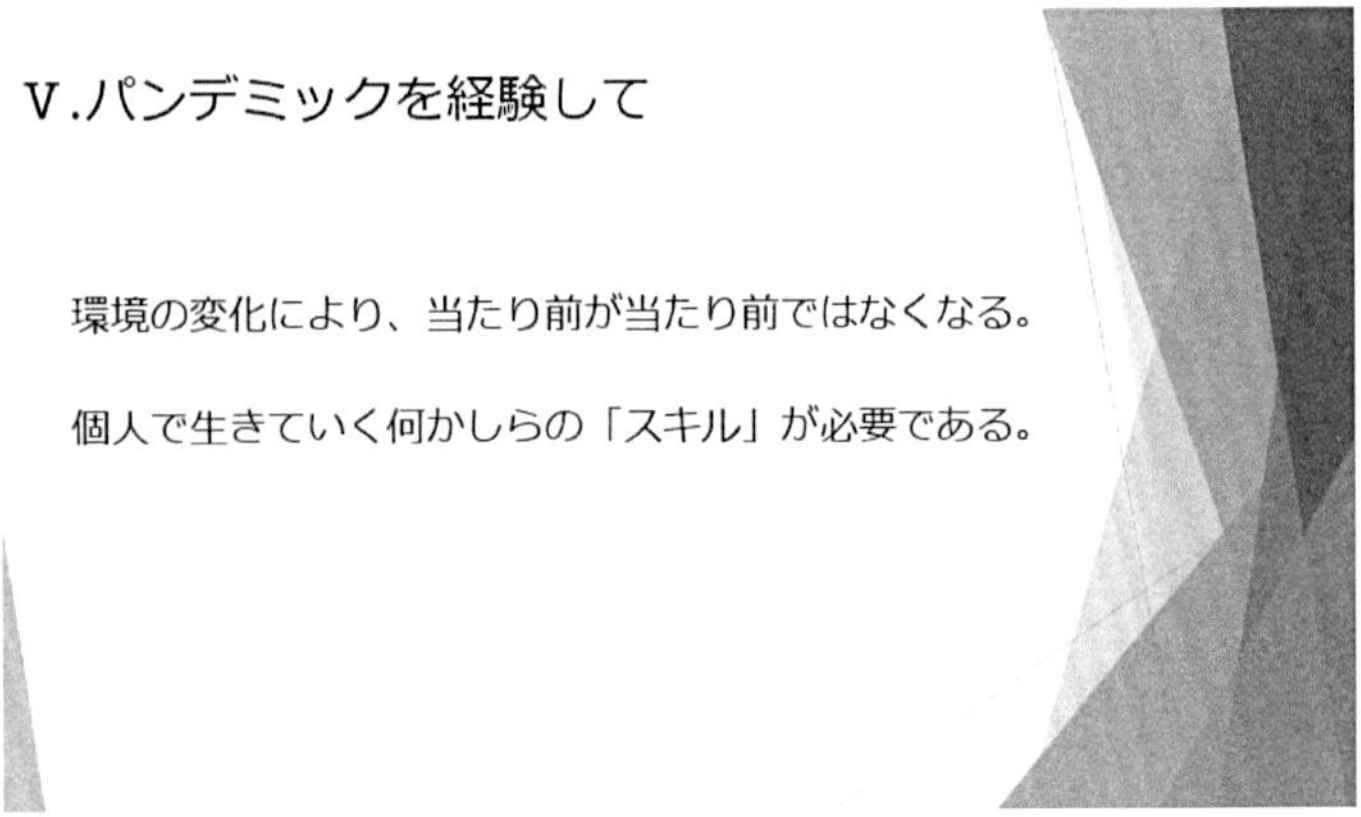
Ⅴ.パンデミックを経験して
環境の変化により、当たり前が当たり前ではなくなる。
個人で生きていく何かしらの「スキル」が必要である。

す。しかし、税理士の仕事が無くなるのではないかと書かれていました。

しかし、今、実際に仕事を行っている中では、無くなるという感じがしません。入力業務が無くなっても相談業務は残りますし、様々なやり方があります。1つだけ感じるのが、無くなる職業の中でも無くならない人がいるということです。そこに自分が入れるかどうかというのが重要かなと思います。

第10章　税金と税理士の話題

河原真明

はじめに

みなさん、こんにちは。税理士の河原と申します。よろしくお願いいたします。

本日は、以下の5つのテーマ（1 イグネと税理士、2 パンデミックと税理士、3 サウジアラビアと税金、4 ＳＤＧｓと税金、5 ピラミッドと税金）について、一緒に考えて参りたいと思います。課題は、「サウジアラビア王国について（1．当国の概要および日本との関わりについて、2．当国の税制について）」になります。

1　イグネと税理士―税理士という仕事の魅力

仙台市若林区にイグネという防風林があります。私は震災の前の年、2010年に取材をさせていただきました。田畑の他に300坪くらいの広い土地に家があって、周囲が木々で囲まれています。東北の中央を走る奥羽山脈から仙台平野に吹き降ろす強風によって、コンクリートの建物であれば良いのですが、茅葺の屋根などは吹き飛んでしまいますから、防風林で守る必要がありました。私が訪ねたお宅の家屋は敷地の木々を伐採して作られており、いただいたお茶は庭の木の柚茶でした。庭の様々な果樹は植えたものではなく、鳥が運んできた種から自然に育ったものでした。伊達のお殿様のころ、人口は5万人ほど、1件ごとに田畑や木々、牛馬・にわとり、城下には自給自足の武家屋敷が並んでいました。その仙台が「杜の都」と呼ばれる所以となったイグネも、今では宅地開発が進み、相続税や固定資産税の負担も大きくなり、その姿が消えつつあります(1)。

なぜ私が取材したかといいますと、東北の未来を描くという役割をいただいて、その過程で東北のさまざまな地域を訪ねて回ったからです。資格があっても、自分が税理士という仕事をしているということを、多くの方々に知っていただかなければなりません。地域の方々と関わりを持ち、与えられた役割もどうにか努めながら、自分という人間を知ってお仕事を任せていただく必要があります。このときは民俗学者の結城登美雄さんに多くのことを教えていただきました。結城さんが「失われつつある大切なもの」は「囲炉裏」だとおっしゃっていたことを思い出します。暖かい火と料理があって、そこに人が集まって語りあう、囲炉裏。いまコロナ禍でよりいっそうその機会を失っていますが、なんとか取り戻したいと願っています。この地域で人々との関わりを持てることが、税理士の魅力であると思います。

2　パンデミックと税理士―数字は操作しやすい、3と8とか

数字は便利である一方、とても操作のしやすいものです。税理士はその数字、そして複式簿記を使って仕事をしています。ドイツの文豪ゲーテは、複式簿記に感動して「商売をやっていくのに広い示唆を与えてくれるのは複式簿記による整理だ。商人に与えてくれる利益は計り知れない。人間の精神が生んだ最高の発明の1つだね。立派な経営者は誰でも経営に複式簿記を取り入れるべきなのだ」と語っています。その複式簿記の世界にあって、私は税理士の事務所と公認会計士の事務所が併設された大きな事務所に勤めていましたが、ある出来事（エンロン事件）によって、その事務所を退職し、仙台で開業することとなりました。当時大きい監査法人が5つあって、これらはアメリカの監査法人と関係性を持っていますが、その1つ、アーサー・アンダーセンという、公認会計士だけで8万5千人という巨大な監査法人に、エンロン事件という粉飾事件が起きました。アーサー・アンダーセンの顧客であったエンロンという急成長したエネルギーの会社は、売上げが13兆円もありました。日本では日産自動車ぐらいの規模になります。この会社（顧客）からの報酬も年間数十億円と、すごい関係になっていたのですが、粉飾と呼ばれる虚偽の決算、実際の数字をごまかしていたということがわかって、会社は潰れてしまいました。のみならず、その会社を監査していたアーサー・アンダーセンも倒産してしまいました(2)。

カネボウ、ライブドア、東芝・・・日本でも同じような事件が後を絶ちません。この2001年に起きたエンロン事件を契機に、監査法人に厳しい規制がかかり、その影響は日本にも（私にも）及びました。今コロナ禍で、会社の経営が制限されて、助成金を受給して何とかしのいでいる事業者も多くありますが、その申請には税理士も携わります。不正受給などニュースで報じられていますが、はじめに述べたとおり、数字の世界ですから、非常に怖い世界です。「帳簿の世界史」などを読みますと、いかにして数字を大事にすると国が栄え、数字を疎かにすると国が滅ぶのかとの記述があり、併せて参考にしていただきたいです。

3　サウジアラビアと税金

本日の課題となります、サウジアラビアと税金について考えます。サッカーワールドカップのアジア最終予選、地上波で一部放映がないので、いま一つ盛り上がってないですが、グループBはサウジアラビアが1位、日本が2位です。サウジアラビアは、西アジアの大きな国で、世界一、二の産油国です。日本もたくさん輸入していて、サウジアラビアが石油を売ってくれなくなると私たちは生活に困ってしまう重要な貿易相手国です。サウジアラビア人は、日本が求めているだけではなく、日本に学ぼうと訪日されています。何を学ぼうとしている のかを考えていただきたいです（石油だけに依存しない、脱石油を標榜していて、日本は資源がない、石油が出ないのにどうしてこんなに栄えているのだろう、こんなに強い国なのだろうということを調べに来ています）。

サウジアラビア王国と日本の大きく違うところを確認します。サウジアラビアは王国ですので、国土は国のものです。日本は、無産国家といいますが、国は基本的に財産を持っていません。大化の改新（乙巳の変）の頃、公地公民においては国のものですが、その後の墾田永年私財法を経て、今はこの国の財産は誰かしらの個人（または法人）が所有しています。サウジアラビアは、原油を外国に売れば、そのお金は国に直接入ってきます。ところが、日本は、例えば自動車メーカーが海外にたくさん車を売ってもそのお金は国に入るわけではなく、自動車メーカーに入るわけです。国はその個人（法人）から税金という形で収入を得て、必要なお金を使っていくしかありません。

サウジアラビアは地下から湧き出る石油を売って収入にしているわけですから、税金は必要ないのではないかと思います。実際に税金はありませんでした。喜捨税（ザカート、救貧税）という、お金を持っているなら貧しい人のために施しをしなさいというイスラム教の教えがあって、ある一定の財産のある人は寄附のような形で税金を払って、貧しい人に配られるというものが伝統的にありました。財産税の一種です。ところが、2018年に消費税（5％）が導入され、2020年には日本を超える15％の税率になりました。なぜ消費税が導入されたのでしょうか。コロナで原油の需要が落ちて、財政がひっ迫し、消費税を導入せざるを得なくなったなどと言われています。そうであれば、原油の需要が回復すれば、消費税は廃止されるのでしょうか。みなさんはどう考えますか。

4　ＳＤＧｓと税金―チョコレートはゆっくり味わって

信号機、青は進め、赤は止まれです。私も今日ここに車を運転して、青で進んで赤では止まって来ました。なぜかといえば、それがルールだからです。税金もルールで、日本は法治国家、暴力ではなくルールでまとまろうと決めている国です。ルールですから、守らない人もいます。税金をごまかす人もいます。これらについては行政罰あるいは刑事罰があります。国民主権（民主主義）についても確認します。私たち国民一人一人が権力を持っていますが、一人一人が使っていいかといえば使えません。使えるのは私たちが選んだ代表になります。権力を使うとは、ルールを決めるということです。何のためにルールを決めるのか、それは私たちが幸福になるためです。私たちを幸福にしないルールであれば憲法も含めて改正されます（憲法前文）。民主主義は話し合って決めることを基本とします。多数決は話し合いで決まらないときのやむを得ない方法です。

ＳＤＧｓ前の15年間はＭＤＧｓといって、貧困地域の問題を解決しようと活動が行われました。例えば児童労働、そのころは世界中の子どもの6人に1人が学校に行かずに働いていましたが、今は10人に1人にまで改善しています。一部の貧困地域の男の子は、学校に行くことが許されず、毎日朝からカカオ豆を剝いていています。チョコレートを食べたこともなければ、自分が剝いているカカオがチョコレートになるということも知りません。その一方で日本のあるチョコ菓子は世界売上No.1だそうです。

SDGsについて、宮城教育大学の小金澤名誉教授に学びました(3)。仙台・東北・日本・地球にはどんな環境・社会・経済の問題があるか、12マスに書き出していく。東北のことを考えるときは仙台以外の東北の地域のことを考えることになります。仙台以外の地域では一体どんな問題を抱えているのだろう。将来に向かって解決すべき課題は何だろう。自分のいるところから少し離れたところで、誰か困っている人がいるのではないか、何か問題があるのではないか、このチョコレートは誰が作っているのだろう、思いやりの気持ち、想像力が働きます。仙台・東北・日本・地球、少なくとも今のままで、出来ればもっとよい形で皆さんにバトンタッチする、そんな責任が私たち大人にあります。様々な問題を解決していく多くの場面で国（行政）が主体となりますが、そのために必要なのが人とお金です。では、このお金はどうするのか。税で賄うとなれば、先ほどはルールから捉えましたが、未来のため、持続可能な社会実現のための費用負担と、SDGsの観点から税を捉えることが出来ます。

5　ピラミッドと税金―小学生の質問から

小学校に租税教室に行くと「税金のない国ってありますか」、「税金っていつからありますか」と質問をいただきます。この2つの質問からピラミッドの謎に挑みます。ピラミッドについては記録として残っていないので想像すること（仮説）が許されます。先ほどのサウジアラビアが消費税を導入した理由も併せて考えていきます。

Q1．税金のない国：太平洋に浮かぶ島、ナウル共和国、白い鉱石でできている国です。

Q2．税金はいつから：古代エジプトには税金があったとパピルスに記載があるそうです。

ナウル共和国は、国土が2万年前の鳥のフンの堆積によって出来た島ですが、それがリン鉱石というとても貴重な資源と判明しました。かつては魚を釣ってのどかに暮らしていましたが、判明してからはリン鉱石を掘って外国に売ることで世界で最も裕福な国になりました。お金がどんどん入ってくるので、国民は働くことをやめて、食事も作らず、ただ遊んで暮らすということを続けました。しかし、数十年で全部掘り尽くしてしまい、今は収入がなくなり電気もつかない世界で最も貧しい国に転落しました。ならば働けばと思うのですが、生まれてから働いたことがないので、働くということが何だかわからず、現在は学校で子どもたちに「働くってこういうことです」と教えることから始めているそうです[4]。

一方、古代エジプトですが、ナイル川が氾濫すると山から栄養分を運んで、肥料をまいてくれるので、そこでたくさん食料が生産され、とても豊かな文明を築きました。いわゆるナイルの賜物です。ただ、川が氾濫し、水浸しになってしまえば、水が引くまでの間は農業が出来ないわけです。食料はたくさん備蓄されているけど、仕事（農業）は出来ない、どうするか。ナウルは遊んで暮らしました。エジプトはピラミッドを建設したのかもしれません。諸説あります（公共事業説、少数説のようです）。

2つの国、どちらも非常に資源の豊かな国でした。一方は働くことをやめ、学ぶこともやめ、税金もなし（生まれたときから年金が支給されていた）、その繁栄はいっときでした。もう一方は労働をし、高い教育を施し、数千年にわたって繁栄を続けました。石油が湧き出るのだから税金は要らないのではないか。どうでしょう。日本になぜ学びに来るのか、なぜ消費税を導入したのか。石油は説によれば数千年出ると言われていますが、それでよしとしない、資源だけに頼っていては国が強くならないと考えているのかもしれません。

【注】

（1）結城登美雄『地元学からの出発』（2009年、農林漁村文化協会）。

（2）S・E・スクワイヤ『アーサー・アンダーセン消滅の軌跡』（2003年、シュプリンガー・ジャパン）。

（3）小金澤孝昭『SDGSとユネスコスクール（ESD）』。

（4）リュック・フォリエー『ユートピアの崩壊　ナウル共和国』（2011年、新泉社）。

第11章　節税と脱税
──課税当局による違法な「更正」の処分──

佐藤哲之

はじめに

皆さん、こんにちは。日高見税理士法人の代表を務めております税理士の佐藤でございます。

私は、東北学院榴ヶ岡高校の卒業生です。今も昔と変わりませんが、東北学院榴ヶ岡高校は、6割程度の学生がこちらの東北学院大学に推薦で進学し、残りの学生が他の国立大学や私立大学を受験する進学校です。

私は、高校卒業と同時に自動車整備工場に就職し、整備士として働き始めました。私の他に就職希望の学生は、おりませんでした。私は、大学進学を希望せず、就職することを希望しました。就職を希望した理由は、早く自分の力でお金を稼ぎ、自分で稼いだお金で自立したかったというのが理由です。私の友人の半数程度は、中学校卒業と同時に建設会社等に就職して、自立した生活を送っておりました。私は、当時、そのような友人達に対して、親から自立して格好良く見えたこと、また、自分でお金を稼ぎ、自由にお金を使えて羨ましく思っておりました。私も高校在学中には、何度か高校中退を試みました。その都度、当時の先生方に説得され、何とか高校を無事に卒業できたというのが実情でございます。今考えると、高校中退を真剣に止めてくれた大場高弘先生を始め、当時の東北学院榴ヶ岡高校の先生方に感謝しております。

したがいまして、私は、「推薦」を含め大学受験という経験をしたことがございません。

本来であれば、私のような者が大学で講義を行うのは、甚だ僭越ではございますが、小池先生から「佐藤さんちょっとやってくれないか」とのことでしたので、一生懸命資料を作成して準備してまいりました。1時間ちょっとのお時間ではございますが、最後までお付き合い下さい。宜しくお願いします。

それでは、早速ですが、本日の講義の全体像についてご説明します。最初に「1 「節税」と「脱税」の違いについて」ご説明します。その後、「2 脱税に関する基礎知識」を若干説明し、「3 「脱税」を法的に考察する」についてご説明します。法的に考察していきますと、「脱税」と同じ程度の「悪事」が見えてきます。それが、サブタイトルにもしておりますが、「4 課税当局による違法な「更正」の処分」でございます。本日の講義では、この関係性をご理解頂けたらと思い、講義内容を構成してみました。そして、最後、「5 まとめ」です。それでは、早速講義の内容に入っていきます。

1 「節税」と「脱税」の違いについて

(1) 節税とは

まず、「節税」についてご説明します。「節税」の定義は、税法の条文に明文規定が設けられておりません。したがいまして、税法上では、いかなる経済取引が「節税」に該当するか否かを説明することができません。

ただ、一般的に「節税」という言葉は、頻繁に使われております。私も普段の会話で使用します。

節税について学説では、①「租税法規が予定しているところに従って税負担の減少を図る行為をいう。[1]」、②「租税節約は、租税回避及び租税逋脱のいずれにも該当しない租税負担の軽減をいう。[2]」、③「税法上の特恵措置を受けるとかの方法で租税を軽減する通常の行為（適法）をいう。[3]」等々と説明されております。難しい言葉が使われておりますが、何となく皆様、ご理解できると思います。わかり易く説明しますと、税金が軽減されるということです。

続きまして、節税の税法上の根拠についてご説明します。次の頁の図をご覧下さい。

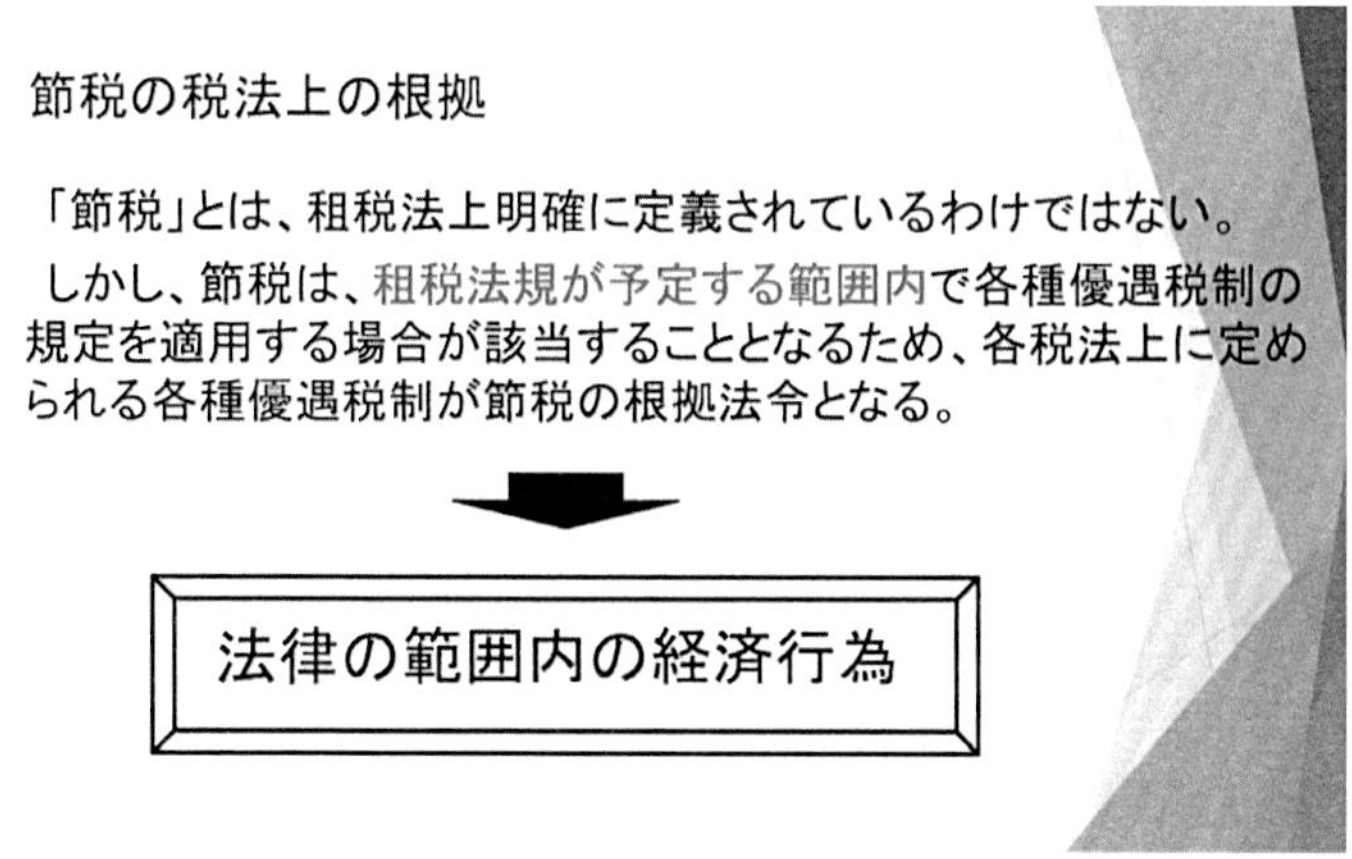
節税の税法上の根拠
「節税」とは、租税法上明確に定義されているわけではない。
しかし、節税は、租税法規が予定する範囲内で各種優遇税制の規定を適用する場合が該当することとなるため、各税法上に定められる各種優遇税制が節税の根拠法令となる。
法律の範囲内の経済行為

「節税」とは、租税法上明確に規定されているわけではありません。しかし、節税は、租税法規が予定する範囲内で各種優遇税制の規定を適用する場合が該当することとなるため、各税法上に定められる各種優遇税制が節税の根拠法令となります。

すなわち「節税」とは、法律の範囲内の経済行為で、税金の負担を軽減する行為です。そして、「節税」は、合法であることから、判例等においても、あえて明確な定義が示されておりません。もちろん、「節税」には、法的な「罰則」も規定されておりません。

それでは、具体的な節税について、ネット上で調べてきたものを何点かご紹介します。①ふるさと納税（寄附金控除）を行い、所得税等を節税した。②一定の住宅を購入し、住宅ローン控除を適用して所得税等の節税をした。③確定拠出年金やＮＩＳＡ等の金融商品への投資を行い、所得税等の節税をした。④皆様の身近な例で、外食（10％）を控え、テイクアウト（８％）を活用して消費税等を節税した。

つまり、「節税」とは、制度（法律の範囲内）として設けられている経済取引に基づき、結果として税金が減少する行為を言います。そして、節税は、「適法行為」です。ネットで調べると、これ以外にも様々な節税方法があります。興味のある方は、調べてみて下さい。

(2) 脱税とは

次に「脱税」についてご説明します。「脱税」という用語も、「節税」と同様、租税法における条文上で明確に定義されておりません。

「脱税」について学説では、①「課税要件の充足の事実を全部又は一部秘匿する行為である。[4]」、②「租税逋脱は「偽りその他不正な行為」によってなされる行為をいう。[5]」、③「「脱税」は、「偽り又は不正の行為」によって税負担を免れる行為であり、法令に違反する行為である。（中略）「脱税」は、「課税要件の充足の事実を全部又は一部秘匿」するという行為である。[6]」等と説明されております。こちらも難しい用語で説明されておりますが、簡単に言いますと、「脱税」とは、「事実を全部又は一部秘匿する行為」、「偽りその他不正の行為」により、税金を減少させる行為です。

続きまして、脱税の税法上の根拠についてご説明します。

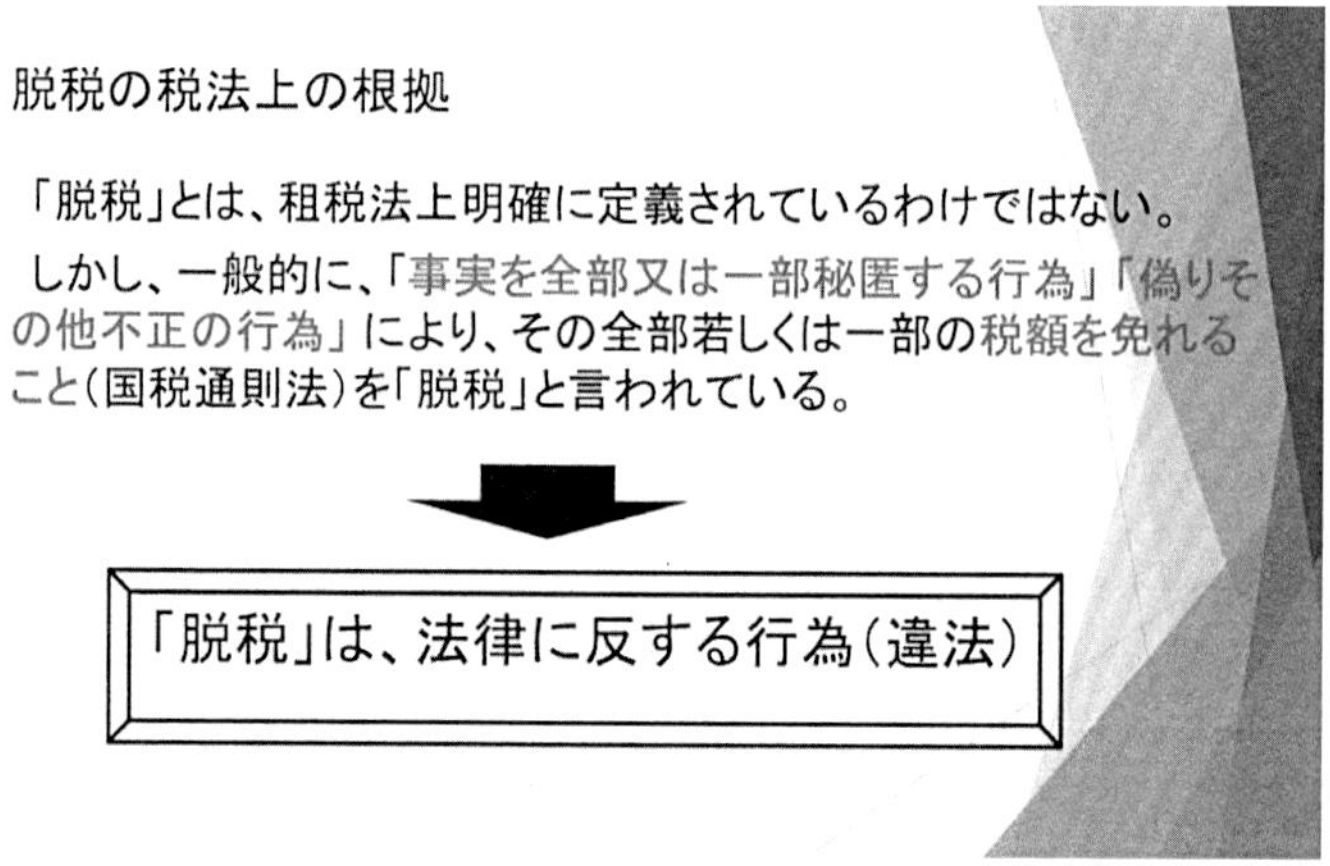
脱税の税法上の根拠
「脱税」とは、租税法上明確に定義されているわけではない。
しかし、一般的に、「事実を全部又は一部秘匿する行為」「偽りその他不正の行為」により、その全部若しくは一部の税額を免れること（国税通則法）を「脱税」と言われている。
「脱税」は、法律に反する行為（違法）

「脱税」とは、租税法上明確に定義されているわけではありません。しかし、一般的に、「事実を全部又は一部秘匿する行為」、「偽りその他不正の行為」により、その全部若しくは一部の税額を免れることが「脱税」と言われております。先程もご説明した「事実を全部又は一部秘匿する行為」、「偽りその他不正の行為」という言葉は、税法の条文や判例等、至るところに出てきます。我々、税理士もこのような行為を「脱税」と認識しております。そして、上図に記しましたが、「脱税は、法律に反する行為（違法な行為）」をいいます。つまり、「脱税」は、「節税」と異なり違法行為に該当します。

それでは、「事実を全部又は一部秘匿する行為」、「偽りその他不正の行為」とは、どのような行為なのかについてご説明します。

当該行為について、国税不服審判所や裁判所では、

①「「偽りその他不正の行為」とは、正当な納税義務を免れる行為で社会通念上不正と認められる一切

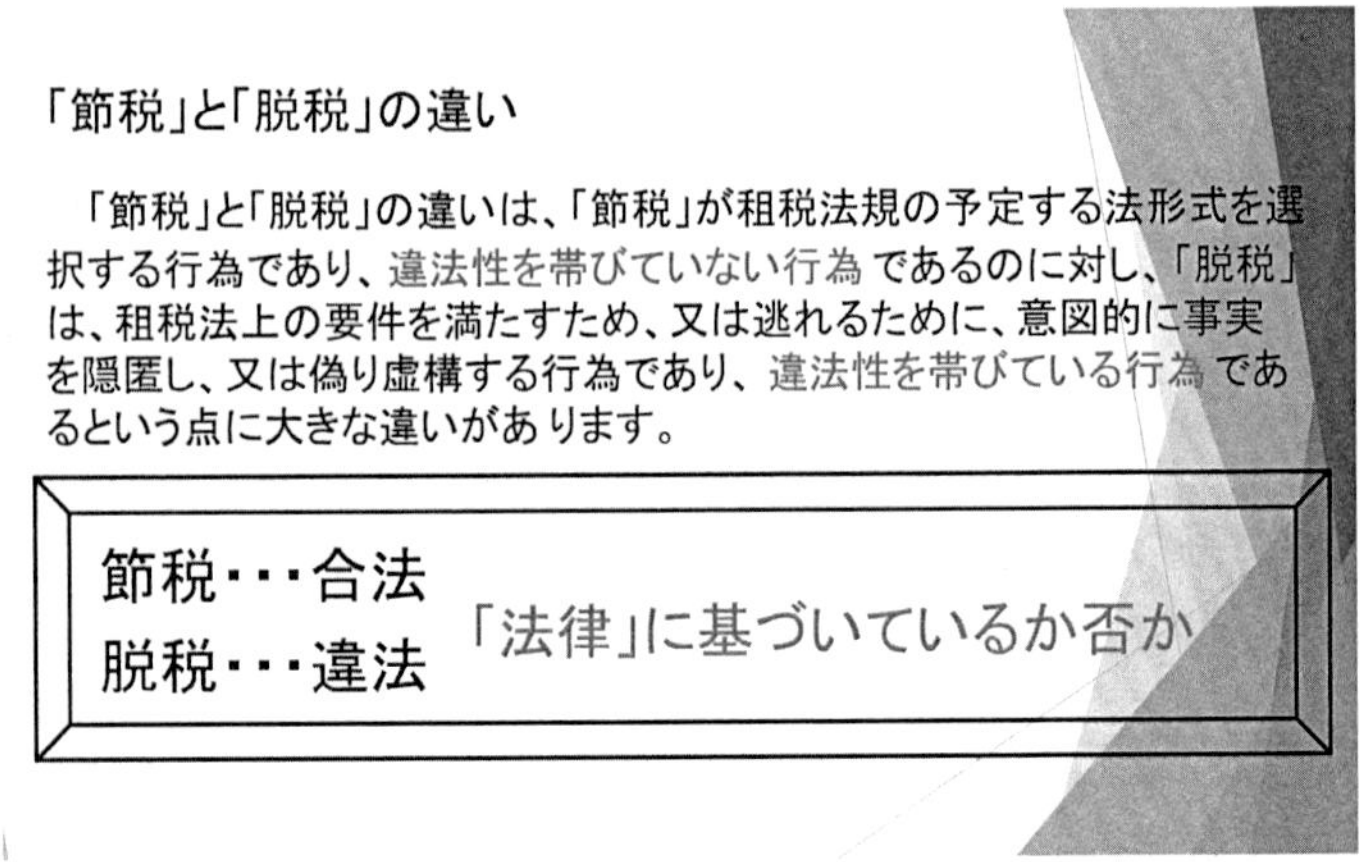
「節税」と「脱税」の違い
「節税」と「脱税」の違いは、「節税」が租税法規の予定する法形式を選択する行為であり、違法性を帯びていない行為であるのに対し、「脱税」は、租税法上の要件を満たすため、又は逃れるために、意図的に事実を隠匿し、又は偽り虚構する行為であり、違法性を帯びている行為であるという点に大きな違いがあります。
節税・・・合法
脱税・・・違法
「法律」に基づいているか否か

の行為を含むものであって、「隠ぺい又は仮装」の行為は当然含むが、それよりも広い概念であると解される。[7]」、②「詐欺その他不正の行為とは、逋脱の意図をもって、その手段として税の賦課徴収を不能もしくは著しく困難ならしめるようななんらかの偽計その他の工作を行うことをいう。[8]」、③「偽りその他不正の行為とは、帳簿書類への虚偽記入、二重帳簿の作成その他社会通念上不正と認められる行為を意味する。[9]」等と説明しております。

　裁決や判決文なのでこちらも言い回しは難しいのですが、「脱税」とは、「税金を故意（違法）に誤魔化すこと」、「偽りの申告をして少なく税金を納めること」ということです。皆様のイメージと同じだと思います。

　そして「節税」と「脱税」の違いのまとめです。上記の図をご覧下さい。

「節税」と「脱税」の違いは、「節税」が租税法規の予定する法形式を選択する行為であり、違法性を帯びていない行為であるのに対し、「脱税」は、租税法上の要件を満たすため、または逃れるために、意図的に事実を隠匿し、または偽り虚構する行為であり、違法性を帯びている行為であるという点に大きな違いがあります。

つまり、「節税」は合法であり、「脱税」は違法であり、その違いの判断基準は、「法律に基づいているか否か」です。この判断基準は、本講義の後半でも重要となりますので覚えておいて下さい。

ここで脱税は、違法行為であることを確認しました。違法行為ですので、当然に「罰則」が法律に規定されております。「罰則」には、行政罰と刑事罰があります。

まずは、行政罰についてご説明します。行政罰は、国税通則法に規定されています。

1つ目は、過少申告加算税（通則法§65）です。過少申告加算税は、税額を少なく申告した場合に後から加算される加算税です。原則として、新たに納付する税額の10％が課されます。

2つ目は、無申告加算税（通則法§66）です。無申告加算税は、原則として期限後申告、決定、更正等の場合に、納付税額の15％が課されます。

3つ目は、不納付加算税（通則法§67）です。こちらは、原則として、源泉徴収による税額が法定納期限までに完納されなかった場合に、納付税額の10％が課されます。

そして、4つ目は、重加算税（通則法§68）です。名前からして重い加算税であることが想像できます。こちらは、過少申告や無申告等において、事実の全部または一部を隠蔽または仮装し故意に税金を免れた場合、過少申告加算税に代えて重加算税が35％、無申告加算税に代えて40％が課されます。この「重加算税」は、単なる申告漏れとは異なり、いわゆる「脱税」の場合の罰則になっております。実務では、「ジュウカ」と言われております。

そして、最後に延滞税（通則法§60）です。上記の追徴税が課される場合には、加算税のほかに、延滞税も課されます。延滞税は、原則として法定納期限の翌日から納付した日までの日数に応じて算出されます。

続きまして、刑事罰についてご説明します。刑事罰は、各税法で規定されており、「偽りその他不正の行為」を行った場合の罰則です。一般的には、「悪質な脱税」といわれる場合であり、行政罰の他にこの刑事罰が科される場合があります。それでは、ご説明します。

所得税法（§２３８①）では、「偽りその他不正の行為により、所得税を免れ、又は所得税の還付を受けた者は、十年以下の懲役若しくは千万円以下の罰金に処し、又はこれを併科する。」と規定しております。

法人税法（§１５９①）では、「偽りその他不正の行為により、法人税の額を免れ、又は法人税の還付を受けた場合には、法人の代表者等でその違反行為をした者は、十年以下の懲役若しくは千万円以下の罰金に処し、又はこれを併科する。」と規定しております。

相続税法（§68①）では、「偽りその他不正の行為により相続税又は贈与税を免れた者は、十年以下の懲役若しくは千万円以下の罰金に処し、又はこれを併科する。」と規定しております。

消費税法（§64①）では、「次の各号のいずれかに該当する者は、十年以下の懲役若しくは千万円以下の罰金に処し、又はこれを併科する。一　偽りその他不正の行為により、消費税を免れ、又は保税地域から引き取られる課税貨物に対する消費税を免れようとした者　二　偽りその他不正の行為により還付を受けた者」と規定しております。

また、一般的に「犯罪としての脱税」は、税法違反で起訴され、裁判で有罪になる場合です。そして、裁判で有罪になる基準は、法律において明確に規定されておりません。しかし、一般的には、「社会通念上悪質な脱税であること」と、「約1億円以上の税金を脱税した場合」と言われております。ネットで検索しますと様々な過去の脱税事件を調べることができますので、興味のある方は調べてみて下さい。

以上が、「節税」と「脱税」の説明です。繰り返しになりますが、「節税」は法律に従って税金の負担を節約する行為であるのに対して、「脱税」は法律に反して税金を免れる行為です。そして、判断基準は、「法律に基づいているか否か」です。ここの基準だけは、しっかりと覚えて下さい。

(3) 租税回避とは

次に補足となりますが、「租税回避」について少しご説明します。

「租税回避」の定義は、「節税」や「脱税」の定義と同様に税法の条文に何ら規定されておりません。「租税回避」とは、一般的に「節税」と「脱税」の間の概念として説明されております。また、「租税回避」に関する様々な学説等も存在しており、税理士としては、大変興味のある領域です。

しかし、「租税回避」という概念が税務実務の領域で顕在化することは、殆どありません。税務の実務では、「税金が課税されるか」、「税金が課税されないか」の二択のみです。例えば、我々税理士が納税者に対して、「この経済取引は、租税回避に該当するかもしれないので、課税されるかもしれません」というような、曖昧模糊となる回答は、控えなければなりません。我々税理士が税務相談を受けた場合には、法的な事実認定をしっかりと行い、税法に基づき課税されるか否かを詳細に検討し、いずれかを選択しなければなりません。

現行の刑法では、殺人罪等に対する未遂罪（§２０３）が規定されております。将来、「租税回避」という概念が社会的・学問的に成熟し、社会的必要性が高まった場合には、脱税の未遂罪等として租税法の条文に規定されるかもしれません。

また、「租税回避」に関する書籍は、多数出版されております。とても面白い領域ですので、興味のある方は、ぜひ読んでみて下さい。

2　脱税に関する基礎知識

あまり、大学での講義内容として相応しくないのですが、「脱税に関する基礎知識[10]」について簡単にご説明します。

(1) どのような納税者が脱税行為を行うか

最初にどのような納税者が脱税行為を行うかについてご説明します。

(1) 計画性のない納税者

まずは、計画性のない納税者です。これらの納税者は、申告期限が近づき、税金の多額さに慌てて脱税を行う人達です。または、申告納税自体を放棄する人達もおります。これらの納税者は、事前に資金繰り等の対策を講じておけば済むケースが殆どです。

(2) 脱税をしやすい環境にある納税者

続いて、脱税をしやすい環境とは、一般的に不特定多数の顧客に対し現金商売を行っている場合です。現金商売では、課税当局に収入を把握されにくいという特徴があります。具体的な業種としては、飲食業、水商売、パチンコ業等々が挙げられます。

(3) 脱税をしなければならない状況にある納税者

最後に、脱税をしなければならない状況にある納税者とは、いわゆるブラックマネーを扱う人達です。税務上（建前上）は、ブラックマネーであっても、所得等である限り、申告・納税する必要があります。しかし、現実的にこのような人達は、絶対に申告・納税しません。

このような人達は、「脱税」の他に刑法犯として「逮捕」される犯罪行為を行っております。

ブラックマネーは、税務署も把握できていない場合が殆どです。これらの脱税は、犯罪の発生と同時に発覚します。具体的な事例としては、強盗罪・窃盗罪・詐欺罪等による儲け、総会屋への利益供与、政治家への裏献金、建設業における贈収賄・キックバック等々が挙げられます。

（2）脱税の歴史・背景

戦前の日本の税制では、現行の申告納税方式ではなく賦課課税制度が採用されておりました。賦課課税制度とは、課税当局が資料等を元に税額を決定する制度です。そのため、納税者による自発的な脱税は、あまり生じませんでした。

その後、戦後の昭和22年の税制改正では、「申告納税制度」が導入されました。申告納税制度とは、納税者自らが税額を計算して確定させ、納税する制度です。納税者自らが計算するため、必然的に脱税が横行しました。申告納税制度の導入直後、課税当局では、この脱税を行う納税者に対して、「更正」という処分を非常に多く行い対応せざるを得ませんでした。その後、昭和24年にシャウプ税制使節団が来日し、日本の税制に対する勧告を行いました。当該勧告により、青色申告制度等の整備が進み、現在の税制へと至っております。

つまり、「脱税」という犯罪は、「賦課課税制度」から「申告納税制度」への移行に伴い増加し始め、戦後の比較的新しい「経済犯罪」と言えます。

（3）脱税における社会的ダメージ

日本では、西欧諸国と比較した場合、「脱税」に対して非常に甘いと言われております。西欧諸国では、脱税に対する社会的制裁が極めて甚大です。脱税をした納税者や企業は、社会的に抹殺されてしまうとも言われております。

従来、日本では「マルサ（査察）に入られた企業は潰れない」等と言われておりました。査察が入る企業等は、「多額の脱税」が「多額に儲けている」ことに繋がり、それが逆に資産的な信用をもたらしていると言われておりました。

しかし、昨今では、企業等の脱税が信用力を著しく低下させ、倒産等する場合も生じております。また、芸能人等が脱税した場合には、活動の自粛、契約解除、取引停止等によりテレビ等への出演が制限されたりしております。脱税に対する社会的ダメージは、日本でも今後益々増大するものと思われます。

（4）具体的な脱税について

あまり大学の講義で具体的な脱税を説明するのは如何なものかと思いますが、簡単にご説明します。脱税は、「所得にかかるもの」と「資産にかかるもの」に大別されます。

「所得にかかるもの」の主な税目は、法人税や所得税、住民税等が挙げられます。この脱税は、課税される所得を減少させるため、様々な法形式等を違法に活用して行われます。具体的な違法行為とは、「収入を除外する方法」と、「架空の費用等を計上する方法」のいずれかです。そして、脱税が行われやすい環境には、3つの要素があります。1つ目は、「顧客が不特定多数であること」、2つ目は、「現金取引であること」、3つ目は、「領収書がいらないこと」、です。この脱税が行われやすい環境は、既知の事実であり、もちろん、課税当局が常に目を光らせている環境です。

次に、「資産にかかるもの」の主な税目は、相続税や贈与税等が挙げられます。最も多額な税目は、相続税です。相続税の脱税は、相続財産を隠せば成立するため、収入に係る脱税よりも容易であるとも言われております。そして、最も隠しやすい財産は、当然ですが現金預金です。実際の相続税の税務調査では、現金預金の申告漏れが非常に多く摘発されております。

国税庁のホームページでは、「申告漏れ相続財産の金額の内訳」が公表されております。直近のデータをご紹介します。申告漏れ相続財産の金額の内訳は、現金・預貯金等195億円、有価証券39億円、土地89億円です。一般的には、相続財産のうち現金預金を隠すのが容易と言われておりますが、税務調査等で申告漏れの現金預金を発見するのも非常に容易です。隠した相続財産は、課税当局による税務調査において殆ど発見されます。そして、税務調査終了後には、本税の他に追徴税額や罰則が科されます。覚えておいてください。

仮に、相続財産を何かしらの方法で隠し通せた場合でも、将来、その隠した財産を顕在化させる時が必ず来ます。具体的には、高級車やマンションや別荘等を購入したり、海外旅行等で豪遊したり、愛人等に贈与してみたり、様々な金融商品やタックスヘイブンに投資してみたり等々、隠した財産を顕在化した時に課税当局が必ず発見します。

隠した相続財産が発見された場合には、こちらも追徴課税や罰則が科されますので相当の覚悟が必要になります。皆様、脱税はおすすめしません。

(5) どのような業種が脱税を行うか

国税庁のホームページでは、どのような業種を査察で摘発等したのかをデータで公表しております[11]。「脱税」は、基本的に儲かっている場合に行われます。したがって、脱税で摘発・告発される業種というのは、景気のいい業種ということもできます。国税庁の直近のデータでは、「建設業」や「不動産業」が3年連続でランクインされております。その他、「クラブ・バー」や「人材派遣」等も摘発等されております。興味のある方は、国税庁のホームページをご覧下さい。

(6) 修正申告について

修正申告は、税務調査等における非違事項の指摘を納税者が自ら受け入れ、自発的に当初の納税申告を増額変更し、追加で納税手続きを行うことです。税務調査等で発見された脱税や申告漏れは、税務調査官の修正申告の勧奨に応じて、その殆どが修正申告で処理されます。この修正申告の勧奨とは、申告納税制度の趣旨に照らし、まずは納税者による自発的な修正申告等を促すという一種の行政指導として、従来から実務において行われてきたものです[12]。

また、税務調査という調査現場では、守秘義務等の観点から情報が洩れないように関係者のみの密室で行われます。税務調査に立会出来る関係者は、法律で厳しく制限されており、「税務調査官」と「納税者」と税務代理人である我々「税理士[13]」のみです。調査現場がこのような完全密室で行われることから、皆様の中には、国家権力が強烈に強行されているイメージをお持ちの方も結構おります。しかし、このようなイメージは、完全に間違っております。

先程申しましたが、税務調査官が脱税や申告漏れを確認した場合には、最初に納税者や我々税理士に対して、「当初の申告を直して下さい」と丁寧にお願いしてきます。殆どの税務調査官は、親切・丁寧に対応します。また、課税の根拠等で不明な事項があれば、納税者に対し詳細に説明してくれます。

そして、殆どの納税者は、この修正申告の勧奨に応じて修正申告書を提出して、税務調査が終了します。マスコミ等では、「課税当局と見解の相違があり、既に修正申告を提出し、納税した」と報じる場合があります。このような場合は、今ご説明した「修正申告の勧奨」に応じ、修正申告を行い税務調査が終了したということです。

税務の実務では、故意に脱税しなくても、「事実認定」や「見解の相違」や「税法解釈」等々、様々な要因で申告税額が変わることが非常に多くあります。また、我々のような田舎税理士が関与させて頂く殆どの中小零細企業では、「計算の間違い」、「集計漏れ」、「転記ミス」、「書き間違い」、「勘違い」等々の単純ミスが非常に沢山あります。したがって、税務調査による追徴課税があった場合でも、そのすべてが「脱税」ではありません。また、税務調査では、多く納め過ぎた税金を返して頂く場合も頻繁にあります。皆様しっかりと覚えておいて下さい。

そして、話は戻りますが、税務調査において、この「修正申告の勧奨」を納税者が拒否した場合には、税務調査官が「はいわかりました」と決して承諾しません。課税当局は、この「修正申告の勧奨」を拒否された場合、「更正」という処分を法律に基づき行わなければなりません。つまり、納税者は、「あなたの納税額はいくらですので、追加で納税しなさい」と一方的に処分されます。

3　脱税を法的に考察する

「節税」と「脱税」の判断基準は、「合法か」、「違法か」であり、「法律に基づいているか否か」であることを確認しました。「節税」については、合法であることから今後の本講義の論点から除外します。これからは、違法行為である「脱税」について法的に考察します。そして、租税の基本原則である「租税法律主義」という観点から考察していきます。

最初に、租税の基本原則には、「租税法律主義」と「租税公平主義」という2つの考え方があります。「租税法律主義」は、「課税権の行使方法に関する原則」です。これに対して、「租税公平主義」とは、「主として税負担の配分に関する原則」です。この2つの考え方が密接に関連して、我が国の税制のバランスをとっております。そして、「脱税」の違法性に直接関係するのが、「租税法律主義」の考え方です。

(1) 租税法律主義の確立の沿革

それでは、この租税法律主義が確立するに至った沿革を少しご説明します。

租税法律主義の萌芽は、1215年におけるイギリスのマグナカルタであると言われています。マグナカルタとは、イギリス国王が封建貴族や国民から強制される形で制定させられた63か条の法のことです。この法では、「一切の楯金、もしくは援助金は朕の王国の一般評議会によるのでなければ朕の王国においてはこれを課さない」と規定されました。この考え方が、イギリスの「権利請願」や「権利章典」にも影響し、今日の「租税法律主義」が確立していきます。

わが国においては、1889年に大日本帝国憲法第62条第1項で規定され、その後、1946年に現行の日本国憲法第84条に規定されるに至っております。憲法第84条では、「あらたに租税を課し、又は現行の租税を変更するには、法律又は法律の定める条件によることを必要とする。」と規定されており、「租税法律主義」の根拠となっております。

近代以前の国家においては、君主が国民の自由や財産に恣意的に干渉することが多かったが、これを防止して国民の自由と財産を保護し、国民の経済生活に法的安定性と予測可能性を与えるため、公権力の行使（租税の賦課・徴収）は、法律の根拠に基づかなければならないという政治原理が主張され、それが徐々に憲法原理として定着するに至りました。[14]
わかりやすく言いますと、近代以前では、国王や国家が勝手な都合で、税金を課していたわけです。それでは、国民はたまらないということで、国民が立ち上がり、議会で制定された法律に基づいてのみ、税金の課税を受けます。ということで、国民が国家から勝ち取った原理が「租税法律主義」という考え方なのです。

(2) 罪刑法定主義について

続きまして、刑法の原則である「罪刑法定主義」について少しご説明します。「罪刑法定主義」は、「租税法律主義」の類似概念です。

罪刑法定主義とは、行為が犯罪として処罰されるためには、その行為が行われる以前に、法律で、その行為を犯罪とし、かつ、それに対応する刑罰の種類・程度が定められていなければならないとする原則で、「法律なければ犯罪なく、刑罰なし」という標語で表される、近代刑法の大原則であります。[15] 根底を流れる理念が「人権保障」であります。そして、刑法上最も重要な原則となります。

当然ですが、国民が逮捕、監禁、差押等をうける場合には、我々の財産や身体の自由に直接影響を及ぼします。そのため、これらの場合には、すべて法律に規定する必要があるという考え方です。また、国民に刑罰を科す場合においても、法律に基づき処罰するという原則です。つまり、「法律」に違反した場合には、「法律」に基づき刑罰を科すということです。

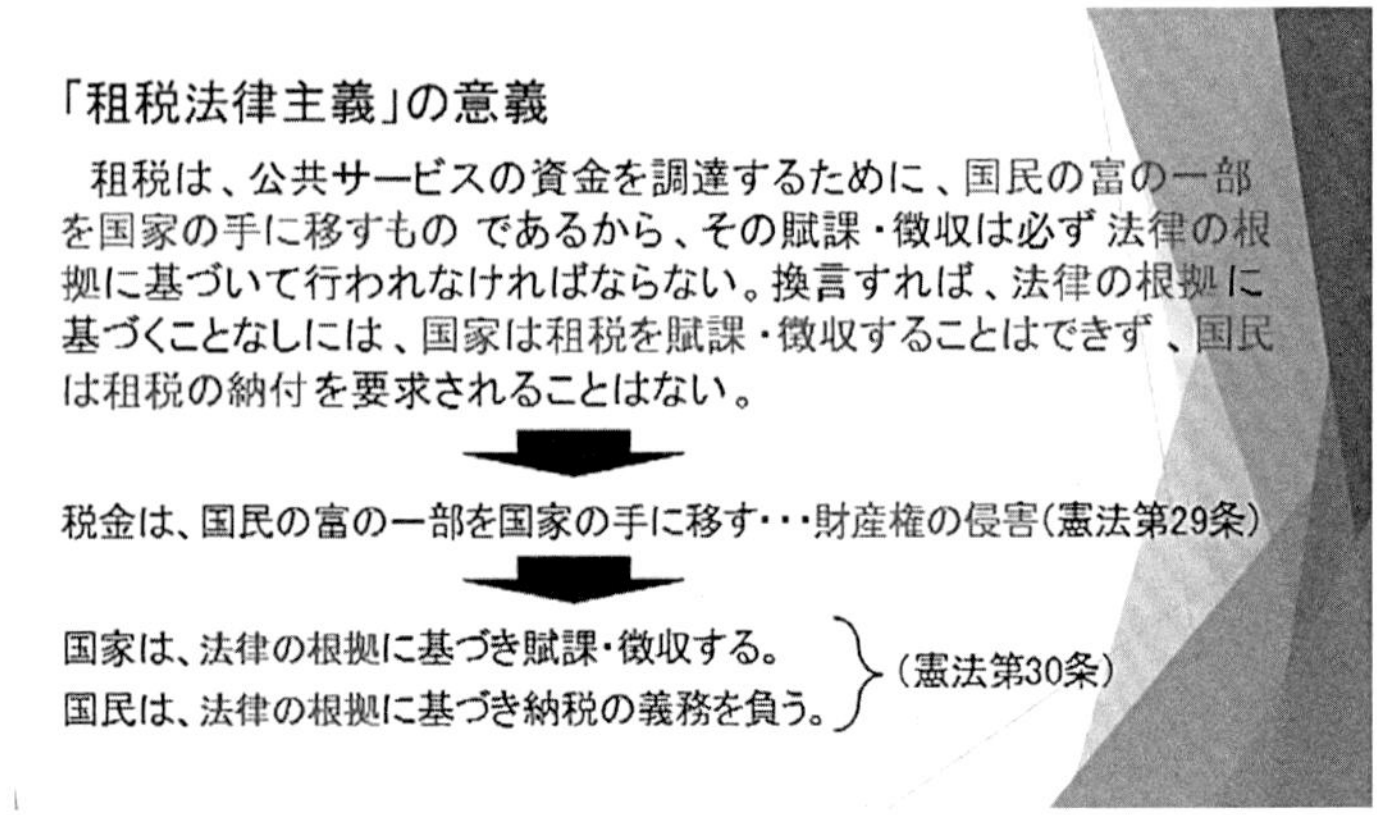
「租税法律主義」の意義
租税は、公共サービスの資金を調達するために、国民の富の一部を国家の手に移すものであるから、その賦課・徴収は必ず法律の根拠に基づいて行われなければならない。換言すれば、法律の根拠に基づくことなしには、国家は租税を賦課・徴収することはできず、国民は租税の納付を要求されることはない。
税金は、国民の富の一部を国家の手に移す・・・財産権の侵害（憲法第29条）
国家は、法律の根拠に基づき賦課・徴収する。
国民は、法律の根拠に基づき納税の義務を負う。
（憲法第30条）

（3）租税法律主義の意義について

「刑法」から「租税法」に移り、租税法律主義の意義についてご説明します。上図をご覧下さい。

租税は、公共サービスの資金を調達するために、国民の富の一部を国家の手に移すものであるから、その賦課・徴収は必ず法律の根拠に基づいて行われなければなりません。換言すれば、法律の根拠に基づくことなしには、国家は租税を賦課・徴収することはできず、国民は租税の納付を要求されることはありません[16]。この原則を租税法律主義と言います。

そして、税金は、国民の富の一部を国家の手に移すもので、国民の財産権の侵害に抵触する可能性があります。したがって、国家は、法律の根拠に基づき賦課・徴収しなければなりません。こちらは、憲法第84条を根拠とした課税当局に対する義務です。また、国民は、法律の根拠に基づき納税の義務を負わなければなりません。こちらは、憲法第30条を根拠とした国民に対する義務です。

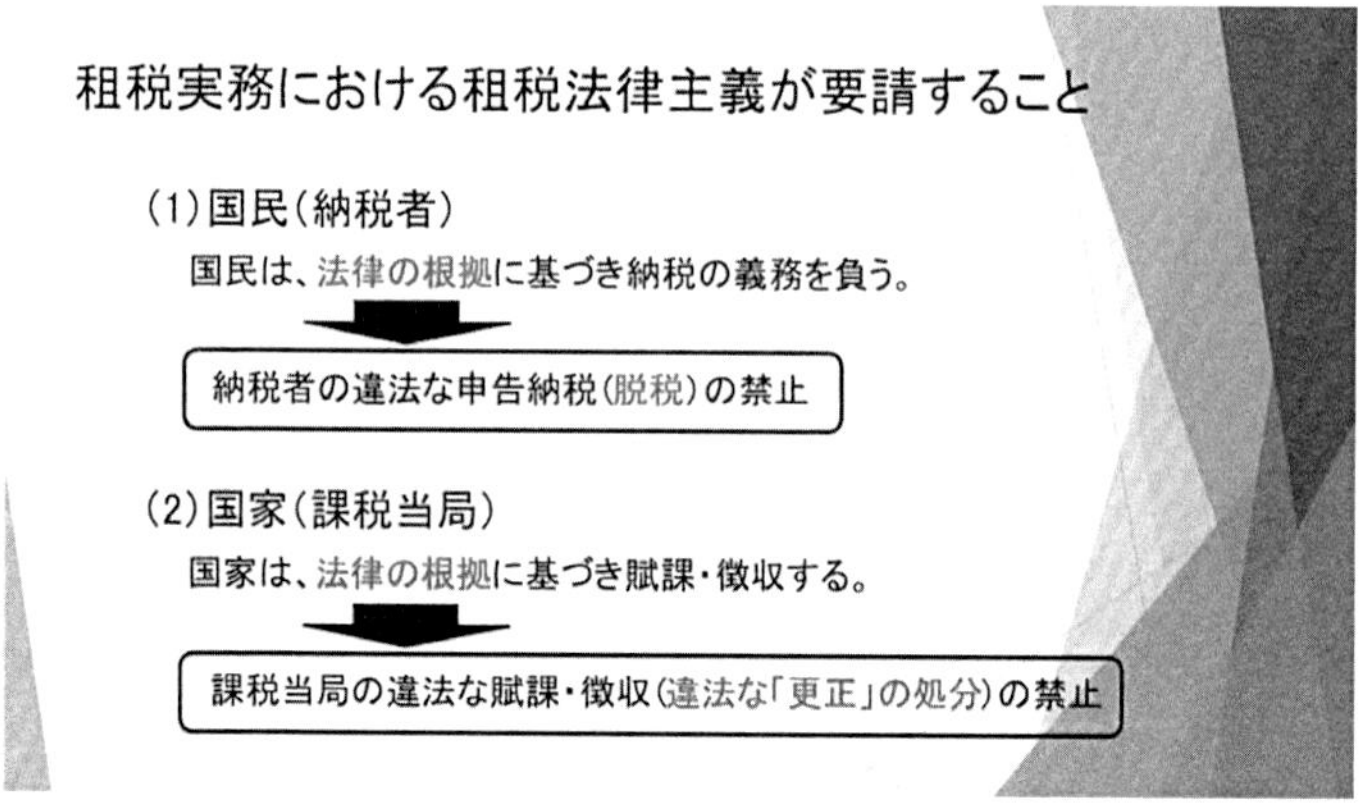
租税実務における租税法律主義が要請すること
(1)国民(納税者)
国民は、法律の根拠に基づき納税の義務を負う。
納税者の違法な申告納税(脱税)の禁止
(2)国家(課税当局)
国家は、法律の根拠に基づき賦課・徴収する。
課税当局の違法な賦課・徴収(違法な「更正」の処分)の禁止

続きまして、租税実務における租税法律主義が要請することをご説明します。

（1）国民（納税者）は、法律の根拠に基づき納税の義務を負う。こちらは、納税者の違法な申告納税の禁止です。いわゆる「脱税」の禁止です。そして、（2）国家（課税当局）は、法律の根拠に基づき賦課・徴収する。こちらは、課税当局の違法な賦課・徴収の禁止です。いわゆる違法な「更正」の処分の禁止です。つまり、租税法律主義では、「納税者による脱税の禁止」と、「課税当局による違法な更正処分の禁止」の2つを要請しております。

本講義では、納税者の「脱税」に関するご説明をしてきました。現代のマスコミ等では、納税者の違法行為である「脱税」に関する報道が頻繁にありますが、課税当局の違法な賦課・徴収（「更正」の処分）についての報道は殆どありません。

そして、歴史的沿革を考察すると、「納税者の脱税行為」より、「課税当局の違法な賦課・徴収」から国民を守る原理・原則が「租税法律主義」の本来の目的と理解することができます。したがって、租税法律主義の本来の目的から論を展開した場合、課税当局の違法な賦課・徴収（違法な更正処分）は、脱税と同等の違法行為、それ以上の「悪事」として理解することもできます。

4　課税当局による違法な「更正」の処分

それでは、「課税当局による違法な「更正」の処分」についてご説明していきます。まずは、「更正」の処分とは何かについてご説明します。

(1)「更正」の処分とは

更正は、国税通則法第24条において、「税務署長は、納税申告書の提出があった場合において、その納税申告書に記載された課税標準等又は税額等の計算が国税に関する法律の規定に従っていなかったとき、その他当該課税標準等又は税額等がその調査したところと異なるときは、その調査により、当該申告書に係る課税標準等又は税額等を更正する。」と規定しております。

申告納税方式による税金は、納税者の申告により確定することを原則としております。しかし、税務調査を行った結果、調査したところと異なるときは、課税の適正・充実を期する観点から、これを変更する権能を国において確保しなければなりません。この権能の発動形式が「更正」と呼ばれる処分です[17]。

「更正」の処分に至るまでの過程

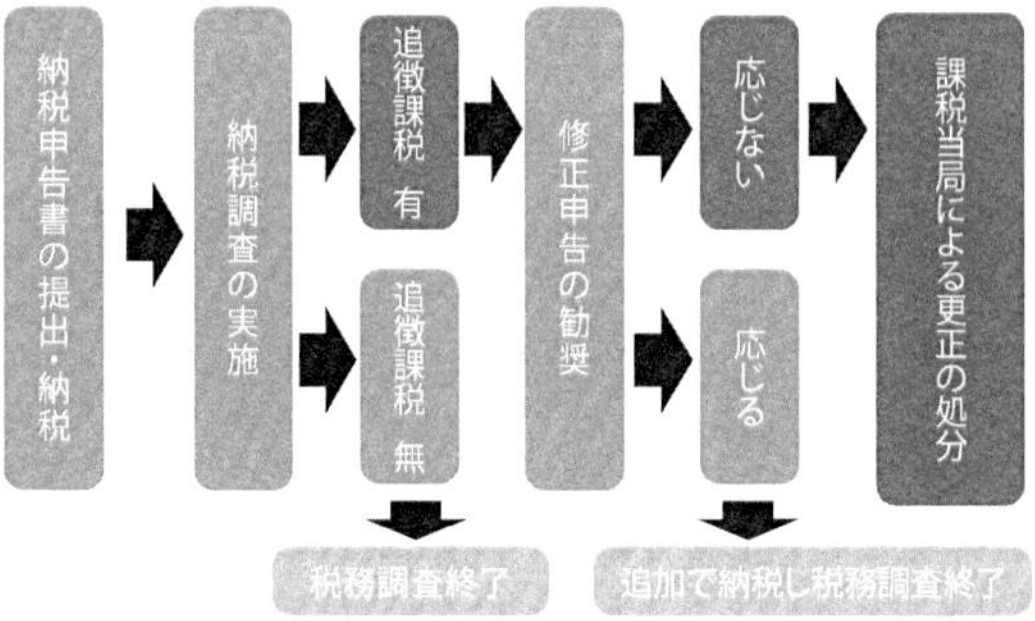

(2)「更正」の処分に至るまでの過程

申告納税制度を適正に機能させるためには、この「更正」の処分という法的権限を適正に機能させる必要があります。また、「更正」の処分は、納税者による適正な申告・適正な課税の賦課・徴収を行う為に最も重要な法的権限であることが理解できます。

それでは、税務実務における「更正」の処分に至るまでの過程をフローチャートに基づいてご説明していきます。

左側から見ていきます。初めに、納税者からの「納税申告書の提出・納税」があります。そして、課税当局から、この申告内容が正しいかどうかの「税務調査の実施」があります。その税務調査において、「追徴課税するものが無い場合」については、そのまま「税務調査が終了」となります。

ただし、「追徴課税（非違事項）が有る場合」、税務調査官は、納税義務者に対して、「修正申告の勧奨」手続を行います。先程、「修正申告」の項目でご説明した手続です。つまり、税務調査官は、「追徴課税がありますので、修正申告書を出して下さい」とお願いしてきます。納税者がそのお願いに「応じる場合（修正申告を行う場合）」には、そこで、税務調査が終了します。殆どの税務調査では、納税者がこの「修正申告の勧奨」に応じ終了します。

しかし、この修正申告の勧奨に「応じない場合」、先程もご説明しましたが、課税当局は、調査結果の内容に基づき「更正」の処分を行います。法律に基づき、「更正」の処分を行わなければならないのです。つまり、課税当局は、一方的に租税債務の確定手続を行います。

以上が、「更正」の処分に至るまでの具体的な流れとなります。

(3) 税務争訟（「更正」の処分後）の流れ

続きまして、税務争訟（更正の処分後）の流れについて、こちらもフローチャートによりご説明します。次の頁の図の全体の流れを「税務争訟」手続といいます。

こちらも左側からご説明します。一番左側の「課税当局による更正の処分」からスタートします。納税者がこの処分に「不服が無い場合」には、その更正の処分の税額を納税して終了となります。

しかし、この処分に「不服がある場合」には、不服申立てとして2通りの制度が設けられております。1つ目が「①課税当局への再調査の請求」を行う制度です。再調査の請求の決定に不服が有る場合には、その後、国税不服審判所への審査請求を行うことになります。2

税務争訟（「更正」の処分後）の流れ

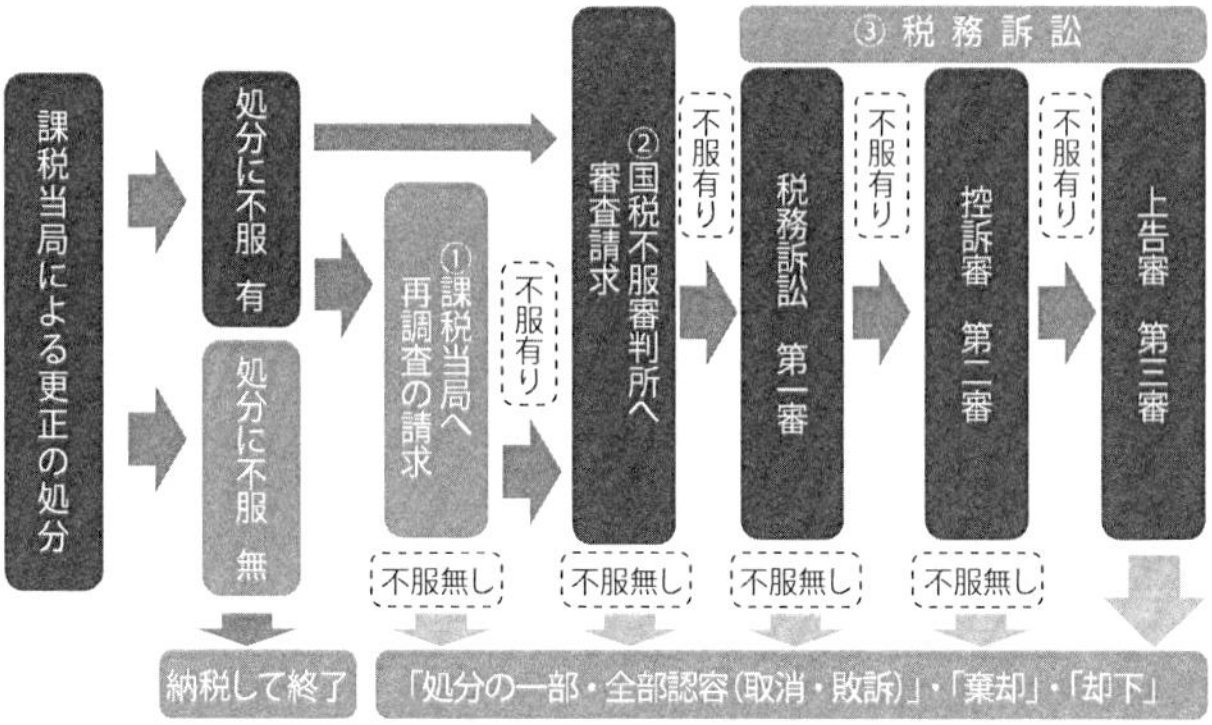

つ目が再調査の請求をせず、直接「②国税不服審判所への審査請求」を行う制度です。現行の制度では、納税者の判断によりいずれかを選択できます。この不服申立てにおける結論では、「処分の一部又は全部認容・取消、棄却、却下」となります。納税者は、その結果に不服が無ければ、その段階で税務争訟手続きが終了します。しかし、審査請求における裁決に「不服が有る場合」には、③の「税務訴訟」の手続に移ります。

税務訴訟の第一審は、地方裁判所です。そこでの判決に不服があれば、控訴審である高等裁判所に提訴します。さらに、そこでの判決に不服があれば、上告審である最高裁判所へ上訴することになります。

以上が、課税当局による「更正」の処分から最高裁判決までの流れの概略になります。

補足となりますが、「税務争訟」という意味は、①再調査の請求と、②審査請求、③税務訴訟の税務に関するすべての争いのことを言います。つまり、先程からご説明した更正の処分以後の争いを「税務争訟」と言います。そして、税務争訟では、納税者の申告の是非を審理するのでは無く、課税当局の「更正」の処分が法律に基づいているか審理する手続なのです。

(4)「①再調査の請求」の処理状況(国税庁HPより)

続きまして、先程のフローチャートの①再調査の請求の処理状況についての現状をご説明します。最新のデータでは、令和元年度分が国税庁のホームページで公表されております。平成30年度のデータと一緒に一覧を作成しましたのでご覧下さい。

令和元年度の「処理件数」のところを見て下さい。

まずは、「取下げ等」が187件です。そして、審査に至らない「却下」、いわゆる「門前払い」と言われるものが125件となっております。次に、納税者の主張が「棄却」されたのが一番多く1,014件となっております。その隣の欄は、納税者の主張が認められた「認容」と呼ばれる決定です。課税当局が行った「更正」の処分の「一部認容」が141件(9・3%)、「全部認容」が46件(3・0%)となっております。この「一部認容」と「全部認容」の合計が187件(12・3%)となっております。

この「一部認容」と「全部認容」を一般的に納税者勝訴と言われます。つまり、法律の根拠に基づかない「違法な更正の処分」が、納税者の再調査の請求により「適法な更正の処分」に変更されたともいえます。しかし、実際に納税者の主張が認められたのは、約1割にすぎ

「①再調査の請求」の処理状況（国税庁HP）

	要処理	処理件数						処理未済
		取下げ等	却下	棄却	一部認容	全部認容	合計	
平成30年度	2,641	188	149	1,549	237 (11.0)	27 (1.2)	264 (12.2)	491
令和元年度	1,850	187	125	1,014	141 (9.3)	46 (3.0)	187 (12.3)	337

納税者勝訴
（違法な「更正」の処分）

ません。残りの約9割は、納税者の主張が一切認められず、適法な更正の処分であったことが理解できます。

また、税務争訟手続きにおける判断は、すべて法律に基づいて判断することから、「税金を納めるのが嫌だ」とか、「国の政策に納得いかない」とか、「税金の使い道に文句がある」、「生活が苦しい」等々の感情論、つまり、法律に基づかない稚拙な主張を一切認めません。もちろん、課税当局の法律に基づかない独自の見解による「更正」の処分も一切認めません。

したがって、税務争訟手続を行う場合には、課税当局の「更正」の処分が法律に基づいていない（違法）と主張する理由が必要となります。

(5)「②審査請求」の処理状況（国税庁ＨＰより）

続きまして、②審査請求の処理状況についてご説明します。同じく、令和元年度と平成30年のデータを一覧にしました。

令和元年度の「処理件数」のところを見ていきます。

「②審査請求」の処理状況（国税庁HP）

	要処理	処理件数						処理未済
		取下げ等	却下	棄却	一部取消	全部取消	合計	
平成30年度	5,518	261	136	2,310	139 (4.8)	77 (2.6)	216 (7.4)	2,595
令和元年度	5,158	348	134	1,989	285 (10.0)	90 (3.2)	375 (13.2)	2,312

納税者勝訴
（違法な「更正」の処分）

「取下げ等」が348件、「却下」が134件です。そして納税者の主張が「棄却」されたのが最も多く1、989件となっております。そして、納税者の主張が認められた「一部取消」が285件（10・0％）、「全部取消」が90件（3・2％）です。この「一部取消」と「全部取消」の合計が375件（13・2％）となっております。

こちらの審査請求でも、納税者の主張が認められたのは、約1割となっております。残りの約9割は、納税者の主張が認められない結果となります。先程の再調査の請求の結果と同じような割合です。

（6）「③税務訴訟」の終結状況（国税庁HPより）

最後に、③税務訴訟の終結状況についてもご説明していきます。同じく、令和元年度と平成30年のデータです。

実際の税務訴訟の件数は、「再調査の請求」や「審査請求」と比較し、著しく少ないことが理解できます。それでは、最新の令和元年度のデータについてご説明します。

「③税務訴訟」の終結状況（国税庁HP）

	期首係属	終結状況						期末係属
		取下げ等	却下	棄却	一部敗訴	全部敗訴	合計	
平成30年度	199	16	10	145	3 (1.7)	3 (1.7)	6 (3.4)	203
令和元年度	203	21	10	164	5 (2.3)	16 (9.7)	21 (12.0)	210

納税者勝訴
（違法な「更正」の処分）

期首係属は、２０３件となります。「終結状況」では、「取下げ等」が21件、「却下」が10件、「棄却」が最も多く１６４件となっております。

そして、次は、納税者の主張が認められた「敗訴」です。この「敗訴」とは、一般的に「納税者勝訴判決」と言われております。税務訴訟では、原告が納税者、被告が課税当局(国)となり、「更正」の処分を行った課税当局が「敗訴」したという意味です。課税当局の「一部敗訴」が５件（２・３％）、「全部敗訴」が16件（９・７％）です。この「一部敗訴」と「全部敗訴」の合計は、21件（12・０％）です。

税務訴訟でも納税者の主張が認められたのは、約１割となっております。残り約９割は、納税者の主張が認められない判決となっております。「再調査の請求」や「審査請求」とほぼ同一の割合です。

繰り返しますが、税務争訟手続における判断基準は、課税当局による「更正」の処分が法律に基づいているか否かです。

棄却の場合には、課税当局が行った「更正」の処分が法律に基づいた処分となります。しかし、認容、取消、敗訴の場合には、課税当局が行った「更正」の処分が法律に基づいていない違法な処分となります。

つまり、税務争訟手続きの判断基準は、講義前半でご説明した「節税」と「脱税」の判断基準である「法律に基づいているか否か」と同一となります。

5 まとめ

我が国における租税の基本原則には、租税法律主義という考えがあります。先程ご説明しましたが、税金は、国民の富の一部を国家の手に移すもので、国民の財産権の侵害に抵触する可能性があります。したがって、国家は、法律の根拠に基づき賦課・徴収しなければなりません（憲法§84）。また、国民は、法律の根拠に基づき納税の義務を負わなければなりません（憲法§30）。

そして、国民（納税者）と国家（課税当局）の関係については、次の頁の図のとおりです。まずは、国民（納税者）に対してですが、「「違法」な申告納税は、脱税です」。この「脱税」は、法律に基づいた税務調査（国家）により適法な納税額に修正されます。次は、国家（課税当局）に対してですが、「「違法」な賦課・徴収は、違法な「更正」の処分です」。この「違法な更正の処分」は、法律に基づいた税務争訟手続（国民）により違法な更正の処分が取り

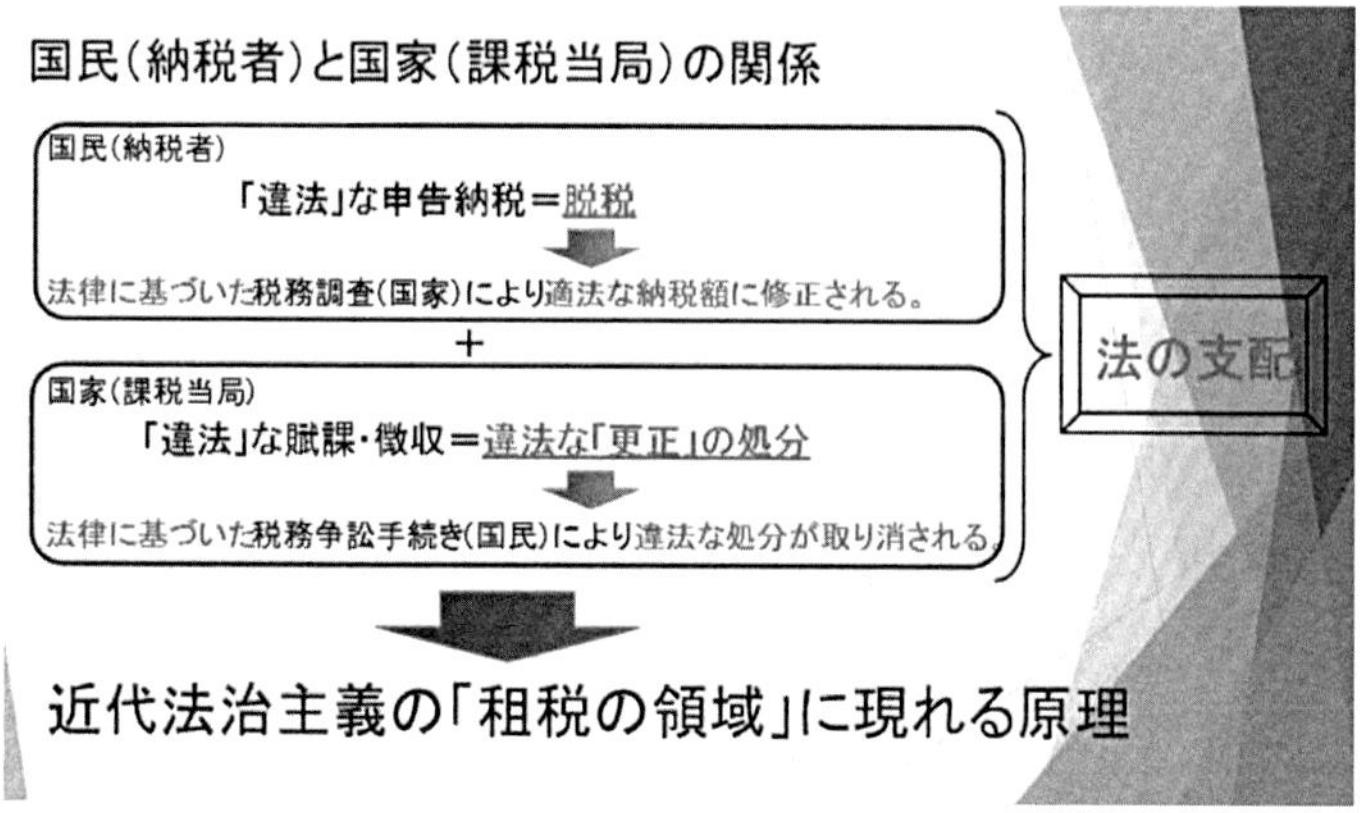
国民（納税者）と国家（課税当局）の関係
国民（納税者）
「違法」な申告納税＝脱税
法律に基づいた税務調査（国家）により適法な納税額に修正される。
＋
国家（課税当局）
「違法」な賦課・徴収＝違法な「更正」の処分
法律に基づいた税務争訟手続き（国民）により違法な処分が取り消される。
法の支配
近代法治主義の「租税の領域」に現れる原理

消されます。

税務の実務では、この2つの関係が法律に基づき正常に機能することが非常に重要です。そして、これらが正常に機能することは、民主主義の根幹にある「法の支配」が浸透しているとも言えます。つまり、感情論に基づいた「納税者の主張は正しい」「課税当局の主張は正しい」ではないのです。「法律に基づいていることが正しい」のです。そして、近代法治主義の租税の領域に現れる原理ともいえます。

本講義のテーマである「節税」と「脱税」から少し脱線しましたが、納税者の「脱税」は、違法行為です。決して許されるべき行為ではありません。そして、「脱税」と同等以上の違法行為、つまり、課税当局による法律に基づかない「更正」の処分も、違法行為です。こちらも決して許されるべき行為ではありません。

このような2つの違法行為は、「法の支配」の下、いずれ適法に修正されます。これが法治国家というものです。

そして、本日最後の講義内容は、税理士の使命について若干ご説明し終了したいと思います。

税理士法第1条では、「税理士は、税務に関する専門家として、独立した公正の立場において、申告納税制度の理念にそって、納税義務者の信頼にこたえ、租税に関する法令に規定された納税義務の適正な実現を図ることを使命とする。」と規定しております。

税理士は、納税者と課税当局から「独立した公正な立場」で仕事をする旨が法律で規定されております。そして、税理士の仕事は、本講義で説明した「脱税」と「違法な「更正」の処分」という2つの違法行為に直接関わる仕事であり、当該違法行為に対して是正する責任もある非常にプレッシャーやストレスの係る仕事でもあります。

口で綺麗事を言うのは簡単ですが、なかなか実践できることではございません。

今回の寄附講座では、私を含め様々な税理士が偉そうなことを説明しておりますが、我々、税理士と言えども、欲にまみれた人間であり、完璧な判断を行える税理士などおりません。

だからこそ、税理士は、常に、「独立した公正な立場とは、何か」を問い続けながら、「法律に基づいた申告納税なのか？」、または、「法律に基づいた「更正」の処分なのか？」等の問いに対して、真摯に向き合う責任がございます。

私でも税理士という職業で食べていくことが出来ております。皆様、私より優秀でございますので、将来の進路を決めかねている方や、税の業界に興味のある方は、職業選択肢の1つとして、「税理士」という職業を目指されてみても良いのではなかろうかと思います。

以上で、本日の講義を終了致します。ご清聴誠にありがとうございました。

【注】

（1）金子宏『租税法〔第二十三版〕』（弘文堂・２０２０年）１３５頁。
（2）清永敬次『税法〔新装版〕』（ミネルヴァ書房・２０１３年）44頁。
（3）北野弘久『現代税法講義〔五訂版〕』（法律文化社・２００９年）27頁。
（4）金子宏『租税法〔第二十三版〕』（弘文堂・２０２０年）１３５頁。
（5）清永敬次『税法〔新装版〕』（ミネルヴァ書房・２０１３年）44頁。
（6）川田剛『節税と租税回避』（税務経理協会・２００９年）18頁。
（7）国税不服審判所裁決　昭和53年３月27日　ＴＡＩＮＳ　判決・裁決検索→Ｊ15－１－01。
（8）最高裁　昭和42年11月８日　刑集21巻９号１１９７頁。
（9）最高裁　昭和24年７月９日　刑集３巻８号１２１３頁。
（10）大村大次郎『脱税ハンドブック』（データハウス・２００５年）12－33頁。
（11）令和３年６月国税庁　発表資料「令和２年度　査察の概要」より
（12）志場喜徳郎他『国税通則法精解』（（一）大蔵財務協会・２０１９年）９７６頁。
（13）税務官公署の調査立会は、税理士法第２条第１項に規定する独占業務である。
（14）金子宏『租税法〔第二十三版〕』（弘文堂・２０２０年）79頁。
（15）立石二六『刑法総論〔第４版〕』（成文堂・２０１６年）32－33頁。
（16）金子宏『租税法〔第二十三版〕』（弘文堂・２０２０年）78頁。
（17）志場喜徳郎他『国税通則法精解』（（一）大蔵財務協会・２０１９年）３７９頁。

第12章　我が国の財政問題とアメリカにおける付加価値税に対する懸念

小池和彰

はじめに

東北学院大学経営学部の小池和彰でございます。今日のテーマは、「我が国の財政問題と付加価値税に対する懸念」です。東北学院大学の経営学論集で発表した論文、「マネー・マシンとしての消費税」を軸に、今日は講義を進めたいと思います[1]。

アメリカでは、小さな政府を志向する保守と大きな政府を志向するリベラルという二項対立があります。双方が共存しているのですが、アメリカでは、伝統的にはデンマークやスウェーデンと異なり、保守の特徴である小さな政府が主流です。アメリカにおける貧富の差、あるいは、高額な医療費などを見れば理解できるのではないでしょうか。

昨年のアメリカ大統領選挙は、盛り上がっていました。昨年の選挙では、バイデン（リベラル）が選挙戦を制して、アメリカ大統領に選ばれたわけですが、その前はトランプ（保守）

大統領でしたし、さらにその前は、オバマ（リベラル）大統領でした。トランプ大統領の時は、減税が行われて、逆にオバマ大統領の時は、増税が行われて、医療費を政府が負担しようという米国皆保険制度、オバマケアが実施されたりしています。

保守とリベラルでは、飲み物も違うと言われています。保守は、クアーズというビールを飲むそうです。私もこのクアーズビールを飲んでみたいと思い、ネットで探したのですが、購入することはできなかったんですね。そこで、実は、コロナでロックダウンになる少し前、お正月ごろですけど、ハワイに行き、その願いを果たしました。味は何か薄味でしたけど、まあ癖のないビールだったと思います。まあ不味くはないです。クアーズビールを飲んだら、保守派の気持ちになれるかと思ったんですが、まあ別になれませんでした。これに対して、リベラル派は、スターバックスコーヒーを飲むそうです。アメリカでは、知的でリッチな層がこれを飲むということなんですが、日本ではそうでもないような気がします。私、実は、毎週仙台駅前のパルコの3階のトイレを使用するんですけど、あそこの3階にスターバックスカフェにいるのは若者と主婦と外国人で、日本のリッチで知的な層は、スターバックスカフェにはいないような気がします。

まず、日本の財政問題について、説明します。ご存じのように、日本の財政状況は厳しいものがあります。次に、アメリカにおける政治思想と付加価値税に対する懸念について、最後に、これから日本はどうなっていくのか、私の見解を皆様に披露したいと思います。

1　日本の財政問題

皆さん、レーガン大統領って知っていますか。私が大学生くらいの時の大統領だったのですが、彼の経済政策はレーガノミックスとよばれ、一世を風靡したんですね。政府の規制緩和、撤廃、そして減税を推し進めるというものでした。減税は小さな政府ですから、共和党の典型的な政策です。トランプ元大統領も、レーガン大統領の政策そして、成果を評価しています。

彼は俳優さんだったのですが、やはり大統領や首相というのは、役者だなというのが私の印象です。かつて、わが国でも小泉純一郎という首相がいました。郵政民営化や自民党をぶっ壊すとかいって、日本を引っ張っていた人でした。息子さんの小泉孝太郎さんや、政治家の小泉進次郎さんを見ますと、みんな男前であるし、また演技がうまい、本当にうまいですよね。国のトップに立つ人って。

レーガン大統領は、ラッファー曲線というものを使って、税率を上昇させると、あるところまでは税収が増加するが、それ以上高めるとかえって減収となる。したがって減収になることを避けるために、減税を行ったんですね。結果的には財政赤字になったんです。

また裕福な企業や人々がさらに裕福になれば、最終的には貧しい人々がその富を享受できるという議論があります。新自由主義の議論、トリクルダウンです。アメリカでは小さな政府、そして減税により、裕福な企業や人々は富を得ました。しかし、貧しい人々は富を得ていません。トリクルダウンは起きなかったのです。

結局、〝ラッファー曲線の仮説〟も、そして〝トリクルダウンの仮説〟も、いわば宗教的なもので、人々は騙されたという印象を私は拭い切れません。

日本でも、消費税の税率を上げると、景気が悪くなる。したがって、消費税率を上げてはいけないとか、消費税率をむしろ下げるべきだという議論がありますが。これも宗教的なものので、信頼性に欠ける仮説だと私は思います。どんなに科学が発達しても、人間は将来起こるすべてのことを予測することはできません。確かにやってみなければ、分からないところがあります。しかし消費税を増税しない、あるいは減税して、果たして税収が増えるでしょうか。財政状況の厳しい我が国にあって、増税しないで税の自然増収を期待するのは、ある種の博打であると私は思います。消費税増税をしないで、財政健全化を達成するというのは、コロナの影響もありますし、難しいと思います。

次の頁の図の2つの折れ線グラフの幅は、ワニの口と呼ばれているものであり、この口の部分は、税収と歳出の差額であり、この差額を埋めるために、国債が発行されています。国債はいわば国の借金であり、わが国の財政は破綻するのではないかという危惧があります。日本の財政は危機的状況にあります。歳出は、平成21年に最大の100兆円に達し、その後ほぼ横ばいです。税収はここ最近延びてきてはいるものの、明らかに歳出を賄える金額ではありません。

一般会計税収、歳出総額及び公債発行額の推移

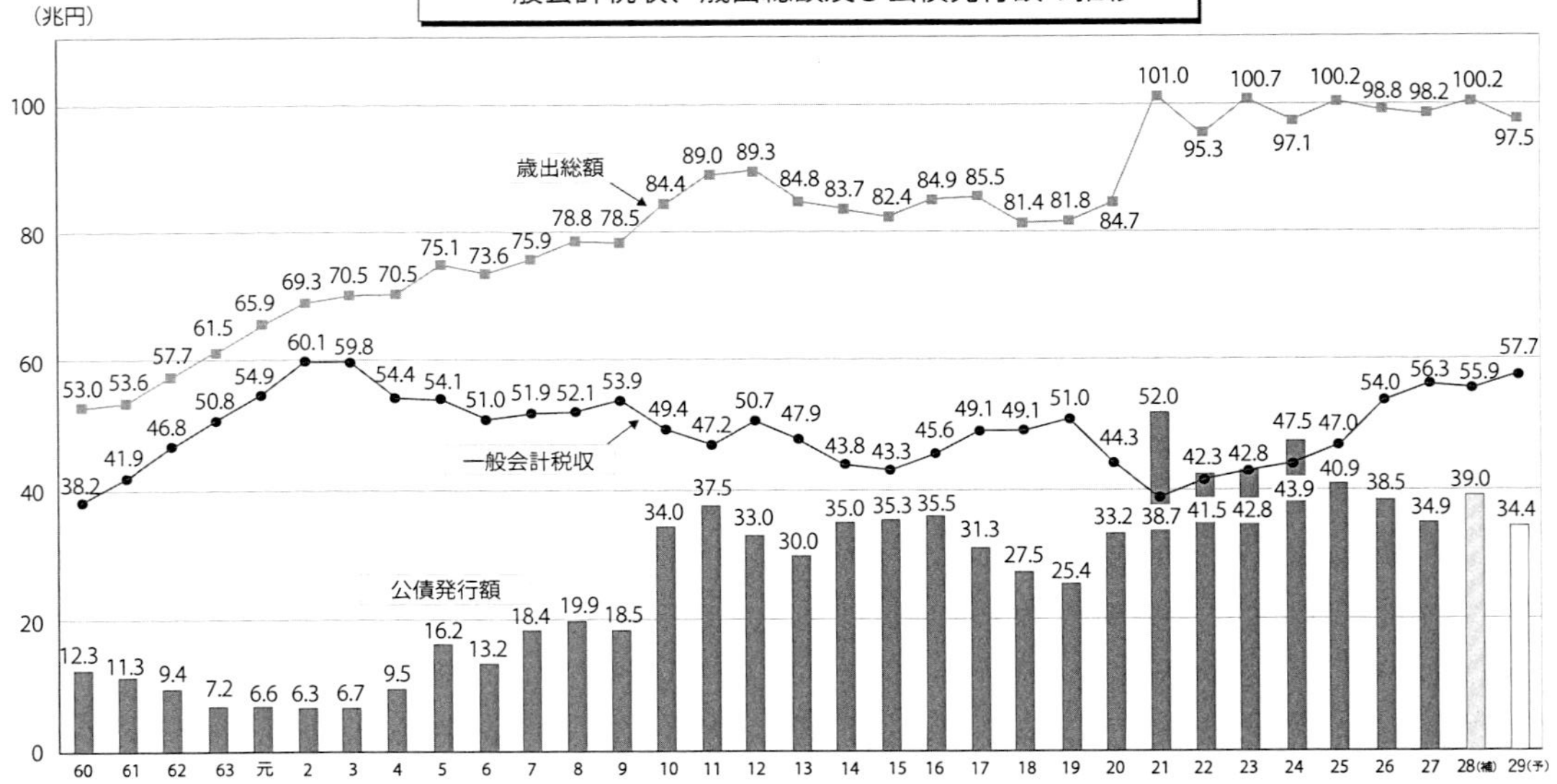

歳出に占める税収の割合(%)

(年度)

60	61	62	63	元	2	3	4	5	6	7	8	9	10	11	12
72.1	78.1	81.1	82.7	83.4	86.8	84.8	77.2	72.1	69.3	68.4	66.0	68.7	58.6	53.1	56.8

13	14	15	16	17	18	19	20	21	22	23	24	25	26	27	28(補)	29(予)
56.5	52.4	52.5	53.7	57.4	60.2	62.3	52.3	38.4	43.5	42.5	45.2	46.9	54.6	57.3	55.7	59.2

(注１) 平成27年度以前は決算額、平成28年度は補正後予算額、平成29年度は予算額による。

(注２) 公債発行額は、平成２年度は湾岸地域における平和回復活動を支援する財源を調達するための臨時特別公債、平成６～８年度は消費税率３％から５％への引上げに先行して行った減税による租税収入の減少を補うための減税特例公債、平成23年度は東日本大震災からの復興のために実施する施策の財源を調達するための復興債、平成24年度及び25年度は基礎年金国庫負担２分の１を実現する財源を調達するための年金特例公債を除いている。

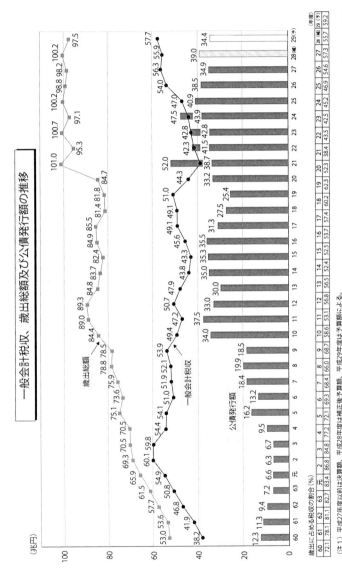

財政状況はますます悪化することが予想されています。その理由は、社会保障費の増大です。最近では、人生１００年時代ともいわれます。高齢化が進めばさらに、社会保障費は増えることになるでしょう。社会保障費についてみますと、予算ベースで２０００年には、78・3兆円、２０１０年には、１０５・2兆円、２０１６年には、１１８・38兆円と拡大しています。

この社会保障費の穴埋めとして、安定財源は必要不可欠です。所得税や法人税は、景気の動向に左右され、その税収は不安定です。これに対して、消費税は安定しています。景気の動向に関係なく、安定的な税収が確保できますので、確実な財源であるといえます。

次の頁に示した、財務省の主要税目の推移をご覧ください。所得税収は平成3年に26・7兆円と最高額に達し、その後減少に転じています。平成4年には、23・2兆円になり6兆円も落ち込んで、平成5年には、23・7兆円と回復したものの、その後は乱高下しながら減少し続けています。法人税収も平成元年に19兆円と最高額に達していますが、その後減少に転じています。法人税収は、平成2年には18・4兆円、平成3年には16・6兆円と減少し、平成14年には9・5兆円でしたが、平成15年から平成17年までは持ち直したものの、平成18年からは再び減少に転じ、その後は減少傾向にあります。これに対して消費税は、平成9年から毎年10兆円程度の税収を上げ安定しています。

主要税目の税収（一般会計分）の推移

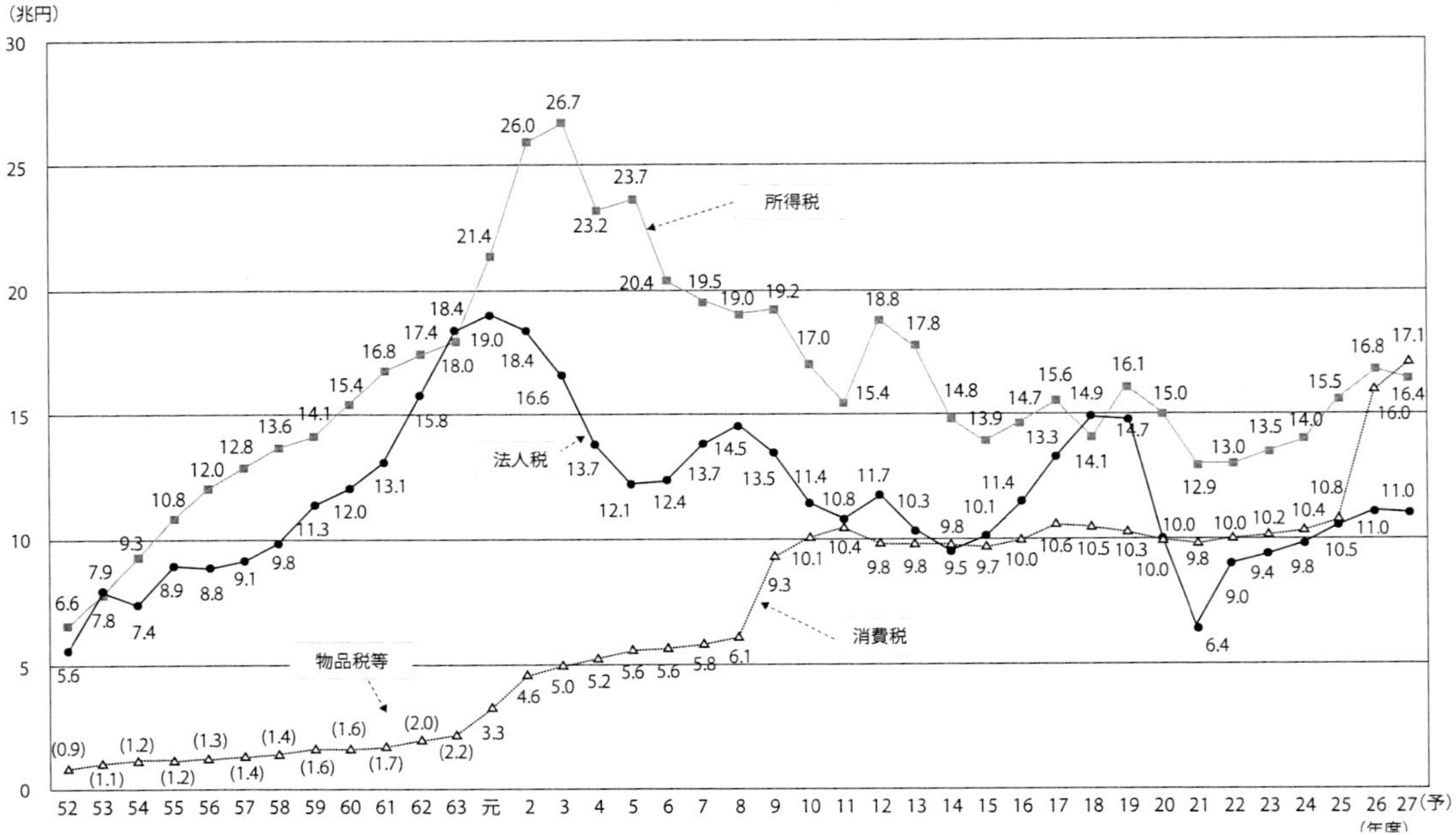

（注）26年度以前は決算額，27年度は予算額である。

出所：財務省:https://www.mof.go.jp/about_mof/councils/fiscal_system_council/

2 アメリカにおける政治思想と付加価値税に対する懸念

アメリカには2つの対立する考え方があります。その2つの考え方とは、保守とリベラルです。保守が、共和党でトランプ大統領、リベラルが、民主党でオバマ大統領です。今年、アメリカではバイデン新大統領が生まれました。彼はオバマ大統領と同じ、民主党になります。トランプ大統領は、外国製品に高い関税をかけて雇用を回復させようとしました。しかしアメリカの雇用は、戻りませんでした。それどころか、関税がかかり輸入品が高くなって、アメリカの消費者は困っていました。トランプ大統領は、環太平洋経済連携協定（ＴＰＰ）から離脱したり、メキシコ国境に壁を作ったり、パリ協定から脱退したり、オバマケアを廃棄したり、法人税の大幅減税をしたりしました。今度バイデン大統領になれば、関税を減らし、ＷＨＯの脱退の撤回、メキシコ国境の壁建設禁止、ＴＰＰの再加入、オバマケアの再開始など、大幅な増税が行われるはずです。

とにかく、アメリカという国は、大統領が変わると、全然違う政策がとられ、全然違う国になってしまうような印象は拭えない、驚くべき国です。

保守もリベラルも自由主義なんですが、リベラルは社会民主主義的な側面があります。保守はキリスト教的な価値観が強く、人工中絶に反対したり、同性婚に否定的であったり、銃規制強化やアファーマティブ・アクション（affirmative action）に対しても、否定的です。

そして小さな政府です。

これに対して、リベラルは、個人の個性や社会を重視し、政府による様々な社会的サービスの提供、福祉国家というものとよく結びつく考え方です。またリベラルは、銃規制の強化を訴え、環境保護にも積極的です。キリスト教的価値観を前面に押し出すのではなく、文化多元主義を推進し、人工中絶を女性の権利と捉え、同性婚も支持する傾向が強い。そして、経済面での政府の役割を強調します。

保守は、何か頑固おやじというか古い考え方であり、リベラルは、何か進歩的な考え方であると言えるかもしれません。この2つの考え方が共存しているというのは驚きですね。日本も基本的には、自由主義だと思いますが、アメリカのような極端な2つの対立はないのではないかと思います。どちらかというと、アメリカは、保守が主流だと思います。政府に頼らず、自力で生活し、今は貧乏でも、いつか成功するといった、いわゆるアメリカンドリームを信じている人が多いようです。ですから、小さな政府が基本ではないかと思います。

かつて民主党の福祉政策に対する保守派からの批判として、次のようなものがありました。民主党の貧しい家族に対する経済的援助は、家族の経済的・社会的向上が可能になる政策であるとして多くの人々の支持を受けたことがありました。しかしこの援助が、かえってあだになってしまって、援助を受けることにより、男性たちの家族に対する責任感が低下し、ますます離婚と家族の崩壊が起こってしまったというのです。[2] いわば、善きサマリア人のディレンマ現象を生ぜしめてしまったのです。

善きサマリア人は、苦しんでいる人に対して、無償で援助を提供する人たちとして聖書（新約聖書ルカによる福音書第10章25節から37節）に登場します。もちろん、困った人たちを助けることは、基本的には良いことです。しかしながら、サマリア人が助けた人たちは、本当に苦しんでいる人たちであるし、したがって、余裕がなくても、これらの人たちを助けるのは、絶対的に善なるものであると考えるのは、浅はかです。なぜなら、サマリア人の善行が、援助を受けた人たちをその援助に甘えさせて、そして慣れさせ、彼らから、働く意欲を奪うことが考えられるからです。すなわち、サマリア人の行為は、援助を受けた人たちに、いわばマイナスのインセンティブを与えてしまうことが考えられるわけで、「情けは人のためならず」の現代版解釈で、結果的には、かけた情けがその人のためにならない場合もあるということなのです。

付加価値税は、現在諸外国の注目の的となっています。付加価値税は、財政赤字の解消のため、あるいは社会保障費捻出の安定財源になるため、所得税や法人税よりも期待されています。

しかしながら、付加価値税には、１つの大きな懸念があります。それは、付加価値税というマネー・マシンが大きな政府を生み出すというものです。

アメリカは、先ほど説明したように、保守が支配的なので、大きな政府に対する恐れのようなものが存在して、付加価値税はマネー・マシンじゃないのか、という問題が取り上げられているのだと思います。これまでアメリカで付加価値税が導入されてこなかった理由もそこにあるといわれています[3]。

しかしながら、日本では、この仮説に特別の関心は持たれないかもしれません。わが国では、大きな政府に対する嫌悪感は特にはありません。わが国は、大きな政府を志向してきたのか、それとも小さな政府を志向してきたのかに関しては、必ずしも明らかではないですが、そもそもわが国では、大きな政府が悪いとか良いとかという意識はおそらくもたれていないように思います。

3 今後のわが国の動向

付加価値税を導入している国の総税収入は増加していますが、付加価値税を導入したからといって、大きな政府になっているわけではない様です。「大きな政府」を志向するのか、それとも「小さな政府」を志向するのかを決定しているのは、付加価値税ではなく、むしろ政治的なものあるいは国民性といったものではないでしょうか。

そして、それぞれの国民が望む体制は、そんなに簡単に変わるものではありません。スウェーデンやデンマークは付加価値税とは関係なく、福祉国家です。

これに対して、アメリカは、歴史的な経緯で、大きな政府を志向したこともありますが、基本的には小さな政府志向です。世界恐慌のため、アメリカは、一時的に税収の増加につながる大きな政府が支配しました。クリントンやオバマが大統領になり、民主党政権も成立し

OECD諸国における社会保障支出と潜在的国民負担率の関係

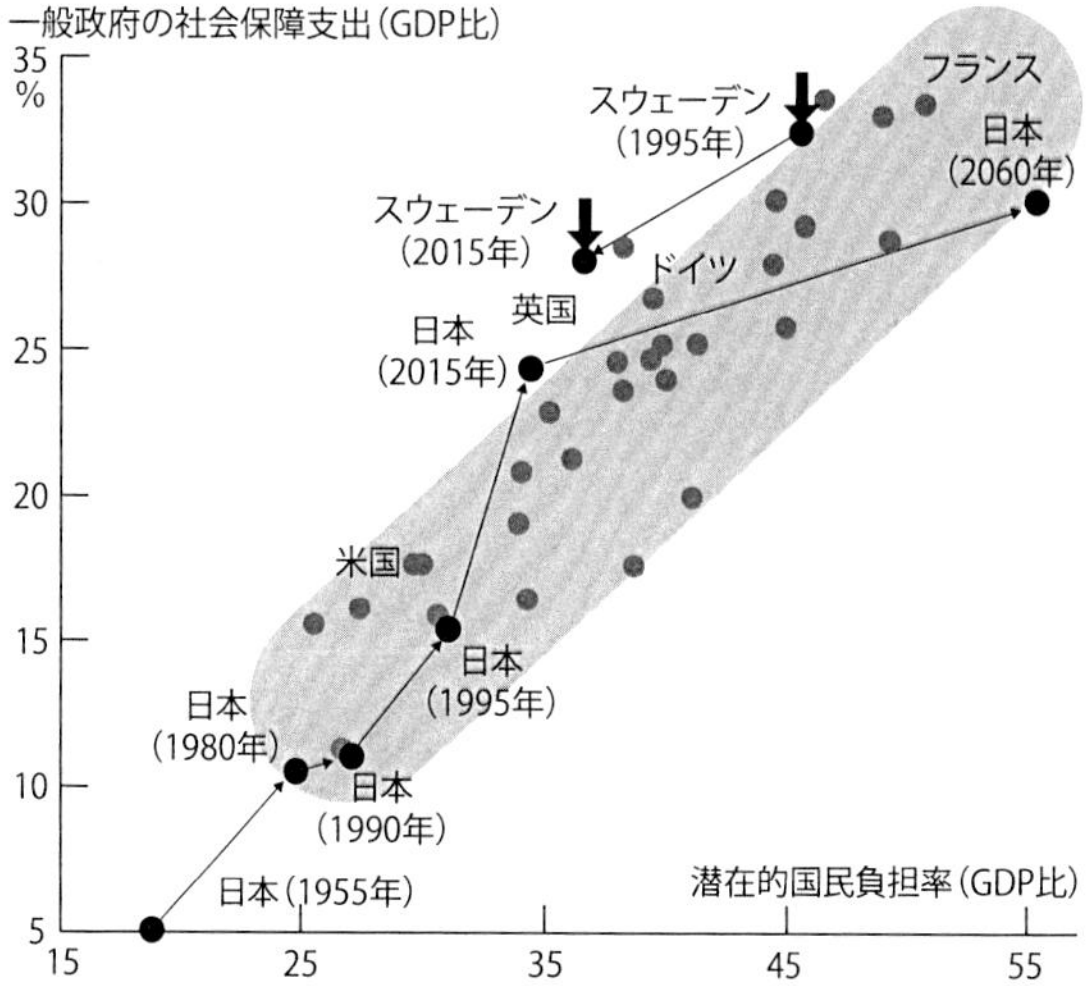

（注）数値は一般政府（中央政府，地方政府，社会保障基金を合わせたもの）ベース。日本の2060年は財政制度等審議会の2018年４月の資料を元に作成。諸外国は2015年実績（アイスランド，ニュージーランド，オーストラリアは2014年実績）

（出所）OECD，内閣府など

ていますが、やはり基本的には、小さな政府です。

それ故、アメリカでは、マネー・マシンとしての付加価値税に懸念が持たれています。

さて、日本はどうでしょう。日本は、小さな政府を志向しているように見えて、大きな政府を志向しているところもあります。石弘光教授の日本は暗黙裡にアメリカ型の小さな政府を目指してきたという見解もあります[4]。一方で、アベノミクスに見られるように、政府の介入によって景気拡大を目指したり、また多額の財政赤字を生み出したりしている状況を見ると、大きな政府を志向してきたようにも思われます。

さて、日本は、これからどうなるのでしょうか。日本では、これまでよりは大きな政府が実現するかもしれません。しかし、北欧のような福祉国家になっていくようには筆者には思えません。北欧のような福祉国家ではなく、小さな政府志向のアメリカ型でもない。いわば、アメリカと北欧の中間に留まることになるのではないでしょうか[5]。前の頁の図は、ＯＥＣＤ諸国における社会保障支出と国民負担率の関係を表したもので、松本崇・元内閣府事務次官が日本経済新聞に掲載した表です[6]。実際、この図を見る限り、日本は、アメリカと北欧の中間です。そして、この状態が大きく変化することはおそらくないでしょう。日本は、ドイツ並みの社会保障支出をしていながら、国民負担率は低い。この図を見る限り、日本は、身の丈を踏まえていない社会保障支出を行っており、諸外国の比較からすると、特異な状態にあります。この状態を抜け出すことが、今後の日本の課題となるのではないでしょうか。

おわりに

現在70代、80代の人が大学生だったころ、彼らは、ジャケットを着た大人で、現在の30歳か40歳ぐらいに私には、見えました。私が小学生の時、大人は、55才が定年で、60代から70代ぐらいまでの人生でした。

しかしながら、現在若者は進化してきています。若々しく生きる期間が長くなってきています。思春期が長期化し、現在の大学生は、私から見ると、正直、中学生か高校生のように見えます。これからは、平均寿命が延び、100年生きる時代が来るといわれています。皆さんの時代です。若い時代が長く、平均寿命が延びる、それはすごく良いことで、羨ましく思います。

しかしながら、第2、第3の時代、あるいは第2、第3の職業を考えなくてはならない時代が来るといわれています。厳しい時代です。最近あちこちで、第2の職場についている人生の先輩たちをお見かけします。例えば、ディズニーランド、ディズニーシーに行くと、そういう人生の先輩たちが、生き生きと仕事をされているのを目にします。

私の東京時代の親友は、公認会計士になりました。公認会計士の2次試験に合格したとき、「俺って頭いいんだね。驚いたよ」と言って、私に電話をくれました。そのとき、自分が驚いてどうするって私は思いましたが、もちろんとてもうれしかった。今年、60歳、定年です。私の京都時代の親友は、高校教師ですが、彼は、堅実な人のたとえで、「石橋をたたいて渡る」って聞いたことありますか。彼はもっと慎重で、「石橋をたたいて、いざ渡ろうとしたら、石橋が壊れて渡れない」」、そんな慎重な人です。彼は、50代になってからようやく結婚したんです。いまさらと思いましたが、私ももちろんとてもうれしかった。彼も今年60歳で、定年です。

しかしながら、人生100年時代を考えると、定年60歳は少し早いですね。その点、税理士という職業はいいです。税理士のような資格を有している人には定年がないんですね。そして年配になればなるほど、経験を積んで、信頼という価値が出てくる職業なのです。ＡＩ

の時代になり、記帳代行業務はなくなるとしても、経営コンサルタント的な仕事はおそらくなくならないでしょう。したがって税理士は、人生100年時代に適した仕事であるといえるのではないでしょうか。

さて、東北学院大学寄附講座特別講義Ⅴ租税概論は、いかがだったでしょうか。先生方の税理士業務の話や税法の話題だけではなく、経験談も聞けて、興味深いものだったと思います。京セラの名誉会長稲盛和夫さんは、人生の目的は魂を磨くことだと言っています。[7]とにかく、税理士の先生方は、税理士という職業に出会い、一生懸命魂を磨いて、現在の地位を築いてきたということが、皆さんもわかったと思います。皆さんも、粘り強く、魂を磨いて、人生100年時代を乗り切っていただきたいと思います。

【注】

（1）小池和彦「マネー・マシンとしての消費税」東北学院大学経営学論集第14号、2019年12月。

（2）佐々木毅『アメリカの保守とリベラル』（講談社学術文庫・1993年）31頁。

（3）石弘光『消費税の政治経済学』（日本経済出版社・2009年）55頁。

（4）「日本では伝統的に北欧型の高負担を避け、第1章で触れた臨調方式のようにこの国民負担率を50％よりかなり低く抑えることを目標にしてきた。その背後には、高負担は非効率的な大きな政府に繋がり、社会福祉の整備により国民の働く意欲を萎えさせ、民間経済を圧迫し、成長を阻害するとの懸念があったからである。当時の日本が目指したのは、暗黙の裡にアメリカ型の小さな政府―低負担で民間主体の経済運営であった。」

石弘光『増税時代』（ちくま新書・２０１２年）60‐２６１頁。
（５）前掲注（４）２６０‐２６１頁。
（６）松本崇「全世代型市社会保障改革に向けて　若者の働き方支える視点を」『日本経済新聞』２０１９年11月１日朝刊。
（７）稲盛和夫『生き方』（サンマーク出版・２００４年）14‐17頁。

《編著者紹介》

小池和彰（こいけ・かずあき）

1986 年　東北学院大学経済学部経済学科卒業
1988 年　早稲田大学大学院商学研究科修士課程修了
1992 年　早稲田大学大学院商学研究科博士後期課程単位取得退学
同　年　京都産業大学経営学部専任講師
京都産業大学経営学部教授を経て，現職。
東北学院大学経営学部教授

主要著書

『現代会社簿記論』（共著）中央経済社，1993 年。

『国際化時代と会計』（共著）中央経済社，1994 年。

『現代会計研究』（共著）白桃書房，2002 年。

『タックス・プランニング入門』（単著）創成社，2011 年。

『アカウンティング・トピックス（増補第二版）』（単著）創成社，2016 年。

『税理士になろう』（編著）創成社，2017 年。

『給与所得者の必要経費　増補改訂版』（単著）税務経理協会，2017 年。

『解説法人税法第５版』（共著）税務経理協会，2018 年。

『新中級商業簿記』（共著）創成社，2019 年。

『新入門商業簿記』（共著）創成社，2019 年。

『税理士になろう２』（編著）創成社，2019 年。

『財政支出削減の理論と財源確保の手段に関する諸問題』（単著）税務経理協会，2020 年。

『解説所得税法第６版』（共著）税務経理協会，2022 年。


（検印省略）

2023 年２月10 日　初版発行　　　　略称 ― 税理士３

税理士になろう！３

編著者　小 池 和 彰
協　力　東北税理士会
発行者　塚 田 尚 寛

発行所　東京都文京区 春日２－13－1　株式会社 **創 成 社**

電　話　03（3868）3867　　ＦＡＸ　03（5802）6802
出版部　03（3868）3857　　ＦＡＸ　03（5802）6801
http://www.books-sosei.com 振　替　00150-9-191261

定価はカバーに表示してあります。

ISBN978-4-7944-1577-6 C3034
Printed in Japan

組版：スリーエス　印刷：エーヴィスシステムズ
製本：エーヴィスシステムズ
落丁・乱丁本はお取り替えいたします。